D1689781

Thomas Ruster

Glauben
macht den Unterschied

Thomas Ruster

Glauben
macht den Unterschied

Das Credo

Kösel

Mix
Produktgruppe aus vorbildlich bewirtschafteten
Wäldern und anderen kontrollierten Herkünften
www.fsc.org Zert.-Nr. SGS-COC-001940
© 1996 Forest Stewardship Council

Verlagsgruppe Random House FSC-DEU-0100
Das für dieses Buch verwendete FSC-zertifizierte Papier
Munken Premium Cream liefert Arctic Paper Munkedals AB, Schweden.

Copyright © 2010 Kösel-Verlag, München,
in der Verlagsgruppe Random House GmbH
Umschlag: Griesbeckdesign, München
Umschlagmotiv: gettyimages/flickr
Druck und Bindung: GGP Media GmbH, Pößneck
Printed in Germany
ISBN 978-3-466-36891-4

www.koesel.de

Inhalt

Vorwort	9
Den Tatsachen gerecht werden	11
Du bist es nicht!.	15
Te Deum	19
Welcher Gott?.	24
Warum die Bibel?.	28
Das biblische Wirklichkeitsverständnis	30
Das Glaubensbekenntnis	32
»Ich glaube an Gott, den Vater, den Allmächtigen, den Schöpfer des Himmels und der Erde«	37
»Ich glaube an Gott, den Schöpfer des Himmels und der Erde«	38
Ist Gott für die Übel der Schöpfung verantwortlich?	39
Der Mensch, das Ebenbild Gottes	41
Die Urstandsgerechtigkeit	43
Der Herrschaftsauftrag und der Garten Eden	44
Schöpfungsglaube und Naturwissenschaft	45
Die Erschaffung des Himmels	47
»Ich glaube an Gott, den Allmächtigen«	52
Die Transzendenz Gottes	56
Göttliche Allmacht und menschliche Freiheit	56
Kleiner Lobgesang auf das göttliche Gesetz	57

»Ich glaube an Gott, den Vater«	60
Gott erwählt Söhne und Töchter	64

»und an Jesus Christus, seinen eingeborenen Sohn, unsern Herrn« 66

»Ich glaube an Jesus Christus, unsern Herrn«	68
»Ich glaube an Jesus Christus, seinen eingeborenen Sohn«	72
Jesus, das Wort Gottes	73
Jesus, der Sohn Gottes	76
Jesus, die Tora für die Völker	78
Wahrer Gott und wahrer Mensch	79

»empfangen durch den Heiligen Geist, geboren von der Jungfrau Maria« 82

»empfangen durch den Heiligen Geist«	83
Erfahrungen mit dem Geist in der Bibel	84
Jesus, der Mann des Geistes	87
»geboren aus der Jungfrau Maria«	88
Die Jungfräulichkeit der Kirche	91
Unbefleckte Empfängnis und Himmelfahrt Marias	93

»gelitten unter Pontius Pilatus, gekreuzigt, gestorben und begraben« 98

Jesus und der Tempel	98
Jesus und die Römer	101
Christus ist für unsere Sünden gestorben	104
»Stellvertretende Sühne«	110

»hinabgestiegen in das Reich des Todes,
am dritten Tage auferstanden von den Toten,
aufgefahren in den Himmel«. 112

>> »am dritten Tage auferstanden von den Toten«   112
>>
>>> »auferstanden gemäß den Schriften«   114
>>> Göttliche und menschliche Weisheit   117
>>> Verwandlung   118
>>
>> »hinabgestiegen in das Reich des Todes«   122
>> »aufgefahren in den Himmel«   126
>>
>>> Engel, Mächte und Gewalten sind ihm unterworfen   128
>>> Die Sünde   131
>>> »Götzenopferfleisch«   132

»Er sitzt zur Rechten Gottes, des allmächtigen
Vaters; von dort wird er kommen, zu richten
die Lebenden und die Toten«. 136

>> Jesus macht uns zurecht   139
>> Der Fall Adam und Eva   140
>> Das Jüngste Gericht   143
>> Himmel – Hölle – Fegefeuer   145

»Ich glaube an den Heiligen Geist, die heilige
katholische Kirche, Gemeinschaft der Heiligen,
Vergebung der Sünden, Auferstehung des
Fleisches und das ewige Leben«. 152

>> »Ich glaube an den Heiligen Geist«   153
>>
>>> Die Trinität   154
>>> Die Gaben des Heiligen Geistes   157
>>
>> »die heilige katholische Kirche«   161
>>
>>> Die Amtlichkeit des Reiches Gottes   162
>>> Die Sakramente: Konfigurationen des Gottesreichs   165

Das Volk Gottes	178
Die eine »katholische Kirche« und die vielen Konfessionen	180

»Gemeinschaft der Heiligen« — **187**
»Vergebung der Sünden« — **192**
»Auferstehung des Fleisches« — **199**
»und das ewige Leben« — **207**

Vom Tode befreit	208
»Da ist ein Platz bei mir«	209
Das Finale der Psalmen	211
Wie erlangt man das ewige Leben?	215

Amen 218

Dank 219

Vorwort

Mit der dafür nötigen Portion Unbeirrbarkeit habe ich es unternommen, den christlichen Glauben insgesamt in einem Zuge darzustellen. Es gibt heute eine Menge Unsicherheit in Glaubensdingen, und sie reicht bis mitten in die christlichen Gemeinden hinein. Was soll man von all dem halten, was im Glaubensbekenntnis gesagt wird: dass Christus der Sohn Gottes ist, dass er von einer Jungfrau geboren worden ist, dass er von den Toten auferstanden ist, dass er wiederkommen wird, um zu richten, dass er die Gläubigen ins ewige Leben führen wird und so weiter? Ist das alles nur symbolisch zu verstehen? Ist es vielleicht ein alter Mythos, der in unserer aufgeklärten Zeit keine Daseinsberechtigung mehr hat?

Ich setze dagegen, dass der Glaube es mit Realität zu tun hat. Gott ist wirklich. Was die Bibel und ihr folgend das Glaubensbekenntnis über Gott sagen, bezieht sich auf Wirklichkeit. Man muss nur verstehen, um welche Art von Wirklichkeit es sich handelt. Wenn man diese Art von Wirklichkeit einmal begriffen hat, dann scheinen einem die Dinge und der Lauf der Welt manchmal reichlich unwirklich zu sein.

Wer Gott nicht kennt, lebt an der Wirklichkeit vorbei.

Sehr habe ich mich darum bemüht, nicht abstrakt zu schreiben. Die Abstraktion ist die große Krankheit der Theologie unserer Zeit. Erst wenn man versucht, den Glauben konkret zu machen, kommt seine Bedeutung heraus. Auch die Bibel ist ja nie abstrakt, an ihr kann man also Maß nehmen. Der Glaube will auf ein konkretes Leben, auf konkretes, unterscheidbares Handeln hinaus; von einer gewissen Höhe der Abstraktion aus wird das leicht übersehen.

Dieses Buch richtet sich an Christinnen und Christen, die ihres Glaubens wieder gewiss und froh werden wollen. Die ihren Glauben verstehen wollen. Die ihn offensiv in der Öffentlichkeit vertreten wollen. Es richtet sich an Christen aller Konfessionen, auch wenn sein Standpunkt ein katholischer ist. Ein überkonfessioneller, allgemeiner Glaube wäre wiederum abstrakt, und das soll ja vermieden werden. Das Buch richtet sich schließlich an alle, die einfach einmal wissen wollen, was der christliche Glaube besagt, auch wenn sie selbst diesem Glauben vielleicht fernstehen.

Dem Charakter des Buches entsprechend habe ich keine Anmerkungen gemacht. Am Schluss des Buches wird ein Dank stehen an alle, von denen ich lernen durfte. Aber schon an dieser Stelle ist ein Dank an meine Studentinnen und Studenten in Dortmund fällig. Ohne ihre interessierte Art, ihre kritischen Nachfragen, ihre Bereitschaft, mit dem Glauben zu denken, wäre dieses Buch nicht möglich gewesen.

Widmen möchte ich dieses Buch Dr. Gotthard Fuchs. Er hat in mir, vor allem bei der gemeinsamen Arbeit auf Burg Rothenfels, so viel angeregt, er war und ist für mich so ein verständnisvoller und ermutigender Begleiter, dass diese Widmung nur ein sehr unzureichender Ausdruck meines Dankes ihm gegenüber sein kann.

Thomas Ruster

Den Tatsachen gerecht werden

Gott existiert. Das ist eine Tatsache. Für uns Menschen kommt es darauf an, dieser Tatsache gerecht zu werden. Denn es erweist sich allemal als verhängnisvoll, an den Fakten, den Tatsachen, der Wirklichkeit vorbeizuleben. Man sollte sich schon auf das einstellen, was der Fall ist. Zum Beispiel sollte man nicht vom Zehn-Meter-Brett springen, wenn kein Wasser im Schwimmbecken ist; der harte Aufprall auf dem Betonboden setzt der Illusion ein Ende. Ein Leben ohne Gott ist ebenfalls eine Illusion. Wer hingegen der Tatsache, dass Gott existiert, gerecht wird, lebt im Einklang mit der Wirklichkeit, lebt real.

Einige werden einwenden, dass man von der Tatsache, dass Gott existiert, nichts merke. Diese Tatsache sei nicht überprüfbar, sie werde nicht von Wissenschaft erfasst, man könne sie nicht sehen oder greifen. Das stimmt und hängt damit zusammen, dass Gott keine Tatsache von der Art ist, wie wir sie in der Welt kennen. Gott ist Gott, das heißt: Er ist kein Teil der Welt. Insofern hat Dietrich Bonhoeffer recht, wenn er sagte: »Einen Gott, den es gibt, gibt es nicht« – nämlich nicht so, wie es sonst etwas in der Welt gibt. Aber dennoch ist Gott wirklich. Seine Art der Wirklichkeit kann nicht wie die anderer Dinge in der Welt wahrgenommen werden. Die Art der Wahrnehmung, die Gott entspricht, nennt man Glaube. Glauben ist eine ganz besondere Weise, Wirklichkeit zu erkennen; sie gilt nur für die Wirklichkeit Gottes. Glauben ist nicht schlechter als Wissen oder Sehen oder Anfassen, es ist nur anders. Im Glauben wird man auf die Tatsache, dass Gott existiert, aufmerksam. Aber dann weiß man auch gewiss, dass es so ist. Der Glaube ist also nicht nur eine subjektive Angelegenheit, er ist auf eine objektive Wirklichkeit bezogen. Die Tatsache, dass Gott existiert, ist nicht nur für Glaubende wichtig, sie ist für alle Menschen wichtig. Wer nicht an Gott glaubt, wird der Wirklichkeit nicht gerecht. Und das hat leider böse Folgen. So wie der, der vom Zehn-Meter-Brett springt, auch dann hart aufkommt, wenn er nicht zu sehen in der Lage ist, dass das Becken leer ist. Unsere heutige Welt täuscht sich über die Tatsache, dass Gott existiert, weitgehend hinweg. Nicht wenige meinen, diese Tatsache vernachlässigen zu können. Damit leben sie nicht realitätsgerecht. Die Folgen lassen sich überall bemerken. Denn wer Gott nicht gerecht wird, kann auch der Welt, Gottes Schöpfung, nicht gerecht werden und lebt dadurch überhaupt wirklichkeitsfremd.

Wer meint, nicht an Gott glauben zu können, sollte sich fragen, wie wichtig er seinen Unglauben nehmen will. Ist die Tatsache, dass Gott existiert, nicht viel wichtiger als unsere Probleme, ihn zu erkennen und an ihn zu glauben? So ist es ja auch in anderen Bereichen, zum Beispiel in der Liebe: Wenn sich jemand verliebt, aber erst dann in Aktion tritt, wenn er bzw. sie untrügliche Beweise von der Liebe der/des anderen hat, dann wird er/sie wohl für immer allein bleiben. Deshalb muss einer von beiden den ersten Schritt tun. So ist es auch bei der Gemeinschaft mit Gott. Wer sie sucht, wird sie finden, und die untrügliche Gewissheit dann gleich mit dazu.

Apropos Liebe: In diesem Buch werde ich das Wort »Liebe« so wenig wie möglich gebrauchen. Nicht dass ich etwas gegen die Liebe hätte, im Gegenteil. Nur ist dieses Wort so schrecklich abgegriffen und verschlissen, gerade in Bezug auf Gott. Wie oft hat man nicht schon gehört: Gott liebt dich, er ist für dich da usw. – von Kindergartentagen an. Aber vielen bedeutet das wenig. Sie fühlen diese Liebe Gottes ja nicht so, wie man die Liebe eines Menschen oder auch eines Tieres fühlt. Die Rede von der Liebe Gottes bleibt für sie abstrakt. Wenn man den verschlissenen Begriff Liebe überhaupt wieder mit Sinn füllen kann, dann in der umgekehrten Richtung: Wir sollen Gott lieben! So lautet ja auch das erste und wichtigste Gebot in der Bibel: »Höre Israel, der Herr, unser Gott, ist allein Herr, und du sollst den Herrn, deinen Gott, lieben aus ganzem Herzen und aus deiner ganzen Seele und aus deiner ganzen Kraft« – das Grundgebot für Juden und Christen. Damit ist dann auch gleich das andere Gebot gegeben: »Du sollst deinen Nächsten lieben wie dich selbst« (Mk 12,29–31 vgl. Dtn 6,4f.). Das ist nicht ein anderes, weiteres Gebot, das wir neben dem ersten auch noch zu erfüllen hätten, sondern es ist dasselbe Gebot, nur von der anderen Seite her gelesen. Wer Gott über alles liebt, kommt frei von der Selbstbezogenheit und damit überhaupt erst in die Lage, den Nächsten zu lieben. Man soll den Nächsten selbstlos lieben, nicht als Mittel zum Zweck, nicht zur Erfüllung irgendwelcher Bedürfnisse; und diese Selbstlosigkeit erwächst aus der Liebe zu Gott. Nächstenliebe stellt sich gewissermaßen automatisch ein, wenn ich Gott über alles liebe. Der Zusammenhang von »den Nächsten lieben – wie mich selbst« ist unter der Voraussetzung formuliert, dass jemand das Gebot der Liebe zu Gott erfüllt. Es ist nicht gemeint, dass unsere natürliche Selbstliebe das Maß für unsere Liebe zum Nächsten sein soll.

Aber wie gesagt, ich benutze das Wort Liebe nicht mehr gern. Lieber sage ich: Gott gerecht werden! Aber das ist im Grunde dasselbe. Denn was bedeutet Liebe anderes als: jemandem gerecht werden? Wer einen anderen Menschen liebt, versucht, ihm gerecht zu werden, ihn als den anzunehmen, der er ist; versucht, auf ihn zu hören, seine Gefühle, seine Leiden und

Freuden wahrzunehmen und anzunehmen. Und so ist es auch mit Gott. Ihn lieben bedeutet, ihm gerecht zu werden. Liebe hat mit Gerechtigkeit zu tun. Darum heißt es auch in der Bibel, dass wir von Gott Gerechtigkeit lernen sollen: »Meine Seele sehnt sich nach dir in der Nacht, und mein Geist sucht dich in meinem Innern. Denn wenn deine Gerichte die Erde treffen, *lernen die Bewohner des Erdkreises Gerechtigkeit*« (Jes 26,9). Danach sehnt sich der Prophet Jesaja, dass die Völker Gott gerecht werden, denn dann entsteht auch Gerechtigkeit auf Erden. Es ist ungerecht, Gottes Dasein zu missachten. Die Folge dieser Missachtung ist immer Ungerechtigkeit und Lieblosigkeit – nicht nur Gott, sondern auch den Menschen, Tieren und Pflanzen gegenüber.

Es ist aber allen unbenommen, immer da, wo im Folgenden von »Gerechtigkeit« und »gerecht werden« gesprochen wird, dafür die Worte »Liebe« und »lieben« einzusetzen.

Du bist es nicht!

Gott existiert. »Dio esiste, e non sei tu, quindi rilassati.« Diesen Spruch hatte jemand an den Kühlschrank unserer italienischen Ferienwohnung gepinnt: »Gott existiert, und du bist es nicht, also entspann dich.« Ich weiß nicht, von wem er stammt; er ist wahrscheinlich spöttisch gemeint, im Sinne von: Gott existiert, aber was geht dich das an? Aber dann hatte ich drei Wochen unter ligurischem Himmel Zeit, darüber nachzudenken, und ich fand: Das ist einfach richtig! Der Glaube an Gott entspannt – er entspannt davon, selbst Gott zu sein. Beziehungsweise, das sei hier ergänzt, etwas anderes zu seinem Gott zu machen, was gar nicht Gott ist. Aber warum sollte denn jemand selbst Gott sein wollen oder etwas Nichtgöttliches zu seinem Gott machen wollen? Gegenfrage: Warum sollte er es nicht wollen? Ein Fußballspieler will sicher gerne zum Fußballgott avancieren, warum nicht gleich überhaupt zu Gott? Gott ist schließlich das Schönste, Wunderbarste und Herrlichste, was es gibt; sollte das jemand nicht sein wollen? Oder anders gesagt: Der Mensch hat im Unterschied zu den Tieren Vernunft, und damit ist gegeben, dass er über jede Grenze hinausdenken kann ins Grenzenlose hinein. Wo immer eine Grenze erscheint, die Vernunft kann über sie hinwegdenken. Sie weiß, dass es eine Grenze ist und dass es eine andere Seite geben muss. Das Tier lebt in seinen gegebenen Grenzen, das Vernunftwesen Mensch tendiert prinzipiell darüber hinaus. Das Eichhörnchen sammelt Vorräte für den Winter, und wenn es gut geht, dann hat es genug, um über den Winter zu kommen. Auch der Mensch sorgt für die Zukunft vor, aber er weiß, dass sie unermesslich ist. Wie viel soll er sammeln, um nicht nur über den nächsten Winter, sondern über die nächsten Jahre zu kommen? Um immer genug zu haben? Aber was ist genug? Deswegen liegt auf den Bankkonten dieser Welt so unendlich viel Kapital, viel mehr als es braucht, um alles zu kaufen, was es auf der Welt gibt. Denn wenn man vernünftig ist, dann weiß man eben, dass man nicht wissen kann, was die Zukunft so alles bringt. Deswegen gibt es nie ein Genug. Das Gleiche gilt für die anderen elementaren Daseinsgüter: Versorgung, Annehmlichkeit, Sicherheit, Anerkennung, Zuwendung, Macht. Wann hat jemand genug Anerkennung und Erfolg? Wann ist er jemals mächtig genug, um vor allen Feinden und Gefahren sicher zu sein? Normalerweise setzt die Begrenztheit der Lebensumstände diesem grenzenlosen Streben von selbst eine Grenze. Wenn aber technisch oder finanziell so gut wie alles möglich ist, dann schlägt die menschliche Tendenz zur Grenzenlosigkeit voll durch. So wie heute, in unserem auf grenzenloses Wachstum getrimmten Wirtschaftssystem, das im Begriff steht, die letzten Ressourcen zu verbrauchen und die ganze Welt aufzufressen. Oder wie damals, im Paradies, als die Schlange Adam und Eva Grenzenlosigkeit verhieß: Ihr werdet alles wissen, werdet nicht sterben, werdet sein wie Gott (Gen 3). Prompt fielen die ersten Menschen darauf herein, und weil sie damit Gott missachteten, kam nichts Gutes dabei heraus. Eine andere biblische Geschichte erzählt vom Turmbau zu Babel. Die Menschen hatten eben gelernt, Ziegel zu brennen, damit kann man immer weiter bauen, und gleich wollten sie einen Turm bauen, dessen Spitze bis zum Himmel reicht (Gen 11). Ich erlaube mir die Bemerkung: In den immer höher getürmten Burgers, in denen Fleischscheibe auf Fleischscheibe, Käse auf Käse, dazu noch Salat und Gemüse gehäuft wird, und oben drüber kommt noch eine Menge Soße, sehe ich viele kleine Türme von Babel. Die Leute, die so etwas essen, müssen ihren Mund gewaltig weit aufreißen, und nicht von ungefähr sehen sie dann so aus wie manche Götzen der alten Zeit, die mit ihrem gewaltigen Maul die ganze Welt zu fressen sich anschickten. Und wie anstrengend ist es, diese ungeheuren Fresstürme in den Mund zu schieben! Woher kann Entspannung kommen? In diesem Fall vielleicht noch von besseren Esssitten, im Ganzen aber: nur von Gott.

Gott setzt der menschlichen Tendenz zur Grenzenlosigkeit, er setzt der Unersättlichkeit und Gier eine heilsame Grenze, einfach dadurch, dass er Gott ist und kein anderer. »Non sei tu!« Schon darum sollen wir ihn lieben, wie es im Hauptgebot der Bibel heißt, weil er uns von der Anstrengung befreit, selbst Gott sein zu müssen oder anderes zu unserem Gott zu machen. Eine Welt, die Gott nicht kennt, geht an ihrer Maßlosigkeit zugrunde; sie ist eben dabei. Gott aber in seiner grenzenlosen Güte und Gerechtigkeit – nur er, und er allein, ist grenzenlos – tut alles, um uns von der Maßlosigkeit der menschlichen Natur zu heilen.

Zum Beispiel im Gebot, den Sabbat zu halten: »Sechs Tage sollst du arbeiten und all dein Werk tun. Der siebte Tag aber ist Sabbat für Jahwe, deinen Gott. Da darfst du keinerlei Werk tun, weder du noch dein Sohn, noch deine Tochter, noch dein Knecht, noch deine Magd, noch dein Vieh, noch der Fremde, der sich in deinen Toren aufhält« (Ex 20,9f.). Hier wird uns Ruhe geboten. Wie schön, möchte man sagen, sehnen wir uns nicht alle nach Stunden der Ruhe und der Muße? Und doch: Seitdem dieses Gebot nicht mehr gehalten wird, ist die Welt von gewaltiger Unruhe erfüllt. Alles muss immer schneller gehen. Man bedenke einmal, wie sehr das Gesetz der allgemeinen Beschleunigung seit den Zeiten der Aufklärung und der Industrialisierung von uns Besitz ergriffen hat. Das Reisen, der Transport, die Nachrichtenübermittlung, die Kriegstechnik, die Produktion, die Arbeitsabläufe im Haushalt, die Speicherung von Daten: All das hat sich ungeheuer und unaufhaltsam beschleunigt. Und die Menschen mussten sich mit beschleunigen, mussten immer schneller werden. Wer zu langsam ist, bleibt zurück. Recht und Macht hat der, der schneller ist. Mit der schönen Sonntagsruhe ist es da natürlich vorbei. Oder, wo jemand sich noch Zeiten der Ruhe gönnen kann, da bringt er mindestens andere in Arbeit, die »Knechte und Mägde«: die Leute, die das Fernsehprogramm machen, die Pizzadienste, das Personal in Restaurants und Cafés – hauptsächlich haben wir es heute mit Schnellrestaurants und Fastfood zu tun. Auf der anderen Seite gibt es die Zwangsentschleunigten, die Arbeitslosen, Alten, Kranken u.v.m., die dann wieder zu viel Ruhe haben. Ihnen wird verwehrt, sechs Tage zu arbeiten und ihr Werk zu tun. Es wird deutlich: Auf das rechte Maß kommt es an. Dieses Maß kann der Mensch offensichtlich nicht von sich aus finden. Die letzten 500 Jahre Geschichte sind der Beweis dafür. Das Maß muss von Gott gesetzt und geboten werden. Wo aber Gottes Gebot gehalten wird, da entsteht der rechte Wechsel von Arbeit und Ruhe, kommt es zu den Stunden der Ruhe und Muße, nach denen sich der Mensch in Wahrheit sehnt. Da entsteht Menschlichkeit. Gott sorgt sich um unsere Menschlichkeit besser, als wir es selbst können. Wer Gott gerecht wird, kann auch ein rechter Mensch werden. Wo aber Gott beiseitegeschoben wird, da müssen die Menschen zwangsläufig selbst Gott werden wollen: wie in der letzten Stufe der allgemeinen Beschleunigung, der Internet-Kommunikation, wo man fast wie Gott allgegenwärtig und mit allem gleichzeitig sein kann; und doch ist die Menschheit darüber nicht menschlicher geworden.

Te Deum

Eine Haltung, die Gott gerecht wird, kann eigentlich nur noch eines sagen: Dich, Gott ... Darin liegen die Anerkennungen Gottes in seinem Gottsein und unsere Zuwendung, die Anrede an ihn. Gott ist Gott für uns, also sollen wir Menschen für ihn sein. Wer es etwas ausführlicher haben will, kann sich an den alten kirchlichen Hymnus halten, der mit genau diesen Worten beginnt: Te Deum – Dich, Gott (»Ambrosianischer Lobgesang«, dem hl. Ambrosius, Bischof von Mailand, 4. Jh., zugeschrieben). Hören wir einmal in diesen Hymnus hinein, um eine Vorstellung von der Herrlichkeit des rechten Lebens vor Gott zu gewinnen.

> Dich, Gott, loben wir, dich, Herr, preisen wir.
> Dir, dem ewigen Vater, huldigt das Erdenrund.
> Dir rufen die Engel alle, die Himmel und Mächte insgesamt, die Kerubim und die Serafim,
> mit niemals endender Stimme zu:
> Heilig, heilig, heilig der Herr, der Gott der Scharen!
> Voll sind Himmel und Erde von deiner Herrlichkeit.
>
> Dich preist der glorreiche Chor der Apostel;
> dich der Propheten lobwürdige Zahl;
> dich der Märtyrer leuchtendes Heer;
> dich preist über das Erdenrund die heilige Kirche;
> dich, den Vater unermessbarer Majestät;
> deinen wahren und einzigen Sohn;
> und den Heiligen Fürsprecher Geist.

Der Hymnus geht noch weiter, doch soll dies vorerst genügen. An der fremden, altertümlichen Sprache dürfen wir uns nicht stören. Es ist die Sprache des feierlichen Gebets, mit der Menschen versucht haben, der Herrlichkeit Gottes gerecht zu werden. Überdies ist es eine Übersetzung (von Romano Guardini); in der ursprünglichen lateinischen Fassung klingt der Text viel frischer. Das »Te Deum« wird normalerweise gesungen, wir müssen es uns als Musik vorstellen, als eine großartige, erhabene und erhebende Musik, die einen Kirchenraum erfüllt. Ich denke jetzt an die »Te Deum«-Vertonung von Anton Bruckner, aber jeder kann sich hier seine eigene passende Musik vorstellen.

Der Gesang ertönt zum Lob Gottes. Wer Gott gerecht werden will, lobt ihn und preist ihn und huldigt ihm. Wir kennen manche Lobgesänge, zum Beispiel für eine geliebte, begehrte Person oder die heimatliche Region, aber keinem gebührt das Lob mehr als Gott. Er wird gelobt, weil er Gott ist und alles Lob der Welt verdient. Und dann wird gesagt, dass das ganze Erdenrund ihm huldigt. So ist es eigentlich, alle Geschöpfe sind zu seinem Lob erschaffen, die Berge und die Flüsse, die Pflanzen und die Tiere; und wenn man sich etwas bemüht (und nicht gerade zum Beispiel durch Autobahnlärm gestört wird), kann man dieses stille Gotteslob der Natur wahrnehmen. Auch die Menschen des Erdenrunds loben Gott – normalerweise. Der Hymnus geht souverän darüber hinweg, dass es einige gibt, heute sogar recht viele, die sich des Gotteslobs enthalten. Wenn sie etwas nachdenken würden, wenn sie sich den Tatsachen stellen würden, dann würden auch sie in das Gotteslob einstimmen; und am Ende der Tage wird es gewiss wieder so sein, dass das ganze Erdenrund dem ewigen Vater huldigt. Das kann gar nicht anders sein, so wahr Gott Gott ist; die Menschheit wird sich auf die Dauer den Realitäten stellen müssen. Aber wichtiger noch als das Lob der Erde ist dem Hymnus das Gotteslob des Himmels. Hier wird der Text viel ausführlicher: die Engel alle, Himmel und Mächte, Kerubim und Serafim singen beständig das Lob Gottes. Das ist eine unermessliche Schar, viel größer als die Zahl der Bewohner der Erde – mindestens um so viel größer, wie der Himmel größer ist als der kleine Planet Erde. Wer einmal in den nächtlichen Sternenhimmel schaut, bekommt einen gehörigen Eindruck von der Größe des Himmels und der Winzigkeit der Erde im Vergleich dazu. Und das ist ja erst der sichtbare Himmel! Hier ist aber von dem uns unsichtbaren Himmel der Engel und Mächte die Rede, der noch viel größer ist als der Raum der Galaxien. Und dort ertönt in Ewigkeit das Lob Gottes. Was sie singen, ist »Heilig, heilig, heilig«. Heilig, das bedeutet, es ist Gott zu eigen, es ist das, was ihn von der Welt unterscheidet. Sie preisen Gott in seiner Einzigkeit und erklären zugleich, dass er der Gott der Scharen ist, oder, wie man auch übersetzen kann, der Gott der Mächte und Gewalten, das heißt also: *ihr* Gott. Von der Herrlichkeit dieses Gottes, welcher der Gott der unermesslichen himmlischen Scharen ist, sind der Himmel und die Erde erfüllt.

Nun wird klar, warum der Hymnus, wenn man ihn als Musik hört, so hinreißend und so von unbändiger Freude erfüllt ist. Ein wenig davon ist noch in dem Lied »Großer Gott wir loben dich« zu spüren, eine Übertragung des »Te Deum« in die Form eines Kirchenlieds. Es handelt sich um eine Vision überwältigender Fülle, hineingesungen in eine Welt, die unter dem Gesetz der Knappheit und des Mangels zu stehen scheint. Der Hymnus ist aber von der Überzeugung getragen: Die Welt ist in Ordnung, sie ist ja in bester Ordnung! Gott wird als Gott anerkannt, es wird sein Lob gesungen im Himmel und auf Erden; das genügt. Im Himmel – das ist das wichtigste und weitaus überwiegende. Auf Erden mag es noch einige Störungen geben. Noch verweigern sich einige dem Lob, das Gott zusteht. Aber wird nicht der Hymnus so hinreißend gesungen, um diese wenigen mitzureißen? Jedenfalls ist es gut, die kosmische Ordnung des Gotteslobes immer wieder zu besingen, sie präsent zu machen, um denen, die sie nicht kennen, einen Eindruck von dem zu verschaffen, was ihnen fehlt.

Die zweite Strophe fasst nun die Verhältnisse auf Erden genauer ins Auge. Da ist von Aposteln, Propheten und Märtyrern die Rede. Es sind die Gruppen derer, die Gottes Herrlichkeit auf Erden bezeugen. Die Apostel waren einfache Männer, die die Berufung zur Verkündigung und zur Aufrichtung des Gottesreiches angenommen haben, und was haben sie nicht alles bewirkt? Seit Christus sie berufen hat, ist die Wahrheit Gottes zu allen Völkern getragen worden, auf dass sie alle in das Gotteslob einstimmen können. Die Propheten haben Gottes Urteil über die Welt Mal um Mal ausgerichtet, sie haben die Verhältnisse zurechtgerückt, wenn sich die Menschen wieder einmal zu sehr in ihrem Wahn verfangen hatten. Und die Märtyrer haben Gottes Größe und Macht gegen die Anmaßungen der Mächtigen dieser Welt gehalten, zuletzt auch gegen die Macht des Todes, indem sie bezeugten, dass das Leben bei Gott stärker ist als alle irdische Todesdrohung. Fast in jedem Altar einer Kirche ist die Reliquie eines Märtyrers enthalten, denn auf ihrem todüberwindenden Leben baut sich das Leben der Kirche auf. Keine Macht der Welt kann denen schaden, die sich an Gott halten. Apostel, Propheten und Märtyrer bilden die Basis der »heiligen Kirche«, das heißt die Gemeinschaft derer, die Gott in seiner Heiligkeit gerecht werden. Der Hymnus ruft in Erinnerung, dass sich Glaubende in bester Gesellschaft befinden. Sollten sie auch einmal verzagen, wenn der Widerstand der Welt und ihrer Mächte sie allzu hart trifft, so brauchen sie nur das »Te Deum« zu singen und sich auf die gute Gesellschaft der Kirche zu besinnen. Die Apostel, die Propheten und die Märtyrer, sie sind ja nicht tot, sie leben bei Gott und stehen jederzeit mit den Glaubenden in Verbindung.

Wer ist Gott, dem all dies gilt, auf den all dies zurückgeht? Das »Te Deum« versucht es in drei tastenden Zeilen zu sagen. Der Vater – unermessbarer Majestät! Er ist ganz Gott, verborgen und unzugänglich im Licht seiner Heiligkeit. Aber nicht weniger Gott ist der Sohn, der wahre und einzige, in dem sich uns der verborgene Gott gezeigt hat. Das Licht der Heiligkeit Gottes strahlt seitdem auf Erden, es ist uns aufgeleuchtet im Menschen Jesus Christus. Seitdem herrscht im Prinzip Klarheit, doch für das begrenzte menschliche Fassungsvermögen ist noch nicht klar, wie die unermessliche Majestät Gottes im Menschen Jesus zugegen sein kann. Um das zu erkennen, braucht es Geist, genauer den Heiligen Geist, von dem in der letzten Zeile die Rede ist: der Beistand (griechisch Paraklet, hier mit Fürsprecher übersetzt), den Gott selbst uns schickt, um ihn in seinem Sohn zu erkennen und ihm gerecht werden zu können.

Welcher Gott?

Wir sollen also Gott gerecht werden, die Frage ist nur, welchem. Bekanntlich haben die Völker in der Geschichte Verschiedenes für Götter gehalten, es gibt eine Menge Religionen, und heutzutage steht so einiges an, für eine Art Gott gehalten zu werden, obwohl das Wort nicht dafür verwandt wird. So z.B. das Geld oder der »Gott« der Beschleunigung, der seit einiger Zeit das göttliche Zepter übernommen zu haben scheint. Wie soll man sich zwischen den Göttern entscheiden? Welche Religion ist die wahre? Gott sei Dank, man muss es nicht, denn man könnte es nicht. Vielmehr sorgen die Götter selbst dafür, dass sie verehrt werden. Es wird nämlich immer das als göttlich verehrt, was göttliche Macht beweist, und das meint: eine unabwendbare, unüberwindliche, evidente Macht. Jeder Religion liegt ein Machterlebnis zugrunde. Wenn es heute eine Religion des Geldes gibt, dann in dem Maße, wie das Geld wirklich die Welt regiert und die Menschen diese Macht fraglos akzeptieren. Dazu ist gar kein Glaubensbekenntnis, keine Taufe, noch nicht einmal eine organisierte Religion nötig. In den Naturreligionen wurden die Kräfte der Natur als göttlich verehrt, denn die Menschen waren noch völlig von der Natur und ihren Rhythmen abhängig: die Sonne, der Mond, die Fruchtbarkeit, der Regen usw. Zu organisierter Religion mit Riten, Priesterschaft und Opfern kommt es, wenn man die Götter in günstigem Sinne beeinflussen oder das von ihnen drohende Unheil abwenden will. Religionen vergehen, wenn sich die Machtverhältnisse ändern. Als neben die Mächte der Natur menschliche Herrschaftsgebilde traten und Menschen sich diesen Herrschaften unterwerfen mussten, kam es zu religiösen Herrscherkulten. Die Römer hielten es vor allem mit der Göttin Victoria (= Sieg), denn der Bestand des Römischen Reiches war davon abhängig, dass die römischen Armeen Siege errangen. So konnten sogar die Kaiser als göttliche Gestalten verehrt werden, solange sie für die Macht und den Sieg des Reiches standen. Die römische Reichsreligion ist sang- und klanglos untergegangen, als der Sieg und die Macht vom Römischen Reich gewichen waren. Machtlose Götter sind keine; Götter sind von der Verehrung abhängig, die Menschen ihnen entgegenbringen.

Der Gott, den Juden und Christen verehren, ist der mächtigste aller Götter. Er ist »über alle Götter erhaben« (Ps 95), er ist allmächtig. Im »Te Deum« wird er der Gott der Scharen bzw. der Gott der Mächte und Gewalten genannt. Mit den himmlischen Scharen oder den Mächten und Gewalten sind die Götter gemeint, eben die Himmelswesen (Götter wohnen im Himmel). Herr über sie ist Gott. Demgemäß ist eindeutig die biblische Religion die wahre und höchste Religion.

Nur eines ist hier noch zu bedenken, und das macht den Unterschied: Die Macht des biblischen Gottes ist nicht von der Art der Macht der Götter. Sie ist nicht evident und unabwendbar, wie es bei den Naturgöttern oder auch bei dem Gott der Beschleunigung der Fall ist. Der biblische Gott ist nicht wie die anderen Götter ein Himmelswesen, seine Macht ist nicht von weltlicher Art. Dieser Gott kann, ich sagte es schon, nur im Glauben erkannt und erfasst werden. Glaube gründet nicht auf einem weltlichen Machterlebnis, sondern ist die Antwort auf Gottes Wort. Glaube stellt eine persönliche, frei gewählte Beziehung zu dem Gott dar, der nicht von dieser Welt ist und der sich erst von sich aus der Welt in Freiheit zugewandt haben muss, um den Glauben als Antwort zu ermöglichen. Die biblische Religion ist die wahre und höchste Religion! Aber nicht in dem Sinne, dass die Macht des biblischen Gottes einfach nur die Macht aller anderen Götter überragen würde, sie deren höchste Steigerung wäre. Die Wahrheit und Hoheit der biblischen Religion ist keine Überbietung der anderen Religionen, sowenig die Allmacht Gottes eine Überbietung der weltlichen Mächte darstellt. Die Allmacht des biblischen Gottes ist so verschieden von aller weltlichen, auch himmlischen Macht, wie Gott von der Welt verschieden ist. Und so verschieden ist auch der biblische Glaube von der Religion. Der Glaube an den Gott Israels und Jesu setzt die anderen Religionen nicht herab, er belässt sie vielmehr in ihrer eigenen Wahrheit und Würde: eben als Religionen, die sich um die Verhältnisse zwischen Himmel und Erde kümmern. Besser wäre es vielleicht, den Begriff Religion gar nicht mehr mit dem biblischen Gott in Verbindung zu bringen, wie es in der Bibel ja auch nicht geschieht.

Nun wird auch noch deutlicher, warum es, wie es das »Te Deum« sagt, ausgerechnet Apostel, Propheten und Märtyrer sind, die für diesen Gott Zeugnis ablegen. Im Sinne einer Religion wäre es sicher besser gewesen, an dieser Stelle die Sonne oder den Mond, Kaiser, Feldherren oder Magier mit geheimnisvollen Heilkräften zu erwähnen. Die Apostel, die selbst übrigens alle Märtyrer waren, die Propheten und die Märtyrer stehen aber für die Macht Gottes, die nicht nach der Art der Mächte der Welt ist und sich diesen entgegenstellt – im Falle der Märtyrer bis in den Tod hinein. Gottes Macht und Größe stellt jede Art von weltlicher, auch religiöser Macht und Größe infrage. Wer sich darauf einlassen will, kann sich nicht mehr auf Machterlebnisse verlassen, ja er muss ihnen gründlich misstrauen, er muss vielmehr in Freiheit glauben und eine Entscheidung treffen.

Es ist also nicht so einfach mit der »Religion« der Bibel. Man gehört ihr nicht so einfach, fraglos und ohne Bekenntnis an, wie es sonst bei Religionen der Fall sein kann. Wurden etwa die Anhänger des alten griechischen Götterkults gefragt, ob sie an diese Götter glauben? Sie verehrten sie, weil es eben die Götter ihrer Zeit waren, weil sie für die Mächte standen, die wirklich das Leben regierten. Religionen, wenn es tatsächlich welche sind, setzen sich mit unwiderstehlicher Gewalt durch. Wenn heute manche Leute glauben, zwischen verschiedenen Religionen wählen zu können, wenn sie sich gar eine Patchwork-Religion aus verschiedenen Elementen zusammenstellen, dann zeigen sie damit nur, dass es ihnen mit der Religion nicht ernst ist; dass es sich in Wirklichkeit gar nicht um eine Religion handelt. Man muss annehmen, dass sie längst der Religion unserer Waren- und Geldgesellschaft verfallen sind und einfach deren Handlungsmuster – Auswahl aus verschiedenen Produkten, gleichsam vor dem Ladenregal stehend, und dies soll dann Ausdruck der Freiheit sein – auf den Bereich des Religiösen übertragen. Je mehr sie zwischen verschiedenen religiösen Angeboten zaudern und wählen, umso deutlicher tritt ihre eigentliche, längst fraglos praktizierte Religion hervor. Man sollte also diese religiösen Suchbewegungen nicht allzu ernst nehmen und vielmehr fragen: Welche Religion ist denn die wirkliche Religion unserer Zeit? Und dann kämen auch die Götter in den Blick, mit denen es der biblische Gott heute aufzunehmen hat. Ihnen gegenüber hat er zu zeigen, dass er »erhaben über alle Götter« ist.

Warum die Bibel?

Die Bibel ist das Buch, das von der Geschichte Gottes mit den Menschen erzählt. Wenn sie jemandem nicht gefällt oder einer Schwierigkeiten hat, Zugang zu ihr zu finden, so muss gesagt werden: Ein anderes Buch dieser Art haben wir nicht. Man muss sich schon damit zufriedengeben. Aber auch das sei gesagt: Wer sich mit ihr zufriedengibt, wird ihre unerschöpfliche Schönheit und Kraft entdecken. Die Bibel ist so unermesslich wie Gott selbst, denn sie enthält sein Wort. Es ist nicht schlimm, dass wir kein anderes Buch dieser Art haben, wir brauchen auch kein anderes.

Es heißt, die Bibel sei »inspiriert vom Heiligen Geist«. Alte Bilder zeigen den Heiligen Geist als Taube, wie er den biblischen Schriftstellern den Text ins Ohr flüstert. So ist es auch gewesen, man muss die Bilder nur recht verstehen. Der Heilige Geist sorgt dafür, die Offenbarung des weltjenseitigen Gottes in der Welt zu erkennen, vor allem seine Offenbarung in dem Menschen Jesus Christus. Die Bibel ist ein Buch, das die gesamte den biblischen Schriftstellern zu Gesicht kommende weltliche Wirklichkeit unter dem Gesichtspunkt durchmustert und beschreibt, was sie mit Gott zu tun hat. Die Bibel ist wie ein Computerprogramm mit einem zweiwertigen Code: 1 = das verweist positiv auf Gott, 0 = das verweist negativ auf Gott, ist Gott zuwider. Mit diesem einfachen Code kann man nun unendlich viele Programme schreiben, wie es die Bibel auch tut. Sie enthält Historisches, Poetisches, Juristisches, Philosophisches, Erotisches usw., aber immer in diesem Code 1/0.

Alles, was die Menschen der Bibel erlebt haben oder was von ihnen überliefert worden ist, wird in diese Unterscheidung hineingezogen. Ein hilfreicher Vergleich ist vielleicht ein Rechtskodex wie das Bürgerliche Gesetzbuch. Auch darin ist von der ganzen bunten Fülle des Lebens die Rede, aber immer in der Unterscheidung von Recht und Unrecht. Die bunte Materie des menschlichen Lebens ist für das BGB nur relevant hinsichtlich der Frage, wie hier Rechtskonflikte zu entscheiden sind. Und in dieser Weise ist für die Bibel alles, was sie erzählt und berichtet, nur relevant hinsichtlich seiner Beziehung für oder gegen Gott. Und eben das macht sie »inspiriert«. Denn ohne den Beistand des Heiligen Geistes ist es ganz unmöglich, in dieser Welt etwas von Gott zu erfahren (so wie man ohne den Geist des Rechtswesens nichts von der Unterscheidung von Recht und Unrecht wüsste). Überhaupt zwischen Gott und Nichtgott unterscheiden zu können, setzt schon eine Beziehung zu Gott voraus, und diese stiftet der Heilige Geist. Es ist also diese Leitunterscheidung, die der Heilige Geist den biblischen Schriftstellern ins Ohr geflüstert hat. Und weil die Bibel auf allen ihren Seiten mit dieser Unterscheidung arbeitet, ist sie als Ganze inspiriert. Wenn man ganz genau sein wollte, müsste man sogar sagen, dass sie erst dadurch ein inspiriertes Buch ist, dass sie als solches gelesen wird. Was immer die biblischen Schriftsteller gemeint haben mögen, gläubige Leser lesen es als Aussagen über Gott. Wenn man allerdings die Bibel nur als eine historische oder literarische Quelle benutzt, verfliegt die Inspiration sofort – so wie wenn ich ein Rechtsbuch aus alter Zeit nicht mehr als Rechtsquelle, sondern als Fundort für frühere Sitten und Gebräuche benutze; die juristische Inspiration ist dann dahin.

Das biblische Wirklichkeitsverständnis

Die Bibel hat eine eigene Art, die Dinge zu betrachten. Sie hat ein eigenes Wirklichkeitsverständnis. Das ist an sich nichts Besonderes, denn es gibt viele Arten, die Wirklichkeit zu verstehen. Schon jeder einzelne Mensch unterscheidet zwischen dem, was ihn angeht, und dem, was seine Umwelt angeht. Jeder beobachtet die Welt mit seinen Augen und hat seinen eigenen Blick auf die Welt. Entwickelte Beobachtungssysteme wie das Rechtswesen oder die Wirtschaft folgen eigenen, spezifischen Unterscheidungen, eben der nach Recht und Unrecht oder nach Profit und Nicht-Profit. Diesen Unterscheidungen unterwerfen diese Systeme alles, was sie wahrnehmen. So tut es auch die Bibel. Ihre Unterscheidung ist allerdings einzigartig. Sie ist auf das Wirken Gottes in der Welt eingestellt. Wer sich auf diese Sichtweise einlässt, sieht die Welt mit anderen Augen. Das Wirklichkeitsverständnis der Bibel ist nicht natürlich, sondern, wie man früher sagte, übernatürlich. Es hat so gut wie nichts mit dem gesunden Menschenverstand zu tun. Es beruft sich nicht auf die Art von Vernunft, die wir meinen, wenn wir jemandem raten »Sei doch mal vernünftig« oder wenn wir ausrufen »Das ist ja total unvernünftig«. Die Bibel hat ihre eigene Art von Vernunft. Während die natürliche Vernunft im Dienst unserer Selbsterhaltung steht, steht die Vernunft des Glaubens im Dienst Gottes. Sie fragt nicht: Ist dies oder das gut oder schlecht für mich, sondern: Was besagt dies oder das für die Absichten Gottes mit der Welt? Dient dies oder das der Gerechtigkeit, die daraus entsteht, dass man Gott gerecht wird? Oder, was das Gleiche meint: Wie kann ich in diesem oder jenem eine Spur der Herrlichkeit Gottes entdecken?

Glauben, das heißt eigentlich nur: das Wirklichkeitsverständnis der Bibel übernehmen. Die Welt mit ihren Augen zu betrachten. In ihre Perspektive hineinwachsen. Das ist ein Lernvorgang, und genau diesen möchte ich mit diesem Buch anregen. Ich möchte hineinführen in das Wirklichkeitsverständnis der Bibel. Das ist vielleicht für die interessant, die glauben. Sie werden tiefer in die Sicht der Bibel eingeführt. Ihre Augen des Glaubens schärfen sich. Glaubende können am Ende selbst mit den Augen der Bibel beobachten. So wie bei den großen Heiligen: Sie haben selbst den biblischen Blick – erkennen zum Beispiel in den Armen und Aussätzigen Christus, wie Franziskus oder Elisabeth es getan haben – und so soll es eigentlich bei allen Glaubenden sein.

Aber es mag auch interessant sein für diejenigen, die zum Glauben an diesen Gott nicht gefunden haben. Sie können beobachten, wie die Bibel die Welt beobachtet. Vielleicht nehmen sie dieses Buch wie einen Film, in dem einem ein Regisseur eine fremde Welt zeigt. Man möchte vielleicht nicht unbedingt darin leben, aber man möchte doch wissen, wie es darin zugeht. In jedem Fall wird sich eine Erweiterung und Vertiefung des Verständnisses von Wirklichkeit ergeben – mehr Realitätssinn im Hinblick auf das, was das Allerrealste ist.

Das Glaubensbekenntnis

Die Bibel erzählt konkrete Geschichten von konkreten Menschen. Und das muss so sein. Denn sie hat davon zu erzählen, dass Gott sich von sich aus der Welt zugewandt hat, dass er ganz bestimmte Menschen angesprochen hat: »Und Gott sprach zu Abram« (Gen 12,1). So kommt es, dass wir in der Bibel die Namen und Geschichten von Frauen und Männern aus sehr alter Zeit aufbewahrt haben. Wie wüssten wir sonst von einem umherziehenden Nomaden namens Abraham, von seiner Frau Sara und den Problemen mit ihrer Fruchtbarkeit und von seinen Nebenfrauen; von Jakob, diesem listigen und umwegigen Typ; von Davids langem Weg zur Macht und von seiner Trauer um seinen Sohn Abschalom, der ihn doch vom Thron verjagen wollte; von den jahrhundertelangen Konflikten der Könige Israels und Judas mit ihren Nachbarn; von dem Kampf einzelner Männer, der Propheten, um die wahre Gottesverehrung usw. All dies und noch viel mehr muss erzählt werden, denn darin hat sich, in Wort und Antwort, Gott geäußert. Religionen bevorzugen sonst die Form des Mythos. Vom alltäglichen Sieg des Sonnengottes über die Mächte der Finsternis, von der ewigen Wahl des Mannes zwischen den drei Frauentypen Hera, Aphrodite und Athene, von der ewigen Rivalität zwischen Vätern und Söhnen kann man, wie in der Theogonie des Herodot, mythologisch erzählen, denn dies sind ewige Wahrheiten der Welt, die immer wahr sind, auch wenn die mythologischen Geschichten selbst nicht geschehen sind. Von der Geschichte Gottes mit seinem Volk aber muss historisch erzählt werden. Es ist etwas geschehen, worin sich die Wirklichkeit Gottes mitteilt: »Da zog Abram fort, wie ihm Gott befohlen hatte, und mit ihm zog Lot« (Gen 12,4). Wäre Abram, der später Abraham heißt, nicht wirklich fortgezogen, wüsste niemand, dass Gott einer ist, der die Seinen aus ihrem Land, ihrer Verwandtschaft und ihrem Vaterhaus herausführt, und dass er es noch heute tut. So erzählt die Bibel und erzählt, fügt in diese Erzählungen auch Dokumente ein – die Gesetzessammlungen, die Gebete der Psalmen, Weisheitslehren, Briefe oder Romane wie den von Tobit – um in allem die Wirklichkeit Gottes zu bezeugen. Man bedenke immerhin, dass die Briefliteratur des Neuen Testaments Einblicke in sehr konkrete, aus heutiger Sicht doch sehr fern liegende Konflikte der frühen christlichen Gemeinden gewährt. Was geht uns der Streit um das Götzenopferfleisch an? Aber es muss davon berichtet werden, denn auch hier stand Gottes Gerechtigkeit auf dem Spiel. Und wenn man weiterdenkt, dann findet man auch heute etwas daran: Dürfen Christen von den Früchten des heutigen Götzendienstes profitieren? Dürfen sie Produkte konsumieren, die unter der Ideologie der Kostenersparnis, unter menschenschinderischen Bedingungen hergestellt worden sind? Dürfen sie von Anlagegewinnen profitieren? Also war es gut, dass in der Bibel über die damalige Götzenopferfleischdebatte berichtet wird.

Eine Einführung in das biblische Wirklichkeitsverständnis, wie ich sie hier beabsichtige, könnte sich eigentlich darauf beschränken, die biblischen Erzählungen noch einmal zu erzählen. Das Problem ist nur: Sie sind zu lang und es sind zu viele. Man käme an kein Ende. Das ist übrigens ein vertrautes Problem. Wer versucht, einem anderen Menschen, zum Beispiel einem neuen Partner, sein Leben zu erzählen, muss auswählen. Es ist unmöglich, alles zu erzählen, obwohl alles irgendwie wichtig ist. Die Auswahl richtet sich nach dem Anlass und nach der Absicht.

Die Auswahl, die ein Curriculum vitae bei einer Bewerbung bietet, ist eine andere als die bei einem ersten »Date«. Oder wer auch nur vom letzten Urlaub erzählen will, muss abkürzen: »Wir waren wieder in Griechenland, es war wieder schön, das Wetter war sogar besser als letztes Mal.« Für die Eingeweihten mag diese Kurzfassung genügen. Auch die Bibel bietet verschiedene, jeweils besonders akzentuierte Versionen ihrer Geschichten. Es gibt das deuteronomistische und das chronistische Geschichtswerk, die sich zum großen Teil auf den gleichen Zeitraum beziehen, und es gibt die vier Evangelien. Eines würde nicht genügen, denn jeder Evangelist erzählt die Geschichte anders. Die Bibel enthält auch summarische Zusammenfassungen ihrer Geschichte, wie z.B. das heilsgeschichtliche Credo in Dtn 26,5–10 oder Röm 5,12–21. Die Bibel teilt also die Gesetze der Erzählkultur. Die Gesamtstory ist gar nicht erzählbar, sie liegt nur in Einzelstorys vor. Und diese werden dann für gewisse Anlässe noch weiter summiert. Verfolgt man diesen Weg weiter, gelangt man irgendwann zu Formeln, die eine komplexe Erzählung auf den Begriff oder Punkt bringen. »Wie's in Griechenland war? Du weißt schon: Sonne – Strand – Retsina.« Beliebt sind solche Kurzformeln auch in der Krankenhauskommunikation: »Der Blinddarm auf 211.« Für den Uneingeweihten müssen solche Formeln aufgelöst werden, sie müssen in die Geschichte zurückgeführt werden, aus der sie stammen: »In Zimmer 211 liegt ein Patient mit Blinddarmentzündung, der gestern eingeliefert worden ist ...« Und so geht es auch mit den Formeln, die für die lange Geschichte der Bibel gebildet worden sind. Sie liegen uns in Gestalt der Glaubensbekenntnisse und der Dogmen vor. »Ich glaube an Gott den Vater, den Allmächtigen ...« Wie viele Geschichten stecken nicht in dieser Formel! Dies sind also Bibelkonzentrate, gleichsam Instant-Würfel der biblischen Geschichte, die ihren Wert nur darin haben, dass sie der Verständigung unter Eingeweihten dienen. Um sie wirklich zu verstehen, muss man sie auflösen, muss man die Erzählungen entdecken, die darin verborgen sind. Damit ist übrigens auch die Aufgabe der theologischen Dogmatik benannt: die Dogmen und Lehrsätze der Kirche daraufhin zu überprüfen, ob sie als Zusammenfassungen der biblischen Geschichte verstehbar sind.

Ich halte mich im Folgenden an eine prominente Kurzformel des Glaubens, das sogenannte »Symbolum Apostolicum« oder »Apostolische Glaubensbekenntnis«. »Apostolisch« heißt es, weil es den zwölf Aposteln zugeschrieben wurde – ein Beleg für seine hohe Wertschätzung in der Alten Kirche. Es ist das heute in den Kirchen am meisten benutzte Glaubensbekenntnis und es ist zugleich eines der ältesten. Vorformen lassen sich bereits im 1./2. Jahrhundert nachweisen, im 4. Jahrhundert wurde es in Rom als Taufbekenntnis benutzt. Die Taufkandidaten hatten es zu sprechen, wenn sie – wie es damals üblich war: feierlich im Rahmen der Osternacht – in die Kirche aufgenommen wurden. Es enthält also genau die Glaubensaussagen, die jemand teilen muss, wenn sie oder er mit dem Gott der Bibel in Verbindung sein will. Es ist die Antwort des Glaubenden auf Gottes Wort.

Ich werde das Bekenntnis Artikel für Artikel durchgehen. Besonderes Augenmerk verdienen die Aussagen, die für Menschen heute kaum nachvollziehbar oder gar inakzeptabel sind: »geboren von der Jungfrau Maria«, »hinabgestiegen in das Reich des Todes«, die »Auferstehung des Fleisches«. Das Unverständnis, das diesen Glaubensartikeln begegnet, ist wie die Spitze eines Eisbergs. Nach meiner Erfahrung mit Studierenden und mit Christen in der Gemeinde ist heute für viele der christliche Glaube völlig unverständlich geworden. Dem will ich versuchen entgegenzuwirken. Wenn man die Dinge in ihrem biblischen Kontext betrachtet, wenn man sie im Rahmen des biblischen Wirklichkeitsverständnisses erläutert, dann zeigt sich, dass alles sinnvoll zusammenhängt und gut zu verstehen ist. Man muss dazu nur die Vernunft des Glaubens und nicht unsere »Alltagsvernunft«, schon gar nicht die ökonomisch geprägte Vernunft unserer Zeit gebrauchen. Zuweilen werde ich über die Artikel des Bekenntnisses hinaus auf weitere Glaubensgegenstände eingehen, die mit diesen im Zusammenhang stehen. Mein Ziel ist es zu zeigen, dass der christliche Glaube realitätshaltig ist, denn er wird der letzten und höchsten Wirklichkeit, der Existenz Gottes, gerecht. Wer das aufgenommen hat, kann mit anderen Wirklichkeitsverständnissen in einen Streit darüber eintreten, was eigentlich wirklich ist.

Dieses Buch handelt von dem, was ist, und es handelt auch von dem, was sein wird. Denn was ist, ist noch nicht abgeschlossen. Es hat laut Apostolicum noch eine Zukunft vor sich – im Unterschied übrigens zu unserer gegenwärtigen kapitalistischen Lebensform, die nur noch auf ihr Ende zulaufen kann. Welche Zukunft wird das sein? Das Apostolische Glaubensbekenntnis ist alles andere als eine Sammlung von Formeln, die den Glaubensbestand sichern wollen. Es ist ein in die offene Zukunft weisender, utopischer Text. Wird das stattfinden, wovon hier die Rede ist: das Gericht über die »Lebenden und die Toten«, die »Vergebung der Sünden«, die »Auferstehung des Fleisches«, »das ewige Leben«? Oder wird das Unrecht in der Geschichte triumphieren, werden die Opfer der Geschichte ungesühnt bleiben, werden wir unter unseren Sünden begraben werden, wird das Fleisch vergehen, wird das Leben endgültig enden? Leider ist, folgt man der natürlichen Ordnung der Dinge, das Letztere zu erwarten. Das Apostolicum, das heißt also der Glaube, hält dagegen. Es gibt keine spannendere Frage als die: Wer wird recht behalten?

»Ich glaube an Gott, den Vater, den Allmächtigen, den Schöpfer des Himmels und der Erde«

Alle drei Aussagen sind uns unheimlich geworden! »Der Vater«: Ist Gott ein Mann, und ist er gar eine Art Familienpatriarch? »Der Allmächtige«: Ist Gott ein Superpotentat, eine Ausgeburt menschlicher Machtfantasien? Und wenn er allmächtig wäre, warum lässt er dann das Übel und die Leiden in der Welt zu? »Der Schöpfer«: Ist nicht dieser biblische Schöpfungsglaube durch die Naturwissenschaften längst widerlegt? Zeigt sich an dieser Stelle nicht besonders deutlich, dass der Glaube einem längst überwundenen, vorwissenschaftlichen Weltbild angehört? Wird man nicht automatisch zum Fundamentalisten, wenn man an diesem Glauben noch festhält?

Die drei Aussagen stehen im Zusammenhang. Sie interpretieren sich wechselseitig. Den nennen wir Vater, der der Allmächtige und der Schöpfer ist. Der Allmächtige ist der Vater und zugleich der Schöpfer. Der Schöpfer ist unser Vater, und der ist der Allmächtige. Was Allmacht heißt, zeigt sich im Blick auf das Vater-Sein und das Schöpfer-Sein Gottes usw. So lassen sich die Ausdrücke immer weiter im Kreise drehen. Aber an irgendeiner Stelle müssen wir anfangen, am besten vom Ende her.

»Ich glaube an Gott, den Schöpfer des Himmels und der Erde«

Es ist erstaunlich, dass es Welt überhaupt gibt. Nicht dass es überhaupt etwas gibt und nicht vielmehr nichts (wie die Philosophen sagen), ist das Erstaunliche, denn Gott gibt es von Ewigkeit her; davon ist auszugehen. Wie kann es aber außer Gott noch etwas anderes geben? Wo doch Gott alles in allem ist? Er ist unendlich und grenzenlos. Wo immer und wann immer etwas ist, es ist Gott. Die umstürzende Botschaft am Beginn der Bibel, am Beginn der Schöpfungserzählung lautet deshalb: »Im Anfang schuf Gott Himmel und Erde« (Gen 1,1). Gott lässt anderes außer ihm selbst zu. Er schafft Raum für anderes. Er nimmt sich zurück, um anderes sein zu lassen. Nur deshalb kann Schöpfung sein. Und das eben meint die Erschaffung der Welt: die Ermöglichung von etwas Selbstständigem außerhalb von Gott, und zwar durch Gottes eigene, schöpferische Tat. Er wollte, dass es außerhalb von ihm etwas gibt. Er trifft eine erste, die allererste Unterscheidung: die zwischen sich und der Welt, zwischen Einheit und Vielheit.

Wir dürfen uns nicht von der Vorstellung irreleiten lassen, Gott sei eine Art Superingenieur oder ein Superproduzent gewesen, eine Vorstellung, die auch in die verfängliche Bezeichnung Gottes als »erste Ursache« eingegangen ist. Es führt in die Irre, sich Gott als jemanden vorzustellen, der in seiner unbegreiflichen Schöpfermacht die ganze Welt hergestellt hat. Richtig ist vielmehr: Gott lässt entstehen. So erzählt es der Schöpfungsbericht. Aus der ersten Unterscheidung entstehen viele weitere: die Unterscheidung von Licht und Dunkel, von Wasser und Wasser, von Land und Meer usw. Wichtig ist, dass Gott will, dass etwas außerhalb seiner selbst entsteht. Er sagt es ja: »Da sprach Gott: Es werde Licht.« Und er findet es gut, was da entsteht: »Er sah, dass es gut war.« Er tritt mit dem, was da entsteht, sogleich in eine Beziehung, denn er spricht es an. Nehmen wir als Beispiel die Erschaffung der Pflanzen. Da heißt es: »Dann sprach Gott: Es lasse grünen die Erde Grünes, Kraut, das Same bringt, und Fruchtbäume, die Früchte auf Erden tragen, in denen Same ist.« Gott will also, dass die Erde das alles hervorbringt und dass es sich fortpflanzen kann. Und so geschieht es: »Und so geschah es: Die Erde brachte Grünes hervor, Kraut, das Samen bringt nach seiner Art, und Bäume, die Früchte bringen nach ihrer Art, in denen ihr Same ist. Und Gott sah, dass es gut war« (Gen 1,11–12). Wer hat denn nun die Kräuter und die Bäume hervorgebracht? Doch die Erde selbst. Das kann man, wenn man will, durchaus im Modell der Evolution beschreiben. Doch dem Schöpfungsbericht kommt es nicht auf die genaue Abfolge der Entstehung an, sondern darauf, dass Gott entstehen lässt und dass er sich zu dem, was da entsteht, in Beziehung setzt. Er lässt seine Schöpfung selbstständig machen, er ermutigt sie dazu.

Ist Gott für die Übel der Schöpfung verantwortlich?

Stellen wir uns nun einmal dieses wuchernde Kraut vor. Wenn sich dann z.B. jemand, der seinen Garten unkrautfrei halten will, damit abmüht, es zu jäten, dann entsteht die Frage: Ist Gott für die Übel und das Böse verantwortlich? Das Böse, um es kurz zu sagen, ist doch nichts anderes als diese wuchernde, alles überwuchernde Selbsterhaltung, die nun einmal den Naturwesen zu eigen ist. Jedes will leben, will sich ausbreiten, und wo es dabei auf anderes, Schwächeres stößt, da geht es, wenn es kann, darüber hinweg. Auch der Mensch macht hier keine Ausnahme. Nur dass er, verhängnisvollerweise muss man sagen, zur Erfüllung seiner natürlichen Bedürfnisse über die Gabe der Vernunft verfügt. Das Unkraut macht wenigstens an dem nächsten größeren Baum halt, der Mensch aber kann, wenn ihm der

Baum im Wege ist oder wenn er auch nur Profit aus dem Holz des Baumes ziehen kann, diesen mittels einer kunstvoll ersonnenen Säge fällen. Und so hat er, vernünftig wie er ist, schon die meisten Bäume dieser Welt gefällt, und er macht weiter so, bis allen die Luft zum Atmen ausgeht. Das ist böse – für die Pflanzen und Tiere des Waldes, für die Menschen, deren Umwelt zerstört wird und die verarmen, für den Wasserkreislauf, für das Weltklima ... Der Mensch ist wahrlich das schlimmste Unkraut der Welt! Ist Gott nicht dafür verantwortlich, indem er überhaupt Naturwesen mit Selbsterhaltungsenergie hat hervorgehen lassen? Ist Gott nicht mittelbar der Urheber des Bösen, indem er überhaupt etwas Selbstständiges neben sich zugelassen hat? Hätte er nicht absehen müssen, dass aus jener ersten Unterscheidung eine unabsehbare und unbeherrschbare Fülle weiterer Unterscheidungen folgt? Dass sich eine Fülle von Lebenssystemen bilden würde, die untereinander in einem Verdrängungswettbewerb stehen?

Ja, er ist dafür verantwortlich. Er hat es gewollt, dass anderes werde und sich erhalte. Aber er hat vorausgesehen, dass es kommen kann wie beschrieben. Und deshalb hat er zugleich mit der Erschaffung der Welt dieser ein Maß gesetzt! Das ist die eigentliche, jedenfalls heute eigentlich wichtige Aussage der biblischen Schöpfungserzählung. Sie ist ausgedrückt in der Form des Sieben-Tage-Werks. Schon darin liegt ein Maß, und darauf kommt es an, nicht darauf, ob die Schöpfung sieben Kalendertage gedauert hat oder nicht. Die Vollendung der Schöpfung ist der Sabbat. Da ruhte Gott von dem Werk, das er gemacht hatte; und die ganze Schöpfung soll mit ihm ruhen. Ruhe, nicht rastlose Tätigkeit, rastloses Wuchern ist das Gesetz und die Vollendung der Schöpfung. Das bedeutet: Die Schöpfung unterliegt nach Gottes Willen nicht dem Naturgesetz, sondern dem Gesetz seines segensreichen Maßes. Wenn man sich nach Gottes Maß und Gesetz richtet, ist in der Schöpfung alles in Ordnung. Und das heißt wiederum: Nicht das dumpfe und unbewusste Streben der Natur soll die Welt bestimmen, sondern die menschliche Freiheit, die darin besteht, Gottes Willen zu tun. Alle Gebote und Verbote, die Gott gegeben hat – nach jüdischer Zählung sind davon in der Bibel 613 enthalten –, sind darauf gerichtet, den Menschen auf das göttliche Maß zu verpflichten. Mit der Gabe der Tora (des göttlichen Gesetzes) hat Gott alles getan, was er als Gott gegen das Böse tun konnte, vorausgesetzt, dass er überhaupt eine Welt, das heißt etwas anderes außer ihm, entstehen lassen wollte. Die Theologie nennt das die »immerwährende Schöpfung«, die *creatio continua*. Gott hat nicht nur einmal die Welt erschaffen, sondern er erhält sie fortwährend. Und zwar durch das Gesetz, das er gegeben hat. Wenn Menschen sich an dieses Gesetz halten, bleibt die Schöpfung bestehen.

Der Mensch, das Ebenbild Gottes

Gott schuf den Menschen nach seinem Bilde, so heißt es; und sehr schön ist es, wie die Bibel in diesem Zusammenhang die Unterscheidung von Mann und Frau hervorhebt. Gott hat Gefallen an Frauen und an Männern, er schätzt die Unterschiedlichkeit, wie schon bei den Pflanzen und Tieren, bei denen er Wert darauf legt, dass sie »je nach ihrer Art« erschaffen werden. Aber was heißt »Ebenbild Gottes«? In einer gewissen menschlichen Selbstüberschätzung hat man oft gemeint, die Ebenbildlichkeit läge in der Vernunftbegabung des Menschen. Aber nun, da wir wissen, dass die menschliche Vernunft nur ein besonders raffiniertes Instrument der Selbsterhaltung ist, prinzipiell nicht verschieden von der »Vernunft« eines Ameisenstaates, muss man Zweifel an dieser Auffassung bekommen. Die Erzählung vom Sündenfall in Gen 3 hebt es denn auch mit wünschenswerter Deutlichkeit hervor: Als die Menschen vernünftig sein wollten, als sie den ach so klugen Einflüsterungen der Schlange glaubten, da wollten sie nicht sterben müssen und wollten sein wie Gott. Das ist Selbsterhaltung pur, und gar nicht gottebenbildlich. Was übrigens die Schlange bedeutet, hat keiner besser erklärt als der Kölner Kabarettist Jürgen Becker in seinem Stück »Da wissen Sie mehr als ich«. Wo sich eine Schlange bildet, da muss schon etwas Besonderes sein, etwas, das, wie es die Paradiesschlange ausdrückt, »lieblich anzusehen und begehrenswert« ist. Da stellt man sich am besten gleich mal hinten an (so wie die Leute sich meist nur an den Kinoschaltern mit den längsten Schlangen anstellen, um die angesagten Filme zu sehen; die guten Filme laufen meistens woanders; oder wie früher die meisten Leute zur Kirche gingen, aus dem Grunde, weil die meisten Leute zur Kirche gingen, und heute die meisten Leute nicht zur Kirche gehen, aus dem Grunde, weil die meisten Leute nicht zur Kirche gehen). Die Leute gucken, was die anderen machen, und dann machen sie es auch. Das nennt man dann vernünftiges Handeln. Wozu aber diese Art von Vernunft führt, sagt der biblische Bericht auch: Mühsal des Daseins, Schmerzen, Feindschaft zwischen Mensch und Tier, Abhängigkeit vom eigenen Verlangen und daraus folgend Abhängigkeitsverhältnisse; kurz gesagt kapitalistische Verhältnisse, wie sie in Gen 3,15–19 exakt vorausgesagt werden.

Diese Art von Vernunft ist jedenfalls nicht gottebenbildlich, sondern gottwidrig. Gott entsprechend und nach seinem Bilde ist dagegen die Einstimmung in die göttliche Bewegung, die die Schöpfung hervorgebracht hat: die Bereitschaft, anderes gelten und bestehen zu lassen, die Selbstzurücknahme zugunsten anderer oder eben: ein Leben nach dem göttlichen Maß und Gesetz. In den Sprüchen der Weisheit heißt es: »Gottesfurcht ist aller Weisheit Anfang« (Spr 1,7). In diesem Sinne kann man schon von gottebenbildlicher Vernunft sprechen, aber auch nur in diesem. Insgesamt geht es aber nicht nur um

Vernunft, sondern um das rechte Handeln. In unserem Handeln können wir Gott nachahmen. Da sollen wir auf seine Gebote achten. Das ist gemeint, wenn es im Buch Levitikus heißt: »Seid heilig, denn ich, euer Gott, bin heilig« (Lev 19,2).

Die Urstandsgerechtigkeit

Nach einer alten theologischen Lehre lebten die Menschen einst, vor dem Sündenfall, im Zustand der »Urstandsgerechtigkeit« (*iustitia originalis*). In diesem Zustand konnten sie Gott und damit auch ihren Mitgeschöpfen gerecht werden. Die alte Lehre hat dies darin ausgedrückt, dass sie von Gott einige besondere Gaben erhielten, nämlich die »Gabe der Freiheit von der unordentlichen Begierlichkeit« (*donum rectitudinis* oder *donum integritatis*), die »Gabe der Freiheit von der natürlichen Notwendigkeit zu sterben« (*donum immortalitatis*), die »Gabe der Freiheit von den Leiden des Leibes und von äußerem Unglück« (*donum impassibilitatis*), die »Gabe des vollkommenen Wissens« (*donum scientiae*) und die »Gabe der mühelosen Beherrschung der niederen Natur« (*donum perfecti dominii*). Hier wird ein Leben ohne Sünde, ein Leben nach dem segensreichen Maß Gottes beschrieben – die großartigste Vision von der Größe des Menschen, die ich kenne! Ohne Sünde also sind die Menschen keiner maßlosen Begierde verfallen. Deswegen haben sie keine Angst vor dem Tod; der Tod hat keine Macht über sie – das meint die Gabe der Unsterblichkeit. Daraus ergibt sich auch die Leidensfreiheit, denn meistens leiden wir nur, weil wir etwas erreichen wollen, was uns entzogen ist. Wir wollen stets das haben, was wir nicht kriegen können, und verschmähen das, was man uns gibt; daraus entstehen die Leiden. Besonders wichtig finde ich dann die Gabe des vollkommenen Wissens. Damit ist nicht gemeint, dass diese Menschen alles wussten. Sondern dass ihr Wissen den Dingen gerecht wurde. Sie betrachteten sie nicht als Objekt der Begierde oder der Ausbeutung, sondern sie konnten sie sein lassen. Sie sahen sie als das, was sie wirklich waren. So wurden sie ihnen gerecht. Daraus folgte dann die »mühelose Beherrschung der niederen Natur«, will sagen: der Friede mit den Mitgeschöpfen. Nimmt man nun von all diesen Gaben jeweils den Gegenbegriff, dann hat man in etwa die heutige Lage des Menschen: ein Leben unter dem Gesetz der Begierde; im vergeblichen, seinerseits todbringenden Kampf gegen den Tod; angefüllt mit Leiden in der Suche nach dem Unerreichbaren; mit einem Wissen versehen, das die Menschen und Dinge nur unter ihrem Nutzwert taxiert; deswegen im wechselseitig zerstörerischen Konflikt mit der Natur. Genau das hat die Theologie auch gelehrt: durch die Sünde sind alle diese Gaben von uns genommen worden, an ihre Stelle trat nur die Begehrlichkeit (*concupiscentia*).

Der Herrschaftsauftrag und der Garten Eden

Oft diskutiert worden ist der sogenannte Herrschaftsauftrag Gottes an die ersten Menschen: »Seid fruchtbar und mehret euch und erfüllet die Erde und macht sie euch untertan. Herrschet über die Fische des Meeres und über die Vögel des Himmels und über alles Getier, das sich auf Erden regt« (Gen 1,28). Man hat darin eine Art Ermächtigung zur Ausbeutung der Natur gesehen, so, als wenn die gegenwärtige Naturzerstörung auch noch der Bibel anzulasten wäre. Das kann schon deshalb nicht stimmen, weil es zu den Zeiten, als man noch an die Bibel glaubte, der Natur sehr gut ging, mit der Naturzerstörung ging es erst los, als die Bibel außer Kraft gesetzt wurde und die Wissenschaft und die Industrie das Regiment übernahmen. Aber es stimmt auch nicht im innerbiblischen Zusammenhang. Wir haben gehört, dass Gott den Menschen nicht auf das Naturgesetz festlegt, sondern auf sein segensreiches Gesetz des Maßes. Die

Tora ist das Gesetz der Welt, deren Vollendung der Sabbat ist. Der Herrschaftsauftrag an den Menschen bedeutet nun, dass der Mensch dieses Gesetz Gottes, das nur er verstehen und erfüllen kann, in die Natur hineinträgt und sie danach gestaltet. Der Mensch soll die Natur gewissermaßen vergöttlichen, sie auf Gottes Maß bringen. Das biblische Bild dafür ist der Garten. Gott selbst legt, gemäß dem zweiten Schöpfungsbericht, einen Garten an, den Garten Eden. Er »ließ aus dem Erdboden allerlei Bäume hervorwachsen, lieblich anzusehen und gut zu essen, den Baum des Lebens mitten im Garten und den Baum der Erkenntnis des Guten und des Bösen« (Gen 2,9). So sollen es auch die Menschen tun, die nach Gottes Bild geschaffen sind. Nicht die wilde, unberührte Natur ist das Ideal, sondern der gestaltete, in Maß und Ordnung angelegte Garten. Das Maß ist die Erkenntnis des Guten und Bösen, die im göttlichen Gesetz liegt. Dieses Maß einzuhalten, dafür sind die Menschen verantwortlich. Man kann hier an die Fülle der Natur- und Tierschutzbestimmungen denken, die in der Tora enthalten sind. Der Apostel Paulus schreibt viel später im Brief an die Römer, dass die ganze Schöpfung, die Tiere und Pflanzen, seufzen und stöhnen und ungeduldig darauf warten, dass die Herrlichkeit der Kinder Gottes offenbar werde (Röm 8,18–23): dass die Menschen endlich diesen von Gott gegebenen Herrschaftsauftrag ausführen. Die Natur ist noch nicht das, was sie sein kann. Wo man durch einen gepflegten, schönen Garten geht, wo Mensch und Tier und Pflanze in Eintracht und Fruchtbarkeit zusammenleben, da hat man schon eine Vorstellung davon, wie nach Gottes Willen die ganze Welt aussehen soll.

Schöpfungsglaube und Naturwissenschaft

An dieser Stelle nun ein kurzes Wort zum Verhältnis von biblischem Schöpfungsglauben und Naturwissenschaft. Für viele

Zeitgenossen haben ja mit der naturwissenschaftlichen Erklärung der Entstehung des Universums und des Lebens die religiöse Welterklärung und damit die Religion überhaupt abgedankt; gerade bei Schülerinnen und Schülern beobachte ich das oft. Vergeblich hat man von religiöser Seite aus versucht, Gott noch ein Plätzchen in den Erklärungslücken der Naturwissenschaft zu sichern. Aber das waren Rückzugsgefechte. Heute sprechen sich viele Theologen für eine Komplementarität von Naturwissenschaft und Theologie aus: Die Erstere erhebe die Daten, die Zweite sei für die Sinndimension zuständig. Aber damit ist es nicht getan. Die Frage ist vielmehr: Welches Weltverständnis wird der Welt gerecht, das naturwissenschaftliche oder das biblische? Und da ist nun zu sehen, dass es der Natur seit dem Siegeszug der Naturwissenschaften alle Tage schlechter geht. Es werden einfach zu viele Flächen zubetoniert, es sterben zu viele Tierarten aus und den Menschen geht es auch nicht gut. Von der bunten, wimmelnden Vielfalt der Schöpfung, an der Gott seine Freude hatte, ist kaum mehr etwas übrig. Und das ist kein Wunder. Denn die Naturwissenschaften, so beeindruckend ihre Ergebnisse auch zuweilen sein mögen, wissen prinzipiell nichts von dem Grundgesetz der Schöpfung. Sie können bei dem von ihnen geübten »methodischen Atheismus« gar nicht wissen, dass die Welt nur ist, weil Gott ihr Raum gegeben hat. Sie wissen deshalb nichts von der Dankbarkeit, die die Geschöpfe Gott schulden, von dem Lob Gottes, das alle Kreatur darzubringen hat, von dem Maß, das Gott der Schöpfung gegeben hat, von der Vollendung im Sabbat, die der Schöpfung noch bevorsteht. Weil sie Gott nicht gerecht werden, werden sie der Welt nicht gerecht. Die Konsequenzen sind leider nicht zu übersehen. Es ist nun einmal das Geschick der Naturwissenschaften, dass sie bei den Naturgesetzen stehen bleiben. Nach biblischer Aussage ist aber nicht das Naturgesetz, sondern das göttliche Gesetz letztlich für die Welt zuständig. Wenn man den

Menschen wie ein Naturwesen betrachtet und untersucht, hat man überhaupt nichts von seiner »Seele«, von dem, wozu Gott ihn bestimmt hat, verstanden. Man macht ihn im Grunde zu einer Art Tier. »Christianity counterpart of nature«, so sagte der englische Kardinal John Henry Newman. Hier geht also nichts zusammen.

Kann man als Christ noch in der Naturwissenschaft tätig werden, etwa in einem gentechnischen Labor? Ich halte das für problematisch; aber das müssen christliche Naturwissenschaftler selbst entscheiden. Der christliche Haupteinwand gegen ein naturwissenschaftliches Weltverständnis ist schließlich, dass die Wissenschaften nichts über den Himmel wissen. Dabei ist doch der Himmel der größte und bedeutendste Teil der Schöpfung! Wie kann man etwas von der Erde verstehen, wenn man die Mächte, die sie bestimmen, also die himmlischen Mächte, nicht kennt?

Die Erschaffung des Himmels

»Im Anfang schuf Gott den Himmel und die Erde«, so lautet der erste Satz der Bibel. Man kann sich fragen, warum hier so viele Worte gemacht werden. Hätte es nicht genügt, zu sagen, dass er die Welt erschuf? Aber die Bibel arbeitet mit einem differenzierten Weltbegriff. Sie kennt, so hat es einmal der Theologe Michael Welker herausgearbeitet, den Teil der Welt, der Erde heißt. Das ist der uns vertraute, uns zugängliche, für uns beeinflussbare Teil der Welt. Daneben gibt es noch den uns unvertrauten, unzugänglichen, unmanipulierbaren Teil der Welt. Da braucht man nicht gleich an den Himmel über uns zu denken. Für Naturvölker konnte dieser unzugängliche Teil der Welt schon gleich hinter der Dorfgrenze beginnen, im Urwald, wo unheimliche Geister und Waldwesen hausten. Oder im Gebiet des fremden Stammes oder in den rituell tabuisierten Bereichen des Lebens. Aber letztlich hat sich in allen Sprachen der Ausdruck »Himmel« – oft auch in der Mehrzahl: die Himmel – für diesen Teil der Welt durchgesetzt. Denn schon der Himmel, den wir wahrnehmen, also das Firmament, ist der klarste Beweis dafür, dass es einen uns unzugänglichen Teil der Welt gibt. Die Sonne und der Mond, der Wechsel von Tag und Nacht und die Jahreszeiten, das unermessliche Reich der Sterne, der Wind und das Wetter, der Regen und die Trockenheit: all das, was vom Himmel kommt, können wir selbst heute noch nicht manipulieren, und dennoch ist es für unser Leben hoch bedeutsam. Die Alten haben nun geschlossen, dass es nicht nur den sichtbaren, sondern auch unsichtbare Himmel gibt. Denn es gibt unsichtbare Mächte, die genau wie die sichtbaren Himmelsmächte unser Leben stark beeinflussen und die wir nicht beeinflussen können. Zum Beispiel die Zeit: Nach dem griechischen Mythos sind alle Götter Kinder des Kronos, des Gottes der Zeit. Oder die Macht der Liebe, die Gewalt des Krieges und der Konkurrenz, die Kraft der Fruchtbarkeit, das sind alles »Götter«, will sagen wirkliche, aber uns kaum verfügbare Lebensmächte, denen die Menschen zu dienen haben. In neuerer Zeit würden wir nicht mehr von Göttern sprechen, sondern von der Macht der Systeme, von unerbittlichen Sachzwängen, von Rahmenbedingungen, die wir nicht ändern können, von kollektiven Zwängen. Was war es, was so viele eigentlich brave Menschen im NS-Staat zu Menschenschlächtern hat werden lassen? War es allein ihre individuelle Entscheidung? Wie hat das NS-System, diese Mischung aus Ideologie, Machtwille und kollektivem Zwang, ihre individuelle Entscheidung beeinflusst? Was treibt uns heute, den Planeten immer weiter auszubeuten, obwohl wir sehen, dass das zu keinem guten Ende führt? Hier sind, so kann man mit der alten religiösen Sprache sagen, himmlische Mächte im Spiel. Oder moderner ausgedrückt: Hier zeigt sich der Mensch als Teil von sozialen Systemen, nach deren Willen und Anweisung er agiert, ohne sich davon lösen zu können. Soziale Systeme sind so etwas wie große Tiere. Sie wollen auch nur überleben. Dabei benutzen sie die Wünsche und Bedürfnisse von Menschen als Nahrung. Aber was sie mit dieser Nahrung machen, ist allein ihre Sache. Sie verwandeln sie in etwas, was ihnen zum Überleben dient. Am Ende muss dann der Mensch, der sich mit seinen Bedürfnissen an das System gewandt hatte, erleben, dass etwas ganz anderes dabei herauskommt, als er sich gedacht hat. Stalin wollte vielleicht die Erde in ein Paradies der Werktätigen verwandeln, aber der Selbsterhaltungswille des stalinistischen Machtapparats hat es dazu gebracht, dass er Russland in einen riesigen Gulag verwandelte. Die Menschen, die ihm geglaubt haben, hatten das Nachsehen.

In der biblischen Schöpfungsgeschichte gibt es ein sehr interessantes Detail. Bei allen Schöpfungswerken heißt es: »Und Gott sah, dass es gut war.« Nur einmal fehlt diese Aussage, nämlich bei der Erschaffung des Himmels. Dort heißt es nur lakonisch: »Gott nannte das Firmament Himmel. Es ward Abend und es ward Morgen: zweiter Tag« (Gen 1,8). Der Himmel, so ist aus dieser bemerkenswerten Auslassung zu ersehen, ist nicht einfach »gut«. Die himmlischen Mächte können zum Guten oder zum Schlechten wirken. Zum Guten dann, wenn sie Gott und damit auch den Menschen dienen – so wie etwa die Familie in der Regel ein lebensförderliches System ist, und zwar weit über die Fähigkeiten der einzelnen Mitglieder hinaus. Zum Schlechten aber dann, wenn diese Mächte ihre Selbsterhaltung über ihren Dienst an Gott und den Menschen stellen. Die alte Geschichte vom »Engelssturz«, vom Sündenfall der Engel, hat genau dies ausgedrückt: Luzifer ist es nicht mehr genug, vom göttlichen Licht beschienen zu werden und darin zu glänzen, er möchte aus eigener Kraft leuchten. Also wendet er sich ab – und wird dunkel. Und in diese seine Dunkelheit reißt er alle Menschen mit, die sich wie er von Gott abwenden.

Die allerwichtigste Frage der Weltgeschichte ist: Wo stehen die himmlischen Mächte? Arbeiten sie für uns oder gegen uns? Welches Geschick haben uns die »Götter« bestimmt? Denn die Götter und Göttinnen, das kam schon zum Ausdruck, sind nichts anderes als Personifikationen der himmlischen Mächte. Religionen habe es mit diesen Göttern zu tun. Sie leisten ihnen die geschuldete Verehrung, sie versuchen, sie zum Guten zu bestimmen. Aber ihre Bemühungen haben dabei stets nur begrenzten Erfolg. Es wären keine Himmelsmächte, wenn man sie manipulieren könnte. Darum bleiben wir dem Schicksal, den Mächten, dem Himmel letztlich ausgeliefert.

In diese religiöse Szenerie trifft wie ein Donnerschlag der erste Satz der Bibel. »Im Anfang schuf Gott Himmel und Erde.« Der Himmel ist auch nur ein Geschöpf! Er ist nicht das Letzte, nicht die höchste Macht. Es gibt eine Macht, die über ihm steht, die Macht seines Schöpfers. Gott ist der »Herr aller Mächte und Gewalten«. Wer sich an Gott hält, ist den Mächten nicht mehr ausgeliefert. Etwas Wichtigeres hat die Bibel nicht zu sagen. In diesem ersten Satz ist alles enthalten, was die Bibel sonst noch zu sagen hat: der ganze Kampf Israels gegen die Götzen, die Verkündigung des Gesetzes, das seine Spitze darin hat, keinen anderen Göttern zu dienen, Jesu Verkündigung der Gottesherrschaft, die die endgültige Durchsetzung Gottes gegen die satanischen Mächte des Himmels zum Inhalt hat (»Ich sah den Satan wie einen Blitz vom Himmel fallen«, Lk 10,18), sein Kreuz und seine Auferstehung, wo der Sieg über die höchste himmlische Macht, die Macht des Todes, errungen wird, schließlich die Niederwerfung des Tieres mit den sieben Hörnern und der Hure Babylon in der Apokalypse des Johannes. All das ist nur Ausführung des ersten Satzes, und man bräuchte eigentlich die ganze Bibel gar nicht mehr zu lesen, wenn man diesen ersten Satz wirklich verstünde. Aber man versteht ihn nicht wirklich, solange die Mächte so trickreich sind und sich so zu verstellen wissen, dass die Unterscheidung zwischen Gott und den Göttern immer wieder durchbuchstabiert, immer wieder geschichtlich konkretisiert werden muss. Und das geschieht in der ganzen Bibel.

In der Neuzeit, in der Aufklärung, haben sich die Gebildeten darauf verständigt, dass es den religiösen Himmel nicht gibt. Sie haben ihn dem Aberglauben und der Esoterik überlassen und nur noch einen physikalischen Begriff vom Himmel übrig gelassen, um den sich die Astrophysik kümmert. Die Motive für diese Abschaffung des Himmels kann man verstehen. In der Aufklärung sollte die ganze Welt der Vernunft und Erkenntnis des Menschen unterworfen werden. Der Mensch wollte selbstständig sein, er wollte sich »seines Verstandes ohne Anleitung eines anderen bedienen« (Immanuel Kant). Da war natürlich ein prinzipiell unerkennbarer, unzugänglicher und unmanipulierbarer Teil der Welt wie der Himmel hinderlich. Er passte nicht ins Konzept. Also wurde er kurzerhand abgeschafft. Die Folgen waren erheblich. Wir sind uns nicht mehr der Mächte bewusst, die unser Leben bestimmen. Wir können nicht erklären, warum alle das Gute tun wollen und dennoch so viel Böses dabei herauskommt. Alle Welt bemüht sich um Schadstoffbegrenzung, zweifellos in den besten Absichten, aber dennoch steigt die Schadstoffbelastung immer weiter an. Mit einem aufgeklärten Verstand kann man das nicht erklären.

Über der Abschaffung des Himmels ist auch die Bedeutung des ersten Satzes der Bibel völlig aus dem Blick geraten. Wenn man die Existenz himmlischer Mächte in Abrede stellt, dann hat der Satz von Gott als dem »Herrn aller Mächte und Gewalten« keine Bedeutung mehr. Man kann auch gar nicht mehr begreifen, was Jesus mit der Verkündigung der Gottesherrschaft sagen wollte. Das Christentum wird dann einfach den übrigen Religionen gleichgestellt, von denen man annimmt, dass sie sich mit nicht überprüfbaren, jenseitigen Dingen beschäftigen. Das »Jenseits«, das eigentlich eine innerweltliche Unterscheidung – die zwischen Erde und Himmel – markierte, wird in einen außerweltlichen Bereich verschoben und damit für die Welt eigentlich bedeutungslos. Darum ist es gut, die biblische Weltsicht in Erinnerung zu rufen. Sie ist, so muss man heute zugeben, realistischer als die aufgeklärte, die die Welt mit ihren Rätseln und ihrem Unheil einfach sich selbst überlässt. Die Frage ist jetzt nur noch, was man sich unter der Macht, die der Schöpfer über den Himmel und seine Mächte hat, vorstellen soll.

»Ich glaube an Gott, den Allmächtigen«

Bei dieser Glaubensaussage ist Vorsicht geboten. Denn alles wäre verdorben, wenn wir uns die göttliche Allmacht als eine Art Übermacht vorstellten, als die größte Macht überhaupt. So als ob Gott alles, was er will, einfach machen könnte, und die, die sich seiner Macht widersetzen, zwingen könnte, das zu tun, was er will. So stellen wir uns Macht in der Regel vor. Aber wenn wir in Bezug auf Gott so denken, tappen wir in die Falle, in die noch alle Mächtigen getappt sind. Hitler hatte gegen die Sowjetunion die größte und schlagkräftigste Armee, die die Menschheit bis dahin gesehen hatte, in den Krieg geschickt. Sie galt als unbesiegbar, und zunächst sah es auch ganz danach aus. Dann rüstete Stalin dagegen, mit Unterstützung der Alliierten, und am Ende trieben die russischen Soldaten, in komfortablen amerikanischen Studebakers fahrend, die deutschen Truppen zurück, die ihre Kanonen von Pferden ziehen lassen mussten. So ist es noch jedem gegangen, der auf Erden versuchte, allmächtig zu sein.

Macht erzeugt Gegenmacht. Würde Gott eine solche Art von Macht haben, dann würde er menschliche oder satanische

Gegenmächte auf den Plan rufen, und die Weltgeschichte wäre nichts anderes als ein einziger Kampf gegen die Macht Gottes. Das gilt auch unter der Voraussetzung, dass die Macht Gottes nur eine Macht zum Guten ist. Dann würden eben die Mächte des Bösen auf den Plan gerufen und durch Gott mittelbar gestärkt. Und das kann doch nicht in seinem Sinne sein.

Die Allmacht, die Gott hat, ist anderer Art. Und dennoch ist es wirkliche Macht. Es ist eine Macht, die andere mächtig macht – und damit dem Spiel von Macht und Gegenmacht entgeht; die andere in die Lage versetzt, noch etwas zu machen, wo nach menschlichem Ermessen nichts mehr zu machen ist. Macht kommt von Machen. Der hat Macht, der etwas machen kann. Ohnmacht ist, wenn man nichts mehr machen kann. »Wir können nichts mehr machen«, sagen die Ärzte bei einem Todkranken; sie sind ohnmächtig. Dann kommt der Priester, spendet die Sterbesakramente und empfiehlt die Seele des Sterbenden Gott. Er kann noch etwas machen. Diese Macht hat er von Gott.

Das scheint vielleicht kein besonders eindrucksvolles Beispiel von Macht zu sein. Nehmen wir ein anderes. Als die jüdischen Gemeinden im 12. Jahrhundert schlimmen Pogromen ausgesetzt waren, als ein enthemmter Mob Hunderte von ihnen hinmetzelte und selbst die Bischöfe, die das versuchten, sie nicht mehr schützen konnten, da schienen sie doch in der Tat ohnmächtig zu sein. Sie aber konnten noch etwas machen: Sie vollzogen ihr Sterben als Heiligung des göttlichen Namens. Sie wollten auch in ihrem Tod Gott noch die Ehre erweisen, sich zu ihm bekennen, seinen Namen über alle anderen Namen erheben. Was ihnen ihre Verfolger als blutiges, unentrinnbares Schicksal zugedacht hatten, das verwandelten sie zur Tat. Denn es gibt ein Gebot, dass in allem der Name Gottes zu heiligen ist. Indem sie diesem Gebot folgten, konnten sie noch etwas machen. Und ihre Verfolger standen machtlos da. All ihr aufgehetztes Gemetzel – schon darin zeigten sie, dass sie eigentlich nicht in Freiheit handelten – war doch nicht machtvoll genug, um die Heiligkeit des Namens Gottes zu beschmutzen. Im Gegenteil, der Name Gottes erstrahlte am Ende in den Augen der Gläubigen umso mehr.

Gott hat Macht, indem er andere ermächtigt, etwas zu machen. Das passt übrigens perfekt zu der Art, wie er die Welt erschaffen hat. Ein Blick in die Bibel genügt, um zu erkennen, wie er seine Macht ausübt. Im Kern geht es da immer um denselben einfachen Vorgang, mag er auch in der poetischen Sprache der Psalmen oder des Lobpreises in großen Bildern ausgeschmückt sein: Gott beruft Menschen und gibt ihnen Aufträge für andere. Den Abraham berief er, damit dieser zum Segen werde für alle Geschlechter der Erde; den Mose, damit er sein Volk aus Ägypten herausführe; den David, damit er das gerechte Königsamt ausübe über Juda und Israel. Ganz Israel ist berufen, Licht für die Völker zu sein. Jesus steht ganz in dieser Tradition, wenn er die Jünger beruft und sie in die Welt sendet, zu verkündigen und zu taufen. Gott gibt also den Seinen etwas zu tun. Immer ist es etwas, das nach menschlichem Ermessen aussichtslos erscheint. Wie soll der heimatlose Nomade Abraham zum Segen werden für alle Völker bis zum Ende der Welt? Aber er ist es geworden. Wie soll Mose den mächtigen Pharao bezwingen? Er hat es getan. Wie soll der Hirtenknabe David, der jüngste unter den Brüdern, sein auch noch zerteiltes und zerstrittenes Volk regieren? Er ist der Friedenskönig geworden. Wie soll Israel, der machtlose Spielball der Nachbarstaaten, Licht für die Völker sein? Diese Staaten sind untergegangen. Aus den Schriften Israels und dem Zeugnis der Juden leuchtet stärker denn je das Licht der Gerechtigkeit. Wie sollen galiläische Fischer und Handwerker das Projekt der Weltmission betreiben? Schon bald war die Kirche über die ganze Welt verbreitet. Offenbar gibt es keine stärkere Kraft als die, die aus der Erfüllung des Willens und Auftrags Gottes erwächst. Durch Menschen, die seinen Willen erfüllen, regiert Gott die Welt.

Dieser typische Vorgang des Handelns Gottes an der Welt ist zusammengefasst in der Gabe des Gesetzes. Gott gibt die Tora, und da zeigt sich seine Allmacht. Denn das Gesetz gibt immer etwas zu tun. Es bezieht sich auf alle Lebensbereiche: die Küche und das Essen, das Schlafen und das Wachen, die Sexualität und die Kindererziehung, Gesundheit und Krankheit, das Gebet und die Feiertage, Kleidung und Beruf, Eigentumsfragen, bürgerliche und Strafrechtssachen usw. In allen diesen Bereichen ist das Volk Gottes nie ohnmächtig. Es kann etwas machen: den Willen Gottes erfüllen. Bis hin zum Tod, der der größte Widersacher Gottes zu sein scheint, denn er scheint uns ohnmächtig zu machen. Aber auch da kann man noch etwas machen: den Namen Gottes heiligen. Das Kaddisch, das jüdische Gebet für Verstorbene, kennt kein Gejammer über das grausame Geschick des Todes und den Schmerz der Hinterbliebenen. Es ist ein einziger, großartiger Lobgesang auf Gott. Gott macht, dass es einem angesichts des Todes nicht die Sprache verschlägt. Er ist ja allmächtig. Darauf baute auch Jesus. Als die Todesmächte über ihm zusammenschlugen, als sich alles, was damals in Jerusalem Macht und Ansehen hatte, gegen ihn verschworen hatte, da begann er wohl zu trauern und zu zagen. Und er bat darum, dass dieser Kelch an ihm vorübergehen möge. Dann aber sprach er das urbiblische Wort: »Doch nicht mein, sondern dein Wille geschehe« (Lk 22,40–44). Der Wille Gottes war noch nicht ganz erfüllt. Es gab noch etwas zu tun für Jesus. Und dann sehen wir ihn mit beispielloser Souveränität durch die Passion gehen, sehen ihn das Kreuz als Siegeszeichen tragen und alle Mächte der Welt blamieren. Jesus glaubte an die Allmacht Gottes.

Die Transzendenz Gottes

Der jüdische Philosoph Steven Schwarzschild hat einmal einen etwas seltsamen Namen für Gott gefunden. Er nennt ihn »the ought«, vom englischen Sollen, wie in »you ought to do«. Gott steht für das, was noch nicht ist, aber sein *soll*. Er ist allem Tatsächlichen voraus. Keine Tatsache ist vor ihm sicher, kein Sachzwang kann ihn bremsen, denn es gibt noch etwas, das sein soll. Das ist seine Allmacht. Und damit haben wir auch einen schönen Begriff von der Transzendenz Gottes. Gott ist nicht darin transzendent, dass er irgendwie außerhalb der Welt »hockt« (Karl Marx) und unendlich weit von uns entfernt ist. Er ist vielmehr ganz nah in seinem Wort: »Dir ist das Wort ganz nahe, in deinem Munde und in deinem Herzen ist es, sodass du danach tun kannst« (Dtn 30,14). Aber »dass du danach tun *kannst*«, das macht seine Transzendenz aus. Im Gebot transzendiert Gott jede Realität. Wer an Gott glaubt, weiß, dass immer noch etwas zu tun bleibt, und er weiß auch, was: nämlich Gottes Gebot zu erfüllen. Gottes transzendente göttliche Macht ist eine solche, die andere ermächtigt, sich nicht mit der Macht des Faktischen abzufinden. So ist, wer sich an den allmächtigen Gott hält, nie machtlos.

Göttliche Allmacht und menschliche Freiheit

So verstanden, steht die göttliche Allmacht nicht in Konkurrenz zur menschlichen Freiheit. Im Gegenteil, sie kooperiert mit ihr, sie fordert sie heraus. Gott erweist seine Allmacht an denen, die in Freiheit auf sein Wort hören und es tun. Die Macht Gottes ist nicht mit einem Naturzwang zu verwechseln. Sie tritt uns nicht als Nötigung gegenüber, wie es sonst bei Macht der Fall ist. Sie ist eben keine von den Mächten des Himmels, die ihrer Art nach nur Steigerungen irdischer Macht darstellen. Es gibt die Macht der Liebe, es gibt die Macht des Krieges, es gibt staatliche oder wirtschaftliche oder bürokratische Macht, gegen die man scheinbar nichts machen kann. Alles scheint festgelegt und bestimmt zu sein. Im jüdischen Talmud aber steht der Satz, der der treffendste Ausdruck von Gottes Allmacht ist: »Alles ist durch die Himmel bestimmt, nur nicht des Menschen Gottesfurcht.« Durch diese Macht, die mit der Freiheit des Menschen verbunden ist, ist Gott der Herr des Himmels und der Erde. Er ist wirklich der »Herr aller Mächte und Gewalten«.

Kleiner Lobgesang auf das göttliche Gesetz

Viele werden heute sagen: Was soll mir das göttliche Gesetz? Ich weiß doch selbst, was ich zu tun und zu lassen habe, warum soll ich mir das von einem Gott vorschreiben lassen? Es wird ja geradezu als Gewinn der Aufklärung gefeiert, dass wir selbst Verantwortung für unser Tun übernehmen und uns die Normen des menschlichen Zusammenlebens nicht mehr von einer außermenschlichen Instanz vorschreiben lassen. Aber stimmt es denn wirklich, dass Menschen aus eigener Kraft und Einsicht verantwortlich handeln können?

Es gibt drei prinzipielle Gründe, die das in aller Regel verhindern. Der erste ist die Rücksicht auf unseren Eigennutz. Weil ich die Dinge nur aus meiner Perspektive betrachte, weil ich stets so zu handeln trachte, dass mir und den Meinen dabei keine allzu großen Nachteile erwachsen, kommt es selten zu angemessenen ethischen Entscheidungen. Der zweite ist unsere Unfähigkeit, die Zukunft zu erkennen. Wir können nicht wirklich wissen, welche Folgen unsere Handlungen haben oder was morgen passieren wird. Wie können wir dann wissen, was richtig ist? Und drittens wissen wir, dass unsere Handlungsmöglichkeiten beschränkt sind. Was hilft es schon, wenn ich allein das Richtige tue? Kann ich damit die von vielen Mächten und Interessen bestimmten Verhältnisse ändern?

Aus diesen drei Gründen machen die Menschen in den entscheidenden, zukunftsrelevanten Fragen in der Regel gar nichts. Zum Beispiel bei der Frage, was ich zur Minderung der Umweltbelastung durch den Verkehr beitragen kann. Soll ich mein Auto stehen lassen? Die Tatsache, dass das so wenige Menschen tun, dass weltweit das Verkehrsaufkommen immer weiter ansteigt, hängt zunächst mit dem ersten Grund zusammen. Eine ethische Entscheidung, die mir die Möglichkeit zur mobilen Freizügigkeit nehmen würde, kann wohl nicht die richtige sein; das denken anscheinend die meisten Autofahrer. Dann kommt der zweite Grund: Wenn ich heute auf das Auto verzichte, und morgen erfinden die Wissenschaftler ein Auto ohne Schadstoffe und dazu vielleicht noch ein Verfahren, das die bestehende Schadstoffbelastung drastisch reduziert, dann habe ich mich doch heute falsch entschieden. Also lieber abwarten. Und drittens ist es sowieso sinnlos, wenn ich einen solchen Schritt tue, während gleichzeitig Millionen Menschen in Indien und China sich erstmals ein Auto anschaffen und die Schadstoffbilanz nach oben schnellen lassen. Zudem würde ohne Autoverkehr die Wirtschaft zusammenbrechen. Also mache ich lieber gar nichts.

Wer an Gott glaubt, für den sind diese Gründe außer Kraft gesetzt. Zum Ersten: Gott weiß am besten, was gut für mich ist. Es heißt ja: »Wer diese Gebote erfüllt, wird durch sie leben« (Lev 18,5). Da ich darauf vertraue, dass Gott mein Bestes will, habe ich gute Gründe, nach seinen Geboten zu leben. Zum Zweiten: Gott kennt die Zukunft, im Unterschied zu den Menschen. Er wird also wissen, was jetzt sinnvoll und richtig ist, wie es heißt: »Vollkommen ist die Weisung Gottes, sie stärkt die Seele; das Zeugnis Gottes ist verlässlich, es macht weise den Toren« (Ps 19,8). Ich bin also gut beraten, mich an den zu halten, der es besser weiß als ich. Und drittens: Die Gebote Gottes kann man tun. Jeder kann den Sabbat halten, auch wenn man nicht weiß, ob man die Welt retten kann. Den Willen Gottes zu erfüllen, ist immer richtig, auch wenn ich längst nicht die ganze Komplexität des Sachverhalts durchschaue.

Es ist so wie bei einem Studienanfänger an der Universität. Er oder sie tut gut daran, zur Studienberatung zu gehen und sich erklären zu lassen, wie man das Studium am besten anfängt. Die Ratschläge oder Weisungen der Studienberatung sind mit einiger Sicherheit erfolgversprechender, als sich selbst den Weg durchs Gestrüpp der Studienordnungen zu bahnen. Es wäre schlicht unvernünftig, auf die Weisheit der Beratung zu verzichten. Um wie viel mehr gilt das, wenn Gott der Berater ist und wenn es nicht nur um das Studium, sondern um das ganze Leben und die Zukunft der Welt geht. Für einen gläubigen Menschen ist es also durchaus vernünftig, der Weisung Gottes zu folgen. Für einen ungläubigen Menschen mag es unvernünftig sein, aber am Ende wird er dann aus sehr vernünftigen Gründen vielleicht gar nichts Vernünftiges mehr tun.

Dennoch ist es nicht so, dass Menschen des Glaubens einfach in blindem Gottvertrauen den göttlichen Anweisungen folgen. Sie sind alles andere als eine Herde von Schafen, die ohne Verstand ihrem Hirten nachlaufen. Vielmehr erfordert die Erforschung von Gottes Willen eine Menge Verstand, wie nun gerade die Geschichte der jüdischen und christlichen Auslegung zeigt. Ich kenne kaum ein komplexeres Werk als den Talmud, in dem Generationen jüdischer Weiser ihre Erkenntnisse über den Willen Gottes niedergelegt haben. Denn es geht ja um den Willen Gottes und nicht irgendeines menschlichen Gesetzgebers. Der Wille Gottes ist genauso unergründlich wie Gott selbst. Und doch können wir die Weisung eines jeden Tages daraus entnehmen. Um das zu schaffen, muss man es so machen, wie es in Psalm 1 beschrieben wird: »Selig der Mann, der nicht folgt dem Rat der Frevler, der nicht auf dem Wege der Sünder geht, noch sitzt in der Runde der Spötter. *Der aber Freude hat an der Weisung des Herrn und über seiner Weisung murmelt bei Tag und bei Nacht.*« Die Zeit, die dann noch bleibt, kann man gern mit dem Studium der säkularen Ethik zubringen.

Ferner ist dann immer noch die Frage zu klären, welche Instanz aus welcher Legitimation heraus in Fragen der Auslegung des göttlichen Willens entscheidungsbefugt ist. Die verschiedenen biblischen Glaubensgemeinschaften haben diesbezüglich ganz unterschiedliche Verfahren entwickelt. Nach Gottes Willen handeln muss jedenfalls nicht heißen, nach dem Willen des kirchlichen Vorgesetzten zu handeln. In einem Wort: Gottesfurcht macht nicht dumm, sie erfordert eine eigene Art von Vernunft, die Vernunft des Glaubens.

»Ich glaube an Gott, den Vater«

Dieser allmächtige Gott, der Schöpfer des Himmels und der Erde, ist zugleich unser Vater. Nach allem, was wir bisher über Gott gehört haben, dürfen wir uns jetzt nicht einen bürgerlichen Familientyrann vorstellen, der auf den Tisch des Hauses haut und erklärt: Solange du die Füße unter meinen Tisch stellst ... Aber auch nicht einfach einen gütigen alten Familienpatriarchen. Viel näher an das Gemeinte heran führt uns die Vorstellung von einem Handwerker, der seinen Sohn in seinem Handwerk ausbildet. Wir werden das sehen.

Der Vaterbegriff ist ohne Zweifel ein Analogiebegriff, das heißt in irgendeiner Weise an unsere Erfahrung mit menschlichen Vätern angelehnt. Gleichzeitig muss er aber auch in Analogie stehen zu dem, was von Gott, dem Schöpfer, und von Gott, dem Allmächtigen, gilt. Und da haben wir gelernt: Gott ist jemand, der sein lässt, der freigibt, der anderes wachsen lässt und mit seinem ermutigenden Wort begleitet, der andere ermächtigt. Und genau das ist sicher auch die Analogie, die den Vaterbegriff des Glaubensbekenntnisses mit dem irdischen Vaterbegriff verbindet. In den früheren Gesellschaftsformen, in denen sowohl die Bibel wie auch das Apostolicum entstand, war die Erfahrung mit den Vätern wohl nicht so sehr die unserer heutigen Kleinfamilie: Der Vater, der sich liebevoll um die Kleinen kümmert, mit ihnen spielt usw. Das ist übrigens ja auch heute, im Zeitalter der Scheidungsväter, zunehmend eine schöne Illusion. Der Vater in traditionellen Gesellschaften war wesentlich der, von dem die Kinder lernten, wie man im Leben zurechtkommt. Natürlich lernt man auch von der Mutter, und sicher auch von vielen anderen Verwandten und Geschwistern, der Vater aber ist dafür verantwortlich, dass »der Junge was Ordentliches lernt und später seinen Mann steht«, will sagen: dass er einen Beruf ergreifen kann. In aller Regel lernte man den Beruf vom Vater, einfach dadurch, dass man dem Vater bei der Arbeit zuschaute und ihn nachahmte. Und wenn man dann erwachsen war und seine Sache gut gelernt hatte, machte man dem Vater Ehre. Der Handwerker-Vater blickte stolz auf seine Kinder, die so gute Handwerker geworden waren wie er, ja vielleicht noch bessere. Der Stolz des Vaters war auch der Stolz der Kinder. Der Vater will, dass die Kinder selbstständig werden; dies war in früheren Zeiten schon eine wirtschaftliche Notwendigkeit. Es wäre ein schlechter Vater, der die Kinder nicht groß werden ließe und sie in ständiger Abhängigkeit hielte.

Von einem Vater lernt man also. Das ist es, was Jesus mit dem Vater in erster Linie in Verbindung bringt. Er sagt: »Alles ist mir von meinem Vater übergeben.« Vom Vater hat er also alles gelernt. »Niemand kennt den Sohn als nur der Vater und niemand den Vater als nur der Sohn und wem es der Sohn offenbaren will« (Lk 10,22). Hier wird auf die sehr intime Beziehung angespielt, die zwischen Vater und Sohn im Zuge des gemeinsamen

Arbeitens, des Lehrens und Lernens, entsteht. Der Vater weiß, was der Sohn gelernt hat, er kennt ihn genau, und der Sohn weiß alles vom Vater, denn er hat von ihm gelernt. Und dann kommt der Tag, an dem der Sohn alles gelernt hat und seinem Vater Ehre macht. Darin liegt, wieder in den Worten Jesu, eine »Verherrlichung« des Vaters durch den Sohn und auch umgekehrt eine »Verherrlichung« des Sohnes durch den Vater. Sie machen sich gegenseitig Ehre. Jesus sagt: »Ich habe dich verherrlicht auf Erden, ich habe das Werk vollendet, das zu vollbringen du mir aufgetragen hast« (Joh 17,4). Das hätte er auch sagen können, wenn er das Werk eines besonders gelungenen Dachstuhls gemeint hätte, den er, nach der Lehre beim Vater, nun zum ersten Mal selbst zustande gebracht hat. Im gegebenen Zusammenhang geht es aber um ein anderes Werk, nämlich darum, den Menschen den Namen des Vaters bekannt zu machen. Dies hat Jesus getan, und er hat es so getan, dass erkennbar wurde, dass er alles, was er zu sagen hatte, vom Vater gelernt hat: »Jetzt wissen sie, dass alles, was du mir gegeben hast, von dir kommt« (17,7). Jesus nennt dies: »Den Vater verherrlichen« – so wie ein stolzer Handwerker die Tradition seiner Familie, die er vom Vater übernommen hat, verherrlicht. Der Vater kann nun mächtig stolz sein auf den Sohn, er wird ihn auch verherrlichen, und genau das sagt Jesus: »Jetzt verherrliche du mich, Vater« (17,5). Es liegt ein Verhältnis wechselseitiger Verherrlichung vor: Der Sohn macht den Vater stolz, der Vater ist stolz auf den Sohn. Der Stolz des Sohnes ist wiederum der Stolz des Vaters. In den Worten Jesu: »Vater, die Stunde ist gekommen. Verherrliche deinen Sohn, damit der Sohn dich verherrliche« (17,1).

Wir sind hier, so glaube ich, auf eine Stelle gestoßen, die die biblische Vater-Rede in den Kontext stellt, in welchem sie damals verwendet wurde. Und nicht nur damals: Erst im Zeitalter der industriellen Lohnarbeit ist diese gegenseitige »Verherrlichung« von Vater und Sohn verschwunden. Heute suchen Väter und Kinder nach Arbeitsplätzen, nach Jobs, und von gegenseitigem Stolz kann meistens keine Rede mehr sein. In diesem ursprünglichen Sinn aber steht das Bekenntnis zu Gott, dem Vater, im Apostolicum im Zusammenhang mit dem Bekenntnis zum Schöpfer und zum Allmächtigen. Gott hat werden lassen, hat entstehen lassen, hat anderes groß werden lassen – so wie ein Vater seine Kinder groß werden lässt. Er hat abgegeben, damit anderes werden kann. Und ist dabei doch nicht kleiner geworden, so wie ein Vater nicht kleiner wird, wenn seine Kinder groß werden. Und genau das können wir von Gott, unserem Vater, lernen. Denn wir sollen ja von ihm lernen, um wie er zu werden, wie es heißt: »Seid also vollkommen, wie euer himmlischer Vater vollkommen ist« (Mt 5,48). Vom Vater und Schöpfer lernen wir das Grundgesetz der Schöpfung, das zugleich das Geheimnis seiner Allmacht ist.

Mit dem industriellen Zeitalter ist die Vorbild- und Lehrfunktion des Vaters geschwunden, und an seine Stelle ist das Bild der Familie getreten, in der die Rolle des Vaters sich mehr und mehr an die der Mutter anglich. Dementsprechend wird das Vatersein Gottes heute meistens auf seine Güte und Nähe, seine Fürsorge und Barmherzigkeit ausgelegt. Das mag ja nicht falsch sein, ich kann es nur in den biblischen Texten vom Vater kaum finden (das Gleichnis vom »barmherzigen Vater« in Lk 15 wäre der einzige Beleg). Im Übrigen hat man dann Schwierigkeiten zu erklären, warum hier nicht von Gott als Mutter die Rede ist. Zweifellos hat Gott auch mütterliche Züge, wer wollte das bestreiten; Jes 19,14f. sagt es ausdrücklich. Aber der dogmatische, im Zusammenhang des Glaubensbekenntnisses zentrale Aspekt ist doch der des Freigebens und Wachsenlassens. Den kann man nur mit dem Vaterbegriff fassen. Das Bekenntnis zu Gott dem Vater ist im Apostolicum vorangestellt, um das

Bekenntnis zum Allmächtigen und zum Schöpfer recht zu deuten. Es ist wie ein Vorzeichen vor der Klammer. Ein Vater, der mit seiner Macht die Kinder unterdrückte, wäre kein guter Vater, ein Vater, der die Kinder nicht groß werden ließe, auch nicht; so ist die Macht Gottes keine Unterdrückung und sein Schöpfertum kein Abhängigmachen des Geschaffenen.

Gott erwählt Söhne und Töchter

Dieses Lernen vom Vater, um so zu werden wie er, ist das eine, was mit dem Bekenntnis zu Gott, dem Vater, verbunden ist. Das andere ist die von Gott her gesetzte unzerstörbare Beziehung zu seinen Kindern. Dies ist ja auch mit dem Vaterbegriff gegeben: Man bleibt immer Vater des Kindes, das man gezeugt hat. Aber die Bibel denkt hier gewiss nicht biologistisch. Sie weiß: Vater werden ist nicht schwer ..., aber wirklich Vater zu sein, setzt voraus, dass der Erzeuger das Kind auch als seines annimmt, sich zu ihm stellt, sich seinen Pflichten als Vater stellt. Über den König Salomo sagt Gott einmal: »Denn ihn habe ich zum Sohn erkoren und ich will ihm Vater sein. Ich will sein Königtum für immer fest begründen, wenn er daran festhält, meine Gebote und Satzungen zu erfüllen, wie es heute geschieht« (1 Chr 28,6). In diesen gewiss nicht biologisch zu verstehenden Worten – denn sie sind zu David, dem biologischen Vater Salomos gesprochen – erklärt Gott, dass er die Art von Unzerstörbarkeit, die der Beziehung eines Vaters zu seinen Kindern eigen ist, aus freier Erwählung seiner Beziehung zu Salomo zugrunde legt. Er wird sein Königtum »für immer« fest begründen. Er wird für immer Vater für ihn sein, nachdem er ihn als seinen Sohn erwählt hat.

Und das gilt schließlich nicht nur für Salomo. Es gilt nach unserem Glaubensbekenntnis für alle Menschen. Gott hat sie als seine Kinder erwählt, er wird immer in Treue zu ihnen stehen. Auf Gott ist dabei Verlass wie bei einem Vater, der zu seiner Vaterschaft steht. Auch das meint das Bekenntnis zu Gott, dem Vater.

Wenn man nun beide Momente zusammennimmt, ergibt sich: Wir können uns auf den verlassen, von dem wir lernen können, so vollkommen zu werden wie er. Er wird uns die Möglichkeit, sein Gesetz von ihm zu lernen, niemals verwehren, so wie er es dem Salomo niemals verwehrt hat, der doch, so erzählt die Bibel, häufig sehr weit von den Wegen des Herrn abgewichen ist. Dass es darum geht, die »Gebote und Satzungen« Gottes zu erfüllen, ist ja in der Bibelstelle eindeutig gesagt. Gott ist also ein Vater, von dem wir immer lernen können. Er ist wie ein Handwerker, der seinen Kindern immer wieder neu geduldig erklärt, wie man eine Sache macht. Am Ende will er, dass wir die Sache so gut machen wie er.

»und an Jesus Christus, seinen eingeborenen Sohn, unsern Herrn«

Vom Glauben an Jesus Christus handelt der zweite Artikel des Glaubensbekenntnisses. Jesus Christus war bekanntlich ein Wanderprediger, der einige Jahre nach der Zeitenwende in Galiläa, Samaria und Judäa, einem abgelegenen levantinischen Landstrich und einem Wetterwinkel des Römischen Reichs, herumzog, einige Jüngerinnen und Jünger um sich sammelte, Kranke heilte, Dämonen austrieb und im Übrigen eine besondere Begabung für das Erzählen von Gleichnissen hatte. Kernpunkt seiner Predigt war, dass Gott sein Reich bald auf Erden errichten würde. Mit dieser Botschaft fand er viel Zustimmung, denn an seinem eigenen Handeln glaubten die Leute zu erkennen, dass er recht hatte. Aber er stieß auch auf Ablehnung. Vor allem bei denen, die sich durch Gottes Herrschaft gestört fühlten. Weder die römische Verwaltung noch die führenden jüdischen Kreise konnten dulden, dass im Namen Gottes ihre eigene Herrschaft infrage gestellt würde. Als Jesus nach Jerusalem pilgerte, kam es zur Konfrontation mit diesen führenden Kreisen. Jesus wurde der Prozess gemacht, er wurde zum Tod am Kreuz verurteilt und hingerichtet wie sehr viele andere damals auch. Zu bemerken ist, dass ihn die meisten seiner Anhänger am Kreuz alleinließen, nur einige Frauen standen ihm bei. Diese Frauen waren es dann auch, die drei Tage nach seiner Kreuzigung festgestellt haben wollen, dass er von den Toten auferstanden war. Dies erzählten sie den übrigen Jüngern, und die meisten glaubten ihnen. Die Obrigkeit ging hingegen von einem Betrug der Jünger aus oder versuchte doch, die Sache als Betrug darzustellen (Mt 28,11–15). Man muss zugeben, dass die Wahrscheinlichkeit für diese Ansicht sprach.

Von diesem Jesus erklärt unser Glaubensbekenntnis, dass er »unser Herr« ist. Das will aber nicht sagen, dass er nur der Herr derer ist, die an ihn glauben. Er ist der Herr und Herrscher aller Menschen auf der ganzen Erde, aller Menschen, die jemals gelebt haben, und aller, die jemals leben werden. Er ist der Herr der Welt. Wenn es noch andere Welten gäbe, wäre er auch deren Herr. Denn, so heißt es eindeutig im Neuen Testament, »Gott hat ihn erhöht und ihm den Namen gegeben, der über alle Namen ist, auf dass im Namen Jesu sich jedes Knie beuge im Himmel, auf der Erde und unter der Erde und jede Zunge zur Ehre Gottes des Vaters bekenne: Jesus Christus ist der Herr« (Phil 2,9–11). Also: jedes Knie, nicht nur das der Glaubenden! Aus diesem Text erfahren wir auch, dass Jesus nicht nur der Herr aller Menschen ist, sondern auch der Wesen im Himmel und der Wesen unter der Erde, wer immer das sein mag. Andere zentrale Aussagen im Neuen Testament bestätigen das. Im Epheserbrief heißt es, dass Gott »das All in Christus unter ein Haupt gefasst hat, das Himmlische und das Irdische«, und dass dies einem von Anfang an bestehenden Plan Gottes entsprach (Eph 1,3–10). Der Brief an die Kolosser präzisiert, dass alles »im Himmel und auf der Erde, das Sichtbare und das Unsichtbare, seien es Throne oder Hoheiten oder Herrschaften oder Gewalten durch ihn und auf ihn hin erschaffen worden sind«, und dass er »in allem den Vorrang« habe (Kol 1,15–20). Der also, der da ans Kreuz gebracht worden ist, steht über allen Gewalten und Mächten und Hoheiten auf Erden und im Himmel, er hat sie sogar geschaffen, sie existieren nur auf ihn hin, um seinetwillen. Es ist schon einiges, was uns der Glaube zumutet.

Eine fast noch größere Zumutung bedeutet der Glaube für die, die nicht glauben. Denn ihnen wird hier gesagt, dass Jesus Christus auch ihr Herr ist. Dass er in Wirklichkeit über sie herrscht. Dass sie sich also in einer verhängnisvollen Täuschung befinden, wenn sie die Herrschaft Jesu Christi nicht anerkennen und nichts von ihm wissen wollen. Es ist beispielsweise sicher schon verhängnisvoll, wenn man als Angestellter in einer großen Firma arbeitet, aber einfach nicht zur Kenntnis nimmt, dass es Vorgesetzte gibt und sogar einen obersten Chef. Wenn man glaubt, alles allein bestimmen zu können. Ich weiß nicht, wie lange eine Firma einen solchen Mitarbeiter halten würde. Dank der unbegreiflichen Gnade und Langmut Gottes können solche wirklichkeitsfremden »Mitarbeiter« in der Welt immer noch recht und schlecht überleben. Aber sicher wäre es auch für sie gut, wenn sie sich den Realitäten stellen würden.

»Ich glaube an Jesus Christus, unsern Herrn«

Jesus Christus ist der Herr des Gottesreiches. Diese Aussage klärt schon etwas über den Charakter seiner Herrschaft. Er ist nicht in gleicher Weise der Herr Frankreichs oder Österreichs oder irgendeines anderen irdischen Reiches, selbst wenn wir uns ein Reich vorstellen, das, wie das Gottesreich, die ganze Welt umfasst. Der Gegensatz zwischen dem Imperium Romanum, das die gesamte damals bekannte Welt umfasste, und dem Gottesreich, wofür Jesus steht, ist im Neuen Testament manifest: angefangen bei der Volkszählung des Kaisers Augustus, durch die die Familie Jesu in den Stall verbannt wurde, bis zum Todesurteil, das der römische Statthalter schließlich über Jesus sprach. Jesu Reich ist »nicht von dieser Welt« (Joh 18,36). Hier ist alles in Erinnerung zu rufen, was oben über die Macht Gottes gesagt wurde. Dennoch können wir aus der Analogie zu den irdischen

Reichen etwas über das Gottesreich erfahren. Ein Reich ist da, wo die Obrigkeit des Reiches anerkannt wird und wo die Gesetze dieses Reiches gelten. Frankreich ist da, wo die französische Regierung anerkannt wird und die französischen Gesetze gelten. Das Imperium Romanum war da, wo der römische Kaiser als Herrscher anerkannt wurde und die römischen Gesetze galten; die Römer richteten Herrschaftszeichen mit dem Namen des Kaisers oder den Insignien des Senats auf, um für jeden deutlich zu machen, in welchem Reich und unter welcher Obrigkeit man sich befindet. Das Gottesreich ist da, wo Gott als Herr anerkannt wird und die Gesetze Gottes gelten. Ganz genau in diesem Sinne lehrt Jesus seine Jünger im Vaterunser, um das Kommen des Reiches zu beten. Es kommt, wenn der Name Gottes geheiligt wird und sein Wille geschieht. Übrigens gibt es im Gottesreich genau wie in allen anderen Reichen bestimmte Regelungen für diejenigen, die einmal die Gesetze nicht beachten. Sie werden ermahnt oder bestraft oder es wird ihnen vergeben. Dies setzt aber die Geltung der Gesetze im Prinzip voraus.

Im Unterschied zu Frankreich oder anderen Reichen hat das Gottesreich keine geografischen Grenzen. Es ist vielmehr überall da, wo Menschen Gott die Ehre geben und nach seinem Willen leben, und sei es nur bei einem einzigen Menschen. Jesus war der erste Mensch, der Gott vorbehaltlos und ohne jede Einschränkung als Herrn der Welt anerkannte, ihm die gebührende Ehre erwies und ganz und gar nach seinem Willen lebte. Er sagte sogar: »Meine Speise ist es, den Willen dessen zu tun, der mich gesandt hat, und sein Werk zu Ende zu führen« (Joh 4,34) – den Willen Gottes zu tun, war für ihn so elementar wie für andere das Essen und Trinken. Das Gottesreich hat in Jesus schon begonnen. Er sprach nicht nur davon, es war in ihm schon Gegenwart geworden.

Vielleicht müssen wir hier auf eine sehr persönliche Erfahrung Jesu achten, die die Evangelisten diskret in einer ungewöhnlichen Erzählung versteckt haben. Nach seiner Taufe ging Jesus, so erzählen sie, in die Wüste. Vielleicht wollte er dort Gott treffen wie einst Mose oder Elias. Stattdessen traf er auf den Teufel. Dieser versuchte ihn in der bekannten Manier: Wenn du mir dienst, dann wirst du der beliebteste aller Menschen sein, du wirst unschlagbar und unverletzlich sein, du wirst der reichste und mächtigste aller Menschen sein. Normalerweise kann kein Mensch diesen Versuchungen widerstehen, zumal nicht nach 40 Tagen Fasten. Adam und Eva hatten ihr nicht widerstanden und keiner von den Großen Israels, wie die Geschichte des Alten Bundes zeigt. Der Satan hatte sich tatsächlich bislang als der »Fürst dieser Welt« (Joh 12,31; 14,30; 16,11) erwiesen. Aber Jesus widerstand der Versuchung! Da wurde ihm klar: Die Macht des Satans ist nicht unschlagbar. Später, als er den Jüngern davon erzählte, drückte er es so aus: »Ich sah den Satan wie einen Blitz vom Himmel fallen« (Lk 10,18). Hier haben wir gewissermaßen das Bekehrungserlebnis Jesu. Als er das erlebt hatte, kehrte er zurück und verkündete: »Die Zeit ist erfüllt, und das Reich Gottes ist nahe. Kehrt um und glaubt an die frohe Botschaft« (Mk 1,15). Denn was sollte dem Reich Gottes denn nun noch entgegenstehen? Der Sieg über den Satan war für Jesus so etwas wie der Sieg der Russen über die Deutschen in Stalingrad 1942. Der Weg nach Berlin war nun offen, wenn auch noch einige Schlachten geschlagen werden mussten.

Dass mit Jesus, nachdem er der Versuchung des Satans widerstanden hatte, das Gottesreich bereits begonnen hat, ist einer kleinen Bemerkung des Evangelisten Markus zu entnehmen, die im Zusammenhang der Versuchungsgeschichte steht. »Mit den wilden Tieren war er zusammen. Und die Engel dienten ihm« (Mk 1,13). Jesus hatte das Paradies wiederentdeckt.

Er hatte den göttlichen Herrschaftsauftrag ausgeführt, von dem bereits die Rede war. Den Satan hatte er mit Worten aus der göttlichen Tora in die Flucht geschlagen. Dem Gesetz Gottes, nicht dem Gesetz der Natur war er gefolgt, nach welchem er nach 40 Tagen Fasten durchaus auf das Angebot, die Steine in Brot zu verwandeln, hätte eingehen müssen. Weil er aber dem Gesetz Gottes folgte, brachte er die Welt wieder in Ordnung. Die wilden Tiere und die Engel wurden von dem Geruch seiner Heiligkeit angezogen und lebten in Frieden mit ihm zusammen. Jesus hatte die Wüste in einen Garten Eden verwandelt.

Noch eine weitere Beobachtung des Markus deutet in diese Richtung. Als Jesus gleich bei seinem ersten Wunder einen Mann mit unreinem Geist heilte, da schrie dieser Geist, dieser Dämon auf und sagte: »Was willst du von uns, Jesus von Nazaret? Bist du gekommen, um uns zu vernichten? Ich weiß, wer du bist: der Heilige Gottes« (Mk 1,24). Dieser Dämon, ein Wesen aus der Welt zwischen Himmel und Erde, kannte Jesus also schon, noch bevor die Menschen ihn richtig kannten. Jesu Sieg über den Teufel hatte sich in der Himmelswelt schon herumgesprochen. Und der Dämon weiß, dass ihn von diesem Heiligen Gottes nichts Gutes erwartet. Seine Tage sind gezählt. Denn die Gottesherrschaft, wenn sie einmal begonnen hat, ist unaufhaltsam.

Was übrigens die Wunder und die Heilung der Besessenen betrifft, so brauchen sie einen nicht zu erstaunen. In der Welt des Gottesreiches ist so etwas an der Tagesordnung. Denn da ist die Welt ja in Ordnung, und allerlei Verrücktheiten, fixe Ideen oder regelrechte Neurosen, die sich teilweise auch körperlich niederschlagen, verschwinden. Man kennt es aus dem Familienleben. Ist dieses tief greifend gestört, braucht man auf Krankheiten und psychische Probleme nicht lange zu warten. Das sind dann nur Symptome des kranken Familiensystems. Kommt aber das System wieder in Ordnung, verschwinden oft auch diese Symptome. Im Gottesreich ist das noch viel stärker der Fall. Bei den großen Heiligen ist das zu beobachten: Sie leben nicht nur in Frieden mit den Tieren und den Engeln – man denke an Franziskus! –, sondern können auch Kranke heilen. Bis heute ist das möglich. Denn im Gottesreich geht es ja nicht nach den Naturgesetzen, sondern nach dem segensreichen Gesetz Gottes.

Mit Jesus hat also das Reich Gottes auf Erden begonnen. Seitdem ist es da. Die Frage, die sich allen nachfolgenden Menschen stellt, ist nur noch die: ob sie dem Reich Gottes angehören wollen oder nicht. Mit Jesus hat etwas völlig Neues in der Welt begonnen. Dies drückt sich übrigens darin aus, dass Jesus von Nazaret wenige Jahre nach Christi Geburt zu wirken anfing. Seine Geburt *ist* die Zeitenwende. Eine andere wird nicht mehr kommen.

»Ich glaube an Jesus Christus, seinen eingeborenen Sohn«

Jesus, ein Eingeborener? Nein, so ist es nicht gemeint; es bedeutet vielmehr: der einziggeborene Sohn Gottes (lat. *unigenitus*). Darum geht es also jetzt, dass Jesus von Nazaret der Sohn Gottes ist. Dennoch können wir uns von dem zufällig zustande gekommenen Wortspiel ein wenig leiten lassen. Jesus war ein Eingeborener, nämlich ein eingeborener Israelit. Er war Jude. Was über die Gottessohnschaft Jesu zu sagen ist, ist vor dem Hintergrund des jüdischen, des biblischen Wirklichkeitsverständnisses zu sagen. Und da ist es nicht so unbegreiflich, wie es sonst zu sein scheint.

Das muss man so deutlich sagen, weil ansonsten doch leicht der Eindruck entsteht, die Geschichte von dem Gottessohn, der aus der Verbindung zwischen einem Gott und einer Erdenfrau hervorgeht, der vom Himmel herabgestiegen ist, auf der Erde allerhand Drangsal erlebt hat und sogar zu Tode gekommen ist, kraft seiner Göttlichkeit aber wieder ins Leben zurückgekehrt und in den Himmel aufgefahren ist, sei ein Mythos, wie ihn übrigens viele andere Religionen in vergleichbarer Weise kennen. Darauf haben schon immer die Kritiker des Christentums hingewiesen. Um darauf zu erwidern, muss man wirklich sehr genau den jüdischen Hintergrund des Juden Jesus im Auge behalten, von dem gesagt wird, er sei der Sohn Gottes.

Jesus, das Wort Gottes

Statt »Sohn Gottes« kann man auch »Wort Gottes« sagen, wie es zum Beispiel das Johannesevangelium tut: »Im Anfang war das Wort, und das Wort war bei Gott, und Gott war das Wort ... Und das Wort ist Fleisch geworden« (Joh 1,1.14). Dass im Anfang bei Gott das Wort war, ist für die Bibel klar. Gott schafft Himmel und Erde durch sein Wort. Er ist durch sein Wort in der Welt präsent. Zwischen dem Wort, das bei Gott ist, und Gott selbst kann man aus irdischer Perspektive eigentlich nicht richtig unterscheiden, denn Gott ist überhaupt nur durch sein Wort zugegen; das will der erste Vers des Johannesevangeliums sagen. Ich erinnere an das, was oben über die Transzendenz Gottes gesagt wurde. Gott ist nicht dadurch transzendent, dass er irgendwo außerhalb der Welt ist und dann anfängt zu sprechen, sondern seine Transzendenz, seine Göttlichkeit, besteht darin, dass er als Wort des Gebotes über jede Realität hinaus ist. Gott ist sein Wort. Und auch der Gedanke, dass das Wort Gottes in die Welt kommt, ist der Bibel völlig vertraut. Gott hat zu den Propheten gesprochen. Einige von ihnen haben sogar durch körperliche Aktionen dieses Wort Gottes darzustellen versucht: Micha läuft nackt und barfuß herum und bringt sich Schnitte bei (Mi 1,8.13), Jesaja weist »nackt, barfuß und mit entblößtem Gesäß« auf den assyrischen Überfall hin (Jes 20,3–4), Jeremia lässt sich mit Stricken binden und ein Joch auflegen (Jer 27,2–12), Ezechiel liegt so viele Tage gefesselt und bewegungslos auf einer Seite, wie Israel und Juda für ihre Schuld an Jahren zu büßen haben werden (Ez 4,4–16). Da war also das Wort Gottes schon ein bisschen Fleisch geworden, nur noch nicht so ganz. Das eigentliche Wort Gottes ist die Tora, die Gott am Sinai dem Mose übergeben hatte. Das Wort Gottes war also schon in der Welt. Aber es waren Buchstaben. Man erlebt, wie die Lehrer Israels immer wieder ihre liebe Mühe damit hatten, für das Volk die Buchstaben der Tora mit Leben zu erfüllen; besonders in den Büchern Deuteronomium und Esra kann man das sehen. Leider gab es auch niemanden, auf den man hätte zeigen können und sagen: Da, schaut auf den, der lebt so genau nach Gottes Wort, dass man sich nur an ihn zu halten braucht, um Gott gerecht zu werden. Abraham, Mose, David – das waren alles prächtige Leute, aber sie hatten auch alle ihre Makel: Abraham verleugnete seine schöne Frau und gab sie als seine Schwester aus, Mose hatte die Affäre mit der Kuschiterin und auch sonst so einige Fehler, sodass Gott ihn noch nicht einmal ins Gelobte Land hineinließ, David führte grausame Kriege und vergriff sich an der Bathseba, deren Mann er in den Tod schickte. Er hat es bitter bereut – aber konnte man an ihm ablesen, was es heißt, nach Gottes Willen zu leben? Da kam Jesus. Wenn man ihn sah, wusste man sofort, was ein richtiges Leben nach Gottes Willen ist. Er sagte selbst von sich: »Ich bin gekommen, das Gesetz und die Propheten zu erfüllen« (Mt 5,17). Er wollte zeigen, wie das geht, das Leben nach den Geboten Gottes, und er hat es getan. Darum haben die Leute seiner Auslegung der Gebote auch so aufmerksam zugehört, denn »er lehrte wie einer, der Macht hat« (Mt 7,29), nicht als reiner Theoretiker also, sondern als jemand, der weiß, wovon er spricht. Denen, die mühselig und beladen waren, die daran verzweifelten, ob sie es Gott noch recht machen konnten, sagte er: »Nehmt mein Joch auf euch und lernt von mir« (Mt 11,29); das Joch meint die Bürde des Gesetzes. Und Jesus fügt noch hinzu: »Denn mein Joch ist sanft und meine Last leicht.« Jesus zeigte, dass es gar nicht so schwierig ist, nach Gottes Willen zu leben. Jedenfalls genügte es jetzt, von und an ihm zu lernen, statt mühsam die Tora zu studieren. (Jesus selbst hat allerdings die Tora sehr gut gekannt, wie die zahlreichen Zitate, die er gebraucht, beweisen!)

Jesus ist also das Fleisch gewordene, das Mensch gewordene Wort Gottes. Er ist die Tora in Person. Die Tora liegt jetzt nicht mehr nur in Steintafeln oder auf Schriftrollen vor, sondern im Tun und Handeln dieses Menschen Jesus. Daran ist zunächst gar nichts Geheimnisvolles. Er war ein Mensch, der so lebte, wie Gott es sich von allen Menschen gedacht hatte. Er ist der wahre, richtige Mensch, oder noch genauer: ein richtiger Israelit, so wie er sein soll. Endlich hatte sich mal einer gefunden, der ganz und gar im Bund mit Gott lebt. Der Gottes Willen in allem erfüllt. Darum konnte Jesus auch sagen: »Ehe Abraham ward, bin ich« (Joh 8,57) – er ist der ideale Abraham, das Ideal gewissermaßen, auf das hin Gott Abraham berufen hat.

Hier ist nun der Punkt, wo die ganz menschliche Geschichte Jesu doch eine Wende ins Übernatürliche bekommt. Schon die Leute in Nazaret, der Heimatstadt Jesu, wunderten sich: »Woher hat er das? ... Ist das nicht der Zimmermann, der Sohn der Maria und ein Bruder des Jakobus, Joses, Judas und Simeon?« (Mk 6,2f.). Wie kann es sein, dass plötzlich ein Mensch auftritt, der so ganz und gar nach Gottes Willen ist? In der ganzen Zeit vorher hatte sich kein solcher Mensch gefunden, aber jetzt ist er plötzlich da. Und dabei ist es doch ein ganz normaler Mensch, Zimmermann, Sohn einer allgemein bekannten, offenbar alleinerziehenden Frau (denn sonst wäre der Vater hier genannt worden), mit Geschwistern, die nicht weiter auffällig sind. Die Antwort auf diese Frage kann nur lauten: Gott selbst hat diesen Menschen geschickt. Es liegt ein Eingreifen Gottes vor, denn sonst wäre diese Sache nicht zu erklären. Und so werden denn die Evangelisten auf die Geschichten aufmerksam, die über Jesus erzählt wurden: dass sich bei der Taufe Jesu der Himmel geöffnet hatte und eine Stimme von den Himmeln vernehmbar war: »Du bist mein geliebter Sohn« (Mk 1,9–11); dass Maria ihren Sohn Jesus nicht auf natürliche Weise empfangen hatte, sondern dass ein Engel zu ihr gekommen war und ihr die Geburt Jesu aus der Kraft des göttlichen Geistes angekündigt hatte usw. Das sind genau die Geschichten, die Antwort geben auf die Frage: Woher hat er das? Im Übrigen war es für die Erfahrung der biblischen Menschen gar nicht ungewöhnlich, dass Gott auf diese Weise in die Geschichte eingreift, auf die Weise nämlich, dass er jemanden erwählt und beruft in eine Aufgabe für andere. Gott hatte Abraham berufen, Mose und David, er hatte die Propheten berufen, er hatte immer wieder dafür gesorgt, dass sein Wille auf Erden bekannt gemacht wird und dass sich Menschen finden, die ihn tun. Und nun eben Jesus.

Jesus, der Sohn Gottes

Und doch ist es bei Jesus etwas Besonderes. Er ist mehr als Abraham, Mose und die anderen. Er empfängt nicht nur Gottes Gebote, um sie dann zu tun, er ist selbst das Gesetz oder das Wort Gottes. Er erfüllt den Willen Gottes so gut, dass man an ihm ablesen kann, was Gottes Wille ist. Darum sagt Jesus auch in dem oben angeführten Gespräch mit den Juden über Abraham: Ich bin mehr als Abraham, denn »ich habe die Wahrheit verkündigt, die ich von Gott gehört habe. Das hat Abraham nicht getan« (Joh 8,40). Das will sagen: Er hat nicht nur getan, was Gott ihm aufgetragen hat, so wie Abraham, sondern er weiß selbst, was Gott will. So gut kennt er Gott. Deshalb kann man auch sagen: Er ist das Wort Gottes. Oder gleich: Er ist Gott. Denn zwischen Gott und seinem Wort lässt sich nicht genau unterscheiden, wie es so klar der Johannesprolog ausdrückt: Das Wort war bei Gott, und Gott war das Wort. Anders als in seinem Wort kennen wir Gott gar nicht. Und nun ist dieses Wort Fleisch geworden. Es wird auf Erden getan, so sehr getan, dass man an diesem Menschen Jesus ablesen kann, wie Gott ist. Um dieses Verhältnis auszudrücken, legt sich der biblische Begriff »Sohn Gottes« nahe. Jesus ist der Sohn Gottes.

Ursprünglich war der Begriff »Sohn Gottes« für das Volk Israel reserviert. Gegenüber dem Pharao, der Israel in Gefangenschaft hält, bekennt sich Gott ganz klar zu seinem »Sohn« Israel: »Entlasse meinen Sohn, dass er mir diene« (Ex 4,23). Beim Propheten Hosea findet sich eine Stelle, wo Gott richtig zärtlich von seinem Sohn Israel spricht: »Als Israel jung war, gewann ich es lieb, und aus Ägypten rief ich meinen Sohn« (Hos 11,1). Sohn Gottes, das soll heißen: Israel steht Gott ganz nah, indem es mit Gott im Bund ist, seinen Willen und sein Gebot erfüllt. An Israel sollen daher die anderen Völker sehen, was für ein Gott das ist, der so ein gutes Gesetz gibt. So heißt es ausdrücklich bei der Übergabe der Gesetze: »Beobachtet und befolgt sie! Denn das wird in den Augen der Völker, die von all diesen Gesetzen hören, eure Weisheit und eure Klugheit ausmachen; sie werden sagen: ›Wahrlich, ein weises und kluges Volk ist diese große Nation!‹ Denn wo gibt es ein so großes Volk, das Götter hat, die ihm so nahe sind wie Jahwe, unser Gott, uns, sooft wir zu ihm rufen? Wo gibt es ein so großes Volk, das solch vollkommene Bestimmungen und Rechtssatzungen hat wie dieses ganze Gesetz, das ich euch heute vorlege?« (Dtn 4,6–8). An Israels Gesetzestreue sollen also die Völker ablesen können, was für eine Art von Gott dieser Gott ist. Insofern ist Israel »Sohn Gottes«. Und genau das trifft nun für Jesus zu. Er verkörpert Israel, so wie es sein soll; er ist der Sohn Gottes.

Diese Erkenntnis hat sich bei den Jüngern Jesu mehr und mehr durchgesetzt. Petrus scheint der erste gewesen zu sein, der sie äußert. Er sagt zu Jesus: »Du bist der Messias, der Sohn Gottes« (Mt 16,16). An diesen Sohn Gottes muss man sich halten, wenn man Gottes Willen erfüllen und Gott gerecht werden will. »Wer an den Sohn glaubt, hat ewiges Leben« (Joh 3,36). Oder Markus spricht gleich von Anfang an von dem »Evangelium von Jesus, dem Sohn Gottes« (Mk 1,1). Das ist das Evangelium, die frohe Botschaft, dass wir den Sohn Gottes haben, an dem wir Gottes Willen erkennen können und zugleich, wie man ihn erfüllt.

Jesus, die Tora für die Völker

Und da ist noch etwas Besonderes an Jesus. Wir haben schon gehört, dass die anderen Völker angezogen werden sollten von dem guten Gesetz, das Gott Israel gegeben hatte. Immer gab es in Israel die Überzeugung, dass die Tora nicht nur für Israel gemacht war, sondern für die ganze Welt. Immer gab es die Hoffnung, dass sich die Völker eines Tages, wenn sie zur Einsicht gelangt sind, aufmachen und sagen: »Auf, lasst uns hinaufziehen zum Berg Jahwes, zum Haus des Volkes Jakobs! Er lehre uns seine Wege, und wir wollen auf seinen Pfaden wandeln. Denn von Zion wird ausgehen das Gesetz und das Wort Jahwes von Jerusalem« (Jes 2,3). Dazu war es bisher aber noch nicht gekommen, von der nicht unbeträchtlichen Zahl der sogenannten »Gottesfürchtigen« abgesehen, die sich schon zur Zeit Jesu dem Judentum angeschlossen hatten. Aber Israel glaubte doch, als einziges Volk so ein gutes Gesetz zu haben, und es war auch mit Recht stolz darauf: »Er hat sein Wort verkündet an Jakob, an Israel sein Recht und Gebot. An keinem anderen Volk hat er so gehandelt, keinem sonst seine Rechte verkündet« (Ps 147,20). Die Offenbarung der Tora als Gesetz für alle Völker erwartete man erst für die Endzeit, die messianische Zeit.

Nun aber war es so, dass die Art und Weise, wie Jesus, das Fleisch gewordene Wort, die Tora Gottes lebte, Menschen aus anderen Völkern stark anzog. Die Evangelien erzählen immer wieder davon, wie sich auch nichtjüdische Menschen an Jesus wenden. Er hat sie zuweilen sogar schroff abgewiesen, wie jene Frau aus Kanaan, die Hilfe für ihre von einem Dämon besessene Tochter erbat. Jesus sagte ihr: »Ich bin nur zu den verlorenen Schafen des Hauses Israel gesandt« (Mt 15,24). Doch hat er diesbezüglich dazugelernt; dass er dazulernen konnte, ergibt sich ohne Weiteres daraus, dass er ein Mensch war. Am Ende, unter dem Kreuz, ist es sogar ein heidnischer, römischer Hauptmann, der bekennt: »Dieser Mensch war in Wahrheit Gottes Sohn« (Mk 15,39). Der jungen christlichen Gemeinde ist es dann gewiss geworden, dass die Tora, für die Jesus stand, für alle Menschen bestimmt war. Und das bedeutete: Das messianische Zeitalter war eingetreten! Jesus war der Messias! Die Tora Israels war damit nicht außer Kraft gesetzt, sie war aber nun als Gesetz der ganzen Welt offenbart. Das Gottesreich, in welchem das Gesetz Gottes gilt, war nun für alle Menschen offen. Für die Juden, die von Jesus hörten bzw. heute von ihm hören, ist genau das die Frage: Ob sie glauben können, dass Jesus der Messias und mit ihm das Gottesreich gekommen ist, oder ob sie der Überzeugung sind, dass der Zeitpunkt, an dem Gott Israels Tora als Gesetz der ganzen Welt in Kraft setzt, noch nicht gekommen ist.

Wahrer Gott und wahrer Mensch

Ich meine also, dass nach biblischem Verständnis das Bekenntnis zu Jesus als dem Sohn Gottes etwas Außergewöhnliches und

Großartiges ist – dieser Mensch Jesus ist das Wort Gottes in Person! –, aber doch nicht etwas Unbegreifliches oder gar Absurdes. Als aber dann die junge Kirche in den Raum des Römischen Reiches eintrat, da traf sie auf Menschen, denen das biblische Denken fremd war. Stattdessen dachten dort die Gebildeten philosophisch; sie waren bei Platon und Aristoteles in die Schule gegangen. Für das griechisch-philosophische Denken war die Behauptung, ein Mensch sei Gottes Sohn, absurd. Denn zum einen dachte man sich dort das Göttliche als eine strenge Einheit; man konnte sich nicht vorstellen, dass Gott Vater im Himmel und Jesus Christus auf Erden zugleich Gott sein können – das hätte ja zwei Götter ergeben, widersprach also der göttlichen Einheit. Zum anderen stellte man sich hier Gott und den Menschen als unvereinbare Gegensätze vor: Gott unsterblich, allwissend und allmächtig, die Menschen sterblich, von begrenztem Verstand und schwach. Man wusste nichts von der Menschlichkeit Gottes, man verstand es nicht, dass der Mensch Ebenbild Gottes ist und so vollkommen werden soll wie Gott. Unter diesen Voraussetzungen hatten die Theologen damals die allergrößte Mühe damit, ihren Zeitgenossen das Bekenntnis zu Jesus, dem Sohn Gottes, zu erklären. Tapfer, nach großen Auseinandersetzungen und gegen alle philosophischen Einsprüche erklärte das Konzil von Nizäa im Jahr 325, dass Jesus Christus »eines Wesens mit dem Vater« ist, dass aber Christen trotzdem nur an »einen Gott« glauben. Und was die Person Jesu betraf, so erklärte das Konzil von Chalcedon im Jahr 451, dass Jesus Christus »eine Person in zwei Naturen« ist, dass er also eine göttliche und menschliche Natur hat, dass er »wahrer Gott und wahrer Mensch« ist. Um das sagen zu können, musste man die ganze griechische Philosophie durcheinander wirbeln. Man musste die überkommenen philosophischen Begriffe gegen ihren Sinn lesen oder ganz neue Begriffe in die Philosophie einführen. Selten war die Theologie so kreativ und mutig wie in dieser Zeit! Doch klingen die Formulierungen, die dabei herausgekommen sind, auch für heutige Ohren noch reichlich paradox oder sogar absurd: Wie kann es einen Gott und zugleich mehrere göttliche Personen geben? Wie kann jemand zugleich Gott und Mensch sein, etwas völlig Widersprüchliches? Viele Menschen glauben seitdem, dass der christliche Glaube grundsätzlich unvernünftig ist. Oder sie meinen, dass die Rede von dem Gottessohn Christus ein Mythos ist, den das Christentum von anderen Religionen der Antike übernommen hat oder zumindest mit ihnen teilt. Tatsächlich ist aber der christliche Glaube weder mythologisch – im Sinne von: eine allgemeine Wahrheit in Form einer Erzählung, die aber nie wirklich passiert ist – noch unvernünftig. Er ist vielmehr geschichtlich – auf die Geschichte des Jesus von Nazaret bezogen – und höchst vernünftig, nämlich nach der biblischen Vernunft.

»empfangen durch den Heiligen Geist, geboren von der Jungfrau Maria«

Wie zentral das Bekenntnis zu Jesus, »unserm Herrn«, dem Herrn aller Menschen und Welten, im Apostolicum dasteht, kann man schon daraus ersehen, dass alles Weitere, was nun im zweiten Artikel folgt, nur eine Erläuterung ist. Es wird mit Relativsätzen angeschlossen: Ich glaube an Jesus Christus, unseren Herrn, der empfangen ist ... der geboren wurde ... der gelitten hat usw. Die Form dieser Erläuterung ist die einer kurzen Erzählung: Er wurde geboren, er starb, ist auferstanden, ist aufgefahren – eine Kurzbiografie Jesu. Ein bisschen sehr kurz, könnte man sagen. Zum Beispiel wird nichts über das Leben Jesu gesagt. Man hat den Eindruck, er sei geboren worden und dann gleich wieder gestorben. Hier sei an die Ausführungen über die Eigenart der Glaubensbekenntnisse erinnert. Sie sind Kurzformeln umfangreicher Erzählungen und dienen der Verständigung für Eingeweihte. In ihnen muss nicht alles angesprochen oder wiederholt werden, sondern nur das, was der Verständigung dient. In der Regel heben diese Texte das hervor, was strittig war und worüber man sich verständigt hat. Es gibt zum Beispiel ein frühes Glaubensbekenntnis, in dem Ignatius von Antiochien formuliert hat: Jesus wurde geboren, aß und trank, hat gelitten und starb. Wollte Ignatius damit sagen, dass Jesus zwischen Geburt und Tod nur gegessen und getrunken hat? Nein, aber es gab welche, die bestritten, dass er ein wirklicher

Mensch aus Fleisch und Blut war, und gegen die wird dann hervorgehoben, dass er auch gegessen und getrunken hat.

Es ist wichtig zu sehen, dass das Glaubensbekenntnis im Kern nur eine Nacherzählung des Lebens Jesu ist. Was Christen eint, ist das Bekenntnis zu diesem Leben. Sie machen es zur Grundlage ihres eigenen Lebens, sie erklären es gleichsam zu ihrer eigenen Vorgeschichte. Es ist so ähnlich wie wenn jemand, sagen wir aus Polen, nach Amerika einwandert. Die ersten Jahre wird er wohl immer wieder sagen: Bei uns in Polen ... Aber irgendwann wird er oder werden seine Kinder echte Amerikaner. Das ist dann, wenn sie sagen: »Our father Abraham Lincoln«. Dann ist die amerikanische Geschichte ihre eigene geworden und sie selbst sind andere Menschen. Christen sind Leute, die die Geschichte Israels und Jesu zu ihrer Geschichte machen. Sie sagen: Wir sind Kinder Abrahams und Schwestern und Brüder Jesu.

»empfangen durch den Heiligen Geist«

Nun tritt also der Heilige Geist auf, die dritte Person der Dreieinigkeit. Über die Dreieinigkeit werde ich später einige Bemerkungen machen, zunächst müssen wir uns über den Heiligen Geist selbst verständigen. Er ist alles andere als eine diffuse spirituelle Wirklichkeit. Er ist ganz einfach der Geist der göttlichen Gerechtigkeit. Damit ist er der Geist Gottes oder eigentlich Gott selbst, denn man kann die Gerechtigkeit Gottes nicht von Gott trennen. Die Gerechtigkeit Gottes besteht darin, dass Gott ist und dass wir ihm gerecht werden. Also da ist Gott gerecht, wo andere ihm gerecht werden. Wo Menschen Gott gerecht werden, herrscht die Gerechtigkeit Gottes. Wie kann man aber Gott gerecht werden? Dazu ist der Heilige Geist da, der übrigens Heiliger Geist heißt, weil er nichts anderes ist als Gott selbst in seiner Heiligkeit. Gott sendet den Heiligen Geist, damit die Menschen ihm gerecht werden können. Er macht uns durch den Geist gerecht. Wie er das macht, das ist an den Erfahrungen abzulesen, die in Israel mit dem Geist Gottes gemacht wurden.

Erfahrungen mit dem Geist in der Bibel

Es hat lange gebraucht, bis sich in der Bibel ein klares Bild vom Geist Gottes einstellte. Die frühesten Zeugnisse vom Wirken des Geistes finden sich in der Zeit der sogenannten »Richter«, von denen das Buch der Richter berichtet. Es war eine wilde Zeit. Das Volk Israel war klein und schwach und wurde von mächtigen Nachbarn bedrängt, die regelmäßig in das Land einfielen, die Felder niederbrannten und das Vieh aus den Ställen trieben. Die Israeliten waren unfähig zur Gegenwehr, denn sie waren überdies noch zerstritten. Der Glaube an den Gott Israels litt stark, denn viele Israeliten hielten es mit den Göttern der Nachbarvölker. »Israel tat, was schlimm war in den Augen Gottes, und vergaß Jahwe, seinen Gott, und diente den Baalen und den Ascheren« (Ri 3,7). Einige kollaborierten mit den Gegnern. Für die anderen wurde es dadurch noch schlimmer. Die Lage war aussichtslos. Doch dann wird berichtet, dass der Geist Gottes über bestimmte Leute kommt, Frauen oder Männer, und sie dazu befähigt, das Volk zu einen, sich gegen seine Gegner zur Wehr zu setzen und die rechte Gottesverehrung einzuführen. Das war jedes Mal Rettung aus höchster Not. Es entsteht wieder Solidarität und Vertrauen. Beziehungen wachsen. In diesen frühen Erfahrungen erfährt Israel zum ersten Mal, wie Gottes Geist wirkt.

Im Hebräischen heißt Geist »*ruach*«, ein Wort, das überwiegend im Femininum gebraucht wird. Man nimmt an, dass dieses Wort – man muss es nur aussprechen – aus dem ekstatischen Schrei beim Geschlechtsverkehr oder, noch eher, aus dem Stöhnen der Frauen beim Gebären oder dem ersten Schrei des Neugeborenen stammt. Und tatsächlich hat der »Geist, der Leben schafft«, sehr viel mit einer Geburt zu tun. Da ist die Not der Gebärenden, da ist das Kind, das im Geburtskanal steckt zwischen Leben und Tod. Wird es den Weg ins Leben schaffen? Und wenn es dann gut geht, wenn es herauskommt ins Licht und seinen ersten Schrei tut und die Mutter einen erlösten Seufzer, dann ist das »*ruach*«: eine unbeschreibliche Freude! Und sofort entsteht, wo eben noch Todesnähe war, Beziehung. Die Frau wird Mutter, der Mann Vater, es entstehen Oma und Opa, Onkel und Tanten, es entsteht das ganze System Familie, das wiederum eingeht in den größeren sozialen Zusammenhang. Hier haben wir ein Bild für die Erfahrung des Geistes, wie sie Israel in der Zeit der Richter gemacht hat.

Die frühen Geisterfahrungen waren aber selten und unvorhersehbar. Die Richter waren auch oft unzuverlässige Leute, wie man an den Geschichten über Orniel, Jiftach, Gideon und vor allem den berühmt-berüchtigten Simson sehen kann. Sollte der Geist Gottes so unzuverlässig sein? Es bedurfte einer weiteren Entwicklung, vor allem der Entwicklung des Rechts, bis Israel erkannte: Der Geist Gottes kommt nicht nur dann und wann über einzelne Menschen, er ist dauerhaft an die Institution des Rechts gebunden. Das war die große Entdeckung des Propheten Jesaja. Er kann nun dezidiert sagen: Der Geist Gottes ist »der Geist der Weisheit und der Einsicht, des Planens und der Stärke, der Erkenntnis und der Gottesfurcht ... Mit Gerechtigkeit hilft er den Hilflosen zum Recht, er wird in Gradheit eintreten für die Armen des Landes« (Jes 11,2–4). Der Geistträger ist nun nicht mehr nur ein Held, der das Volk gegen seine Feinde verteidigt, sondern er »bringt den Rechtsentscheid zu den Völkern hinaus« (Jes 42,1). Die Weisheit und die Stärke des Geistes liegen in der Gerechtigkeit des göttlichen

Gesetzes. Durch das Tun des Gesetzes werden wir Gott gerecht. Das ist verständlich: Das Gesetz, so haben wir gehört, setzt der menschlichen Maßlosigkeit ein heilsames Maß. Es verhindert, dass sich Menschen in ihrer Maßlosigkeit selbst für Götter halten und Gott damit seine Ehre rauben. Das Gesetz sorgt sich nun ganz konkret um die, die unter den Folgen menschlicher Maßlosigkeit zu leiden haben: die Armen, die Rechtlosen, die Hilflosen – alle die, auf deren Kosten sich diejenigen, die es sich leisten können, bereichern, um immer reicher und mächtiger zu werden. Das Gesetz verbietet beispielsweise auch den Zins, um zu verhindern, dass sich das Kapital maßlos vermehrt (Dtn 23,20). Wie aktuell das heute ist, braucht man nicht erst zu sagen. Leidtragende der menschlichen Maßlosigkeit ist immer auch die Natur, wie wir heute nur allzu gut wissen. Schon Jesaja erkannte, dass ein Leben nach dem Geist der göttlichen Gerechtigkeit nicht nur den Armen zugute kommt, sondern auch der Natur: »Wenn der Geist aus der Höhe ausgegossen wird, dann wird die Wüste zum Gartenland, und der Garten als Waldland gelten, dann wird das Recht in der Wüste wohnen und die Gerechtigkeit im Garten weilen« (Jes 32,15f.). Der Geist der Gerechtigkeit ist es auch, der überzogene Macht- und Sicherheitsinteressen in die Schranken weist. Deswegen werden die Völker, wenn sie die Weisung des Herrn auf dem Zion gelernt haben, ihre »Schwerter zu Pflugscharen und ihre Speere zu Winzermessern« umschmieden (Jes 2,4). Und der Prophet Joël sieht voraus, dass der Geist Gottes ausgegossen wird »auf alles Fleisch. Eure Söhne und Töchter werden prophezeien, eure alten Menschen werden Träume haben, eure jungen Menschen Gesichte schauen. Auch über die Knechte und Mägde werde ich in jenen Tagen meinen Geist ausgießen« (Joël 3,1f.). Das bedeutet: Alle werden eine Zukunft haben. Das Verdrängen der einen durch die anderen im Kampf um die knappen Zukunftsgüter wird ein Ende haben. Gesellschaftliche Machthierarchien brechen zusammen. Die alten setzen sich nicht auf Kosten der jungen Menschen durch (wie es heute der Fall ist), die jungen bekommen eine echte Lebenschance und können doch den alten ihr Recht lassen; die Knechte und Mägde, die Sklaven und Sklavinnen kommen in dieser biblischen Vision aus ihrer untergeordneten Rolle heraus: Auch sie sind Geistträger und -trägerinnen. Das ist eine Revolution.

Jesus, der Mann des Geistes

Als Jesus auftrat, konnten alle, die es wissen wollten, bemerken, dass der Geist Gottes wiederum aktiv geworden war. Die alten, wunderbaren Verheißungen, die mit der Ausgießung des Heiligen Geistes verbunden waren, wurden in seiner Umgebung lebendig. »Der Geist des Herrn ruht auf mir, er hat mich gesalbt. Er hat mich gesandt, Armen Frohbotschaft zu bringen, Gefangenen Befreiung zu verkünden und den Blinden das Augenlicht, Bedrückte in Freiheit zu entlassen, auszurufen ein Gnadenjahr des Herrn«, so zitierte Jesus den Jesaja in der Synagoge von Nazaret, um hinzuzufügen: »Heute ist dieses Schriftwort vor euren Ohren erfüllt worden« (Lk 4,15–21). Jetzt wird es also wieder wahr, was der Geist der Gerechtigkeit wirkt. An Jesus konnte man erleben, wie man Gott gerecht wird. Und sofort breitet sich in seiner Umgebung Gerechtigkeit wie ein guter Duft aus, richtet gebeugte Menschen auf, vertreibt böse Geister usw. Die Welt ist wieder in Ordnung.

Wenn man nun fragte: »Woher hat er das?«, und wenn, wie gesagt, die Antwort auf diese Frage nur lauten konnte: Gott selbst hat eingegriffen, dann wusste man biblisch informiert auch schon, wie Gott das getan hatte. Er hatte erneut seinen Geist ausgegossen. Er hatte, um es auf dem Niveau der Erkenntnisse des Propheten Jesaja zu sagen, die Institution des Rechts wieder belebt, mit der sich der Geist Gottes dauerhaft verbindet. Jesus war die Tora in Person. Wer sollte ihn »empfangen« (seine Empfängnis bei Maria bewirkt) haben, wer sollte ihn zur Welt gebracht haben, wenn nicht der Heilige Geist?

»geboren aus der Jungfrau Maria«

Kein Bildmotiv ist häufiger gemalt worden als dieses: die junge, schöne Frau in der Geborgenheit ihres Hauses, oft in ein Buch – die Schriften Israels – vertieft, wie da der prächtige Engel zu ihr tritt und sagt »Sei gegrüßt, du Begnadete, der Herr ist mit dir.« Und wie sie dann erschrickt, die Botschaft des Engels hört, dass sie einen Sohn empfangen wird aus der Kraft des Heiligen Geistes, wie sie ihre Fragen stellt und schließlich den Satz spricht, den urbiblischen Satz: »Mir geschehe nach deinem Wort« (Lk 1,26–38). Die Maler deuten gerne an, welche Bedeutung dieses Geschehen hat: Im Hintergrund grünt und blüht es, die Pforte zum Garten Eden wird geöffnet, das Paradies entsteht neu. Im Himmel jubeln die Engel. Gibt es ein schöneres, erhebenderes Motiv? Allerdings haben die Menschen heute ihre Probleme mit dem Glauben an die Jungfrauengeburt. Es werden, auch von der neueren Forschung, Alternativvorschläge gemacht: Maria sei vergewaltigt worden oder sie habe, so jung sie auch noch war, ihren Verlobten Josef mit einem anderen Mann betrogen (denn dass Josef nicht der Vater war, wird durch historisch zuverlässige Bemerkungen wie Mk 6,3 belegt. Man hätte Jesus sonst »Sohn des Josef« und nicht »Sohn der Maria« genannt). Gegen diese Vorschläge spricht, dass sich Bilder entsprechenden Inhalts in Kirchen und christlichen Häusern nicht gut machen würden. Sie wären scheußlich. Sie würden, im Unterschied zu den Darstellungen der biblischen Verkündigungsszene, Glauben, Hoffnung und Liebe zum Erliegen bringen.

Dies ist natürlich noch kein Argument für die Jungfrauengeburt. Die Frage ist, wie das sein kann, dass eine Frau ohne Zutun eines Mannes ein Kind empfängt. Aus der menschlichen Biologie gibt es dafür kein Beispiel. Solche Bedenken kamen auch schon Maria selbst: »Wie wird dies geschehen, da ich keinen Mann erkenne?« Der Engel erwidert darauf, dass bei Gott kein Ding unmöglich sei. Und er verweist auf Marias Verwandte Elisabet, die im unfruchtbaren Alter noch ein Kind empfangen hat. Der Evangelist Lukas hatte eben davon berichtet. Der Hinweis auf Elisabet enthält, das versteht der biblische Leser, zugleich den Hinweis auf die anderen biblischen Frauen, die durch Gottes Hilfe auf wunderbare Weise ein Kind bekommen haben. Schon der Satz des Engels, dass bei Gott kein Ding unmöglich sei, ist eine Wiederaufnahme des Wortes Gottes an Sara, die Gattin Abrahams, die in hohem Alter, jenseits der Fruchtbarkeit, noch einen Sohn empfangen hatte, Isaak, das Kind der Verheißung (Gen 18,14). Und es sind noch zu nennen die unfruchtbare Mutter des Simson, an der auch das Wort des Engels wahr wurde: »Du sollst empfangen und einen Sohn gebären« (Ri 13,7), sowie Hanna, die so schrecklich unter ihrer Unfruchtbarkeit litt und der Gott den Samuel schenkte (1 Sam 1). Unfruchtbarkeit, Jungfräulichkeit: Immer handelt es sich um wunderbare Geburten. Gott schenkt da wunderbares Leben, wo die Natur kein Leben gibt. Er ist nicht an die Naturgesetze gebunden. Kann man das glauben? Wenn man es bei Maria nicht glaubt, dann braucht man es auch bei Sara, Hanna und Elisabet nicht zu glauben. Dann glaubt man auch nicht, dass das Kind der Verheißung, Isaak, nicht auf natürlichem Wege entstanden ist. Dann war es also kein Kind der Verheißung, sondern die Geschichte von Abraham und Sara wäre nur die religiöse Verbrämung eines ganz natürlichen Vorgangs gewesen. Dann glaubt man auch nicht mehr an die Wunder Jesu. Zuletzt kann man auch an die Auferstehung nicht mehr glauben, denn warum sollte man glauben, dass Gott den Tod überwindet, wenn man ihm nicht zutraut, eine jungfräuliche Empfängnis zustande zu bringen? Dann braucht man überhaupt nicht mehr zu glauben, sondern bleibt bei den Naturgesetzen stehen. Und, sofern man überhaupt noch Bilder über Maria malt, bei den scheußlichen Bildern ihrer Vergewaltigung oder eines Seitensprungs.

Man würde, wenn man nicht an die Jungfräulichkeit Marias glaubte, auch nicht ihrem Lobgesang, dem »Magnifikat«, zustimmen können, wo sie Gott dafür preist, dass er die Hochmütigen zerstreut, die Mächtigen vom Thron stößt und die Niedrigen erhöht, die Hungrigen mit seinen Gütern erfüllt und die Reichen mit leeren Händen wegschickt (Lk 1,46–55). Denn das alles sagt ja Maria nur, weil sie erfahren hat: »Der Mächtige hat Großes an mir getan.« Aus dem, was sie erfahren hat, erwächst ihr das Programm einer Weltrevolution; ja sie weiß, dass diese Revolution längst im Gange ist. Glaubt man nun nicht, dass der Mächtige Großes an ihr getan hat, sondern sie ihr Kind auf ganz normale Weise bekommen hat, dann glaubt man auch nicht an Weltrevolution. Dann muss man glauben, dass alles beim Alten bleibt: Die Hochmütigen bestimmen die Welt, die Mächtigen unterdrücken die Niedrigen, die Reichen werden satt, die Hungrigen gehen leer aus.

Vielleicht muss man nicht an die Jungfräulichkeit Mariens glauben, denn es gibt neutestamentliche Schriften, die davon nichts wissen, sondern eine natürliche Geburt Jesu vorauszusetzen scheinen. Man muss aber an Gott glauben und daran, dass bei ihm kein Ding unmöglich ist. Bestreitet man die Jungfräulichkeit Mariens mit dem Argument ihrer biologischen Unmöglichkeit, ist man aus dem biblischen Glauben heraus. Denn, wie gesagt, den Tod zu überwinden, ist noch viel »unmöglicher« als eine jungfräuliche Empfängnis. Von dem Glauben an die Auferstehung sagt aber Paulus mit Recht: »Ist aber Christus nicht auferweckt worden, dann ist euer Glaube unsinnig.« Und er nennt diejenigen, die die Auferstehung leugnen, die »bedauernswertesten unter allen Menschen« (1 Kor 15,17–19).

Die Jungfräulichkeit der Kirche

In der Theologie gilt der Satz: »Was über Maria gesagt wird, gilt auch von der Kirche« (*Maria significat ecclesiam*). Denn Maria ist der Ursprung, das Urbild und das Vorbild der Kirche. Sie ist die erste Glaubende des Neuen Bundes, die erste, die auf Gottes Neuanfang in Jesus mit den Worten einer Glaubenden reagiert: »Mir geschehe nach deinem Worte.« Demgemäß ist also auch die Kirche »jungfräulich«. Ein schönes Bild – aber doch weit entfernt von dem, was man an der Kirche sieht. Nun, es bedeutet auch nicht, dass alle Frauen in der Kirche ihre Kinder auf jungfräuliche Weise empfangen. Wenn auch die Existenz eines »Standes der Jungfräulichkeit« in Gestalt der Klosterfrauen und Mönche mit dieser Jungfräulichkeit der Kirche zu tun hat. Die ehelosen Schwestern und Brüder erinnern die Kirche daran, dass sie als Ganze jungfräulich ist. Was ist damit gemeint?

Maria hatte ihren Sohn Jesus nicht auf natürliche Weise bekommen. Es war kein Mann daran beteiligt gewesen. Was Männer und Frauen zusammen tun, wenn sie ein Kind zeugen, ist der Grundakt der menschlichen Fortpflanzung. Menschen pflanzen sich fort, um das Menschengeschlecht zu erhalten; denn sie müssen sterben und die Menschheit bleibt nur bestehen, wenn es Fortpflanzung gibt. Fortpflanzung ist das natürliche Mittel gegen den Tod, sie ist Selbsterhaltung. Sie gehorcht, was immer dabei auch für Gefühle im Spiel sein mögen, dem unerbittlichen Grundgesetz des Lebens. Sie ist eine ganz und gar natürliche Tätigkeit, die die Menschen mit allen Lebewesen, den Pflanzen und den Tieren, teilen.

Die jungfräuliche Empfängnis Mariens entstammt nicht dieser Ordnung der Natur. Sie kommt aus einer anderen Ordnung, die übernatürlich ist: der Ordnung der Gnade und des Heiligen Geistes. Wir haben schon gehört, dass Gott den Menschen, sein Ebenbild, nicht der Naturordnung überlassen will. Er nimmt ihn heraus aus dem Kampf, den alle lebenden Wesen gegen den Tod führen müssen. Der Mensch ist zu Höherem berufen als dem natürlichen Kampf gegen den Tod, nämlich zum Lobpreis Gottes und einem Leben nach seinen Geboten. Darum ist es in Ordnung, dass der, den Maria empfängt, von dem es heißt, dass »seiner Herrschaft kein Ende sein wird« (Lk 1,33), auf jungfräuliche Weise empfangen wird. Er steht offensichtlich nicht unter der Ordnung der Vergänglichkeit und des Todes. Er ist dem natürlichen Zusammenhang entnommen. Das ist etwas unableitbar Neues in der Welt.

Das Gleiche muss nun auch für die »jungfräuliche Kirche« gelten. Die Kirche als Institution und Gemeinschaft darf sich nicht so erhalten wollen, wie es Institutionen und Gemeinschaften normalerweise tun. Wie sich Institutionen normalerweise selbst erhalten, ist bekannt. Viele nehmen sich heute zum Beispiel Unternehmensberater, um ihren Erfolg und ihre Zukunft zu sichern. Man versucht, in der Konkurrenz mit anderen Institutionen (Parteien, Firmen, Universitäten, Verwaltungen) den erfolgreichsten Weg einzuschlagen. In der Kirche, die sich als »jungfräulich« versteht, sollte das nicht so sein. Wenn sich eine Kirche eine Unternehmensberatung nimmt, wenn sie sich in der Konkurrenz mit anderen religiösen Anbietern profilieren will, wenn sie ihre interne Struktur allein nach Kriterien der Effizienz gestaltet, hat sie ihr Wesen als »jungfräuliche Kirche« offenbar nicht verstanden. Ihr, die sich auf den beruft, dessen »Herrschaft kein Ende sein wird«, sollte jede Art von Zukunftsangst fernliegen. Ihren Bestand sichert sie allein dadurch, dass sie das Wort

Marias spricht: »Mir geschehe nach deinem Willen.« Die Erforschung des Willens Gottes sollte ihre Hauptaufgabe sein; übrigens ist es die anspruchsvollste Aufgabe überhaupt, aber dafür hat die Kirche ja die Theologie. Beispielsweise ist es eine Frage, ob die Kirche trotz des biblischen Zinsverbots ihr Kapital zins- und gewinnbringend anlegen soll. Da sie es tut, gerät sie notwendigerweise in die Strudel der Kapitalmärkte, in denen schon viele untergegangen sind. Die Kirche sollte nicht auf die Vermehrung des Kapitals, sondern auf die Kraft des Heiligen Geistes vertrauen. Und wenn dann ein kirchlicher Finanzmanager kommt und fragt: »Wie wird dies geschehen, da ich keine Rendite erkenne?«, ist mit dem Engel zu antworten: »Heiliger Geist wird über dich kommen.« Daran zu glauben ist schwierig, so schwierig wie es für Maria damals war. Die Kraft der Kirche zeigt sich im Glauben der Christen, im Vorbild der Heiligen, in der Heiligkeit ihres sakramentalen Tuns. Darauf kann sie vertrauen, »und die Pforten der Hölle werden sie nicht überwältigen« (Mt 16,18).

Die Jungfrau Maria ist Urbild und Vorbild der Kirche. Die vielen ›Sollens‹-Formulierungen in den letzten Sätzen deuten darauf hin, dass sie von diesem Vorbild ziemlich weit entfernt ist. Eben deshalb ist es wichtig, an der Jungfräulichkeit Mariens festzuhalten: damit die Kirche weiß, was sie sein und tun soll.

Unbefleckte Empfängnis und Himmelfahrt Marias

Noch auf zwei andere Dogmen über Maria möchte ich eingehen und sie gemäß dem Grundsatz »*Maria significat ecclesiam*« auf ihre Bedeutung für die Kirche hin befragen. Da ist einmal das Dogma von der »unbefleckten Empfängnis Marias« (Immaculata-Dogma), das (erst) 1854 verkündet worden ist und das sicher zu den am wenigsten verstandenen Dogmen überhaupt gehört. Es besagt, dass Maria bereits bei ihrer eigenen Empfängnis – also als ihre Eltern sie zeugten – von der Erbsünde ausgenommen worden ist, und zwar im Hinblick auf die Verdienste Christi. Hier ist nun zunächst einmal zu klären, was unter der »Erbsünde« (*peccatum originale*) zu verstehen ist. Die Erbsünde ist das, was entsteht, wenn der natürliche Drang zur Selbsterhaltung und die menschliche Tendenz zur Maßlosigkeit zusammenkommen. Tiere haben deshalb keine Erbsünde, denn sie haben nicht die zur Maßlosigkeit tendierende, aus der Vernunft stammende Art des Menschen.

Ein gutes Beispiel für Erbsünde ist der Autoverkehr. Der erste Mensch, der ein Auto erfunden oder gefahren hat, war vielleicht kein großer Sünder – auch wenn er womöglich schon damals hätte merken können, dass er mit dem stinkenden und ratternden Gefährt der Welt keinen großen Gefallen tut. Er wollte einfach nur schneller sein, bequemer reisen, der Konkurrenz davonfahren. Einige taten es ihm nach; auch sie waren nur kleine Sünder. Die Tendenz zur Maßlosigkeit fand im Auto allerdings einen willkommenen Betätigungsort: immer schneller, weiter, größer. Irgendwann entwickelte sich der Autoverkehr zu einem System, dem man nicht mehr entkommen konnte. Das Militärwesen, der Transport, die berufliche Mobilität, das Freizeitverhalten waren auf das Auto angewiesen. Die Besiedlungsstruktur stellte sich darauf ein, dass die Leute in der Regel ein Auto haben. Aus der Freiheit, ein Auto zu fahren, war ein Zwang geworden, den keine Regierung, keine Macht der Welt heute mehr zurückdrehen kann. Aus der kleinen Sünde des Anfangs war eine Erbsünde geworden. Ein jeder, der in eine automobile Gesellschaft hineingeboren wird, erbt diese Sünde von seinen Eltern – angefangen mit der Fahrt von der Klinik nach Hause. Und doch sündigt jeder, der ein Auto fährt, immer wieder selbst und aus eigener Entscheidung und oft mit großem Vergnügen. Die Sünde, die er begeht, ist die gleiche wie die des ersten Autofahrers. Er möchte schneller, bequemer reisen; er möchte die Nachteile eines Verzichts auf das Auto nicht auf sich nehmen. Die Erbsünde wird durch die freie Tat eines jeden Autofahrers immer wieder ratifiziert. Sie ist mittlerweile dabei, die Erde zu einem unbewohnbaren Ort zu machen.

Erfahrungen dieser Art, die sich beileibe nicht nur mit dem Autoverkehr machen lassen, haben die Kirche bewogen, das Dogma von der Erbsünde zu verkünden. Es wollte erklären, wie die Sünde der »Stammeltern« Adam und Eva zu einer unüberwindlichen Sündenmacht werden konnte. Es wollte die Macht des Bösen und ihr Verhältnis zur menschlichen Freiheit klären. Vielleicht hätte man den Sachverhalt besser erklären können als mit dem Begriff »Erbsünde«, aber eine bessere Erklärung ist mir jedenfalls nicht bekannt.

Nun verkündigt das Dogma von 1854, dass Maria bei ihrer Empfängnis von der Übertragung der Erbsünde ausgenommen worden ist. Gott hat der Ausbreitung des Bösen an dieser Stelle Einhalt geboten. Das konnte so sein, denn nur Gott ist der Macht des Bösen gewachsen. Auch heute könnte nur ein Gott das Verkehrssystem stoppen, wenn nicht der »Peak Oil«, die Überschreitung des Gipfels der weltweiten Ölfördermenge, es tut; aber die danach zu erwartenden Verteilungskämpfe würden der Sünde wieder reichlich Gelegenheit geben. Gott musste der Ausbreitung des Bösen bei Marias Empfängnis Einhalt gebieten, denn er wollte in Jesus Christus sein Reich auf Erden begründen, das Reich, in welchem das Böse keine Macht mehr hat. »Um der Verdienste Jesu Christi willen«, also im Hinblick auf die Begründung der Gottesherrschaft, hat Gott in Maria einen erbsündefreien Raum geschaffen. Dort sollte sich das Gottesreich entwickeln können, wie es dann wirklich mit Marias Wort »Mir geschehe nach deinem Wort« geschehen ist (zur Erinnerung: das Gottesreich ist da, wo Gottes Name geheiligt wird und sein Wille geschieht). So versteht sich das Dogma von der unbefleckten Empfängnis Marias.

Was bedeutet das für die Kirche? Die Kirche ist das Gottesreich auf Erden, wenn und wo sie Gottes Namen ehrt und seinen Willen erfüllt, also zum Beispiel in der Liturgie (dazu mehr im Abschnitt über die Kirche). Das Immaculata-Dogma hält fest, dass sie dies nicht aus eigener Kraft ist. Nicht weil Menschen so fromm sind, entsteht das Gottesreich, sondern weil Gott es so eingerichtet hat; weil er selbst die Macht des Bösen und der Sünde überwunden hat. Dies muss sich, aber darf sich auch die Kirche immer wieder sagen, wenn sie das Fest »Mariä Empfängnis« feiert. An das Dogma von der »unbefleckten Empfängnis« zu glauben, bedeutet zu glauben, dass der »erbsündlichen« Macht des Bösen Einhalt geboten werden kann. Zum Beispiel könnte man ernsthaft anfangen darüber nachzudenken, wie eine Welt ohne Autos aussehen könnte. Und man könnte schon mal damit anfangen, ohne Auto zu leben.

Etwas anderes ist auch noch damit gegeben. Maria war Israelitin, wie unter anderem das Buch zeigt, in dem sie bei der Verkündigung des Engels liest. Die Kirche hat in Israel begonnen. Sie ist bleibend auf den Glauben des jüdischen Mädchens Maria, das auf Gottes Wort antwortete, sie ist bleibend auf Israel und seinen Glauben verwiesen. Die Geschichte hat leider gezeigt, dass die Kirche dies allzu oft vergessen hat. Das Dogma von der unbefleckten Empfängnis ruft es ihr immer wieder ins Gedächtnis.

Kommen wir nun zum »Dogma von der leiblichen Aufnahme Marias in den Himmel« (Assumpta-Dogma). Es wurde 1950 verkündigt, fünf Jahre nach dem Ende des 2. Weltkriegs, und besagt, dass Maria die Auferstehung des Leibes, die den Seligen ansonsten erst am Jüngsten Tag zuteilwird, schon gleich bei ihrem Tod erfahren hat. Sie ist schon mit Leib und Seele in den Himmel aufgenommen. Man könnte meinen, dass die Menschen, auch die Katholiken, damals größere Sorgen hatten als die Frage nach der Aufnahme Mariens in den Himmel. Andererseits: Ein wahnsinniger, mit dämonischer Gewalt geführter Krieg hatte die halbe Welt in Trümmer gelegt. Unermessliche Kulturschätze waren dahin. Millionen Menschen waren getötet worden. Ihre durch Kriegsgewalt und Entbehrung zerstörten Leiber lagen frisch in der Erde. Da verkündete die Kirche, dass der Leib des Menschen eine Zukunft bei Gott hat. Sie wies auf Maria als Unterpfand der Hoffnung auf die Zukunft des Leibes hin. Hätte sie in dieser Lage etwas Wichtigeres sagen können?

Was bedeutet das Dogma für die Kirche? Auch sie, so ist zu verstehen, ist bereits in den Himmel aufgenommen. Sie ist vereint mit der festlichen Gemeinde, die allezeit vor Gottes Thron das Lob Gottes singt. Mit ihrem liturgischen Gesang stimmt sie in den Lobgesang der Engel und der Heiligen ein. Sie ist nicht nur die angefochtene und schwache Gemeinde auf Erden, sie ist Teil der himmlisch-irdischen Gemeinschaft der Heiligen (*communio sanctorum*). Und dies ist nicht nur eine schöne Idee, es ist eine leibliche Wirklichkeit, so wahr Gott Maria mit Leib und Seele in den Himmel aufgenommen hat. Heute, wo die Kirchenbänke manchmal bedenklich leer bleiben, erwächst aus diesem Dogma ein großer Trost für die Kirche. Auch wenn der Gesang im Gottesdienst zuweilen dünn ist, im Wissen um den volltönenden Lobgesang der himmlischen Chöre kommt man darüber hinweg. Die fehlenden Kirchenbesucher werden durch die Myriaden von Engeln und Heiligen ersetzt, und Gott geht praktisch nicht viel verloren. Allerdings könnte das Dogma auch ein Motiv für die Menschen sein, wieder in die Kirche zu gehen. Wo sonst kann man einstimmen in den himmlischen Lobgesang? Was gibt es Großartigeres auf Erden? Das Dogma kam also gerade zur rechten Zeit, um einer schwächelnden Kirche aufzuhelfen.

»gelitten unter Pontius Pilatus, gekreuzigt, gestorben und begraben«

Folgen wir weiter dem Glaubensbekenntnis in seiner knappen Nacherzählung des Lebens Jesu. Es kam, wie es kommen musste: Der, der die Herrschaft Gottes verkündete, geriet in Konfrontation mit denen, die ihre eigene Art von Herrschaft ausübten. Jesus wusste vorher, dass es zu einer dramatischen Auseinandersetzung auf Leben und Tod kommen würde, er hatte schließlich das Schicksal der Propheten gut genug studiert. Am Beginn seiner letzten Reise nach Jerusalem sagte er zu seinen Leuten: »Wenn einer mir nachfolgen will, verleugne er sich selbst und nehme sein Kreuz auf sich und folge mir nach« (Mk 8,34). Die Stimmung in der Jesusgruppe war dementsprechend beklommen (vgl. Mk 10,32–34). Das Kreuz war das Hinrichtungsinstrument der Römer, nicht der Juden; Jesus erwartete eine Konfrontation mit der römischen Besatzungsmacht selbst.

Jesus und der Tempel

Zunächst sehen wir ihn aber in Konfrontation zum Tempel. Im Prozess wurde ihm später vorgeworfen, er habe gesagt: »Ich werde diesen Tempel niederreißen, der mit Händen errichtet ist, und in drei Tagen einen anderen aufbauen, der nicht mit Händen errichtet ist« (Mk 14,58). Laut dem jüdischen Historiker Flavius Josephus waren zur Zeit Jesu am Tempel ca. 18.000

Bauarbeiter beschäftigt. Zusammen mit ihren Familien waren es etwa 20% der Jerusalemer Bevölkerung, die direkt vom Tempelbau abhängig waren. Sie hörten das Wort von einem Tempel, der »nicht mit Händen errichtet ist«, nicht gern. Ihre Existenz war bedroht. Die Bauarbeiten am herodianischen Tempel wurden aus dem gut gefüllten Tempelschatz finanziert. Herodes ließ immer weiter am Tempel bauen, auch wenn das Bauwerk eigentlich schon fertig war; es war eine Arbeitsbeschaffungsmaßnahme. Der Tempelschatz setzte sich zusammen aus dem Tempelzehnten, den alle Juden jährlich zu entrichten hatten, aus Geschenken und Stiftungen sowie aus den Einnahmen für die Opfertiere und -gaben. Als die Römer später den Tempel eroberten und den Tempelschatz raubten, konnten sie mit dem Geld in Rom das Kolosseum erbauen – daran lässt sich ermessen, wie viel Geld im Tempel deponiert war. Neben den Abgaben für den Tempel floss sehr viel Geld nach Jerusalem durch die jährlichen Wallfahrten der Juden aus aller Welt. Hoteliers, Kneipenwirte, die Verkäufer von Opfertieren, Geldwechsler u.a. lebten davon. Wäre der Tempel niedergerissen worden, wie Jesus es ankündigte, wäre die gesamte Tourismusbranche in Jerusalem eingebrochen.

Unter diesen Umständen kann man verstehen, dass Jesus geballte Wut entgegenschlug. Das »Kreuzige ihn, kreuzige ihn!« (Mk 15,13) kam aus dem Munde derer, die vom Tempel lebten. Der Tempel hatte sich zu einem religiös-ökonomischen Zentrum entwickelt. Griff man den Tempel an, dann griff man die Grundlagen dieses ökonomischen Systems an. Und Jesus griff den Tempel an. Die sogenannte »Tempelreinigung« ist die erste Aktion, die nach seiner Ankunft in Jerusalem berichtet wird (Mk 11,15–18). Dabei ist der Ausdruck »Tempelreinigung« unzutreffend. Die Händler und Geldwechsler gehörten zum Tempelbetrieb dazu, sie wegzutreiben, bedeutete einen Angriff auf das Tempelsystem selbst. Jesu Angriff auf den Tempel war auch ein Angriff auf das gigantische Tiervernichtungssystem, das sich im Zusammenhang des Opferkults entwickelt hatte. Jesus nennt den Tempel eine »Mörderhöhle« (Mk 11,17). Er kam offensichtlich nicht als Pilger nach Jerusalem. Seine Annäherung an die Stadt, seine geheimen Verbindungen zu Vertrauensleuten erwecken eher den Eindruck vom Vorgehen einer konspirativen Vereinigung (vgl. Mk 11,1–6). Im Tempel will er nicht beten oder opfern, er geht nur herum, um sich alles anzusehen; abends verlässt er die Stadt wieder (Mk 11,11). Charakteristisch für seine Ablehnung des kommerziellen Tempelbetriebs ist, dass er »nicht duldete, dass jemand ein Gerät durch den Tempel trug« (Mk 11,16).

Dagegen scheint der festliche Empfang zu sprechen, den ihm viele Menschen bei seinem Einzug in die Stadt bereiteten (vgl. Mk 11,7–10). Aber diese Leute waren Pilger, sie kamen vom Land. In der Zeit Jesu waren die Spannungen zwischen Stadt- und Landbevölkerung in Israel sehr groß. Die Landbewohner hatten die hohen Abgaben zu zahlen sowie das Geld für die Wallfahrt aufzubringen, die Jerusalemer lebten davon. Die Stadt wurde immer reicher, das Land immer ärmer. Viele der Pilger hofften offenbar, dass Jesus einen Aufstand der Landbevölkerung gegen das Jerusalemer Finanzzentrum anführen würde. Das Wort vom Niederreißen des Tempels hatte durchaus einen realistischen Hintergrund.

Jesu Opposition gegen den Tempel, das muss hier eingefügt werden, darf nicht als grundsätzliche Opposition gegen das Judentum missverstanden werden. Jesus teilte die Vorbehalte vieler anderer gläubiger Juden gegen das Tempelsystem, so wie es sich unter der hasmonäischen und herodianischen Herrschaft herausgebildet hatte. Nicht nur die Gruppe der Essener war der Auffassung, dass der Hohepriester in Jerusalem, der längst zum Spielball der Machthaber geworden war, nicht mehr der wahre

Hohepriester sei und deshalb der ganze Tempelkult nichtig. Als der Tempel im Jahre 70 n.Chr. von den Römern zerstört wurde, bedeutete dies zweifellos eine Katastrophe für die Juden; aber die weitere Geschichte zeigt, dass das Judentum auch ohne den Tempel sehr gut überleben konnte. Im Talmud steht der Satz: »Als der Tempel zerstört wurde, fiel eine eiserne Mauer zwischen Gott und seinem Volk.«

Jesus und die Römer

Die andere Konfrontation, die Jesus in Jerusalem erwartete, war die mit der römischen Besatzungsmacht. Er wurde, das hält das Glaubensbekenntnis fest, vom römischen Präfekten Pontius Pilatus – er übte sein Amt zwischen 26/27 und 36/37 aus – zum Tode verurteilt. So ist es in allen vier Evangelien zu lesen. Der Grund der Anklage lag offenbar in Jesu Anspruch, König zu sein (Mk 15,2; Joh 18,33–37). Das war Majestätsbeleidigung. Auch wenn vielleicht Pilatus, der von Zeitgenossen als schwächlicher und grausamer Mensch geschildert wird, nicht selbst daran glaubte, dass von Jesus eine politische Gefahr ausging, so konnten doch die jüdischen Gegner Jesu den politischen Vorwurf geschickt instrumentalisieren: »Wenn du den da freigibst, bist du kein Freund des Kaisers« (Joh 19,12).

Das Verhältnis zwischen den Juden und den Römern war zu dieser Zeit voller Spannungen und Gewalt. Einige jüdische Gruppen wollten die römische Herrschaft loswerden, andere profitierten von ihr. Der Grund für den jüdischen Widerstand gegen Rom war nicht der Wunsch nach nationaler Selbstbestimmung. Schließlich hatten die Juden einst die Römer selbst als Schutz- und Schlichtungsmacht ins Land geholt (vgl. 1 Makk 8). Das Bedrückende der römischen Herrschaft waren nicht der Verlust der politischen Selbstständigkeit, sondern die hohen Tributzahlungen. Diese belasteten die armen Schichten des Landes über das erträgliche Maß hinaus, wobei die Lage noch dadurch verschlimmert wurde, dass die Zoll- und Steuerpächter (»Zöllner«) sich beim Eintreiben der Tributzahlungen oft hemmungslos selbst bereicherten. Die Einwohner von Jerusalem waren übrigens von den Tributen befreit, denn Jerusalem galt wegen des Tempels als »heilige Stadt«. Für die Ausfälle hatte wiederum die Landbevölkerung aufzukommen, was die Spannungen zwischen Land- und Stadtbevölkerung noch steigerte. Die Tribute mussten in Geldform abgeführt werden. Das bedeutete, dass die Bauern nicht mehr für den Eigenbedarf, sondern für den Markt produzieren mussten. Sie mussten Produkte herstellen, die sich auf dem Markt verkaufen ließen. Sie gerieten in Abhängigkeit von Schwankungen der Marktpreise. Man kann sich vorstellen, welch gewaltige Umwälzung dies für die bäuerliche Ökonomie bedeutete. Eine große Verarmung des ehemals wohlhabenden Landes Israel war die Folge. Es entstand eine breite Schicht mittelloser, verarmter Menschen, Tagelöhner oder Bettler, die ein Leben unter dem Existenzminimum führten. Wer die Gleichnisse Jesu kennt, weiß, wie sehr sich Jesus dieser verarmten Bevölkerung verbunden fühlte. Unter anderem plädierte er für die Einführung eines Mindestlohnes (vgl. Mt 20,1–16). Er versuchte auch, die Zöllner zur Umkehr zu bewegen und sie mit dem Volk zu versöhnen; als ihm das bei dem Zöllner Zachäus einmal gelang, glaubten seine Anhänger, das Reich Gottes werde gleich erscheinen, so wichtig war ihnen das (vgl. Lk 19,1–11). Aus Sicht der römischen Machthaber war die verarmte Bevölkerung ein gefährliches revolutionäres Potenzial. Da sich Jesus mit ihr solidarisierte, musste auch er als gefährlich gelten. Im Zuge der jährlichen Wallfahrten nach Jerusalem war es immer wieder zu gewaltsamen Aufständen der verarmten Landbevölkerung gegen die Städter und die Römer gekommen. So etwas befürchtete man auch bei Jesus. Im Übrigen ist festzuhalten, dass das politische Herrschafts-Tribut-System und das religiöse Tempel-Abgaben-System eng miteinander verflochten waren. Die Römer reagierten empfindlich auf Opposition gegen den Tempel, denn sie verstanden, dass damit auch ihre Macht bedroht war. Die Tempelaristokratie wusste, dass sie ihre Ansprüche ohne Unterstützung der Römer nicht würde durchsetzen können. Diese Kollaboration bewährte sich bei der Verurteilung Jesu.

In einem Wort: Jesus musste sterben, weil die göttliche Gerechtigkeit, die er verkündete, mit der ökonomischen Gerechtigkeit, wie sie zu seiner Zeit herrschte, nicht vereinbar war. Die göttliche Gerechtigkeit gibt Gott die Ehre, die ökonomische Gerechtigkeit richtete sich nach den Profitinteressen der Mächtigen. Die göttliche Gerechtigkeit verschafft den Menschen, was sie zum Leben brauchen, denn sie setzt der maßlosen Bereicherung eine Grenze. Die ökonomische Gerechtigkeit betrieb die Bereicherung der Reichen auf Kosten der Verarmung der Armen. Jesu Verkündigung war ein zentraler Angriff auf das damalige ökonomische System, und folgerichtig geriet er mit den religiösen und politischen Legitimationsinstanzen des Systems aneinander. Der Vorwurf gegen Jesus, er halte sich für »den Messias, den Sohn des Hochgelobten« (Mk 14,61), beruht nicht auf religiöser Empfindlichkeit, in dem Sinne, dass seine Ankläger die Einheit und Einzigkeit Gottes dadurch bedroht sahen. Die Situation war zu zugespitzt, als dass man sich auf gelehrte Diskussionen darüber einlassen konnte, wie der in den Schriften Israels ja vielfach verwendete Sohnes-»Titel« korrekt angewendet wird. Vielmehr spürten sie, dass Jesus die Autorität Gottes und die messianischen Hoffnungen Israels gegen das bestehende politisch-ökonomisch-religiöse System aufbot, und sie erkannten die Gefahr, die darin lag. Deswegen musste er leiden, wurde er gekreuzigt, ist er gestorben und wurde begraben. Aus Sicht des Systems war das Problem Jesus damit gelöst.

Wenn Jesus heute wiederkommen würde, würde es ihm gewiss nicht besser ergehen. Nehmen wir an, er würde in Autofabriken auftreten und erklären: Ich werde diese Autofabriken niederreißen und in drei Tagen ein Verkehrssystem einführen, das ohne Autos funktioniert. Oder er würde in den Finanzzentren auftreten und erklären: Ich werde dieses auf grenzloses Wachstum programmierte System abschaffen und in drei Tagen eine Währung einführen, in der sich Geld nicht mehr von allein vermehrt. Man würde ihn beseitigen müssen, und man würde es auf die eine oder andere Weise tun. Zumal wenn er, versehen mit einem messianischen Anspruch und umgeben von zahlreichen zum Aufruhr bereiten Sympathisanten, zu Aktionen der »Reinigung« schreiten würde. Sein Tod ist die Folge des unaufhebbaren Gegensatzes zwischen der Gerechtigkeit Gottes und der Ordnung der menschlichen, durch die Sünde zur Maßlosigkeit gesteigerten Selbsterhaltung.

Christus ist für unsere Sünden gestorben

Das Glaubensbekenntnis sagt es gar nicht mehr ausdrücklich, aber im Neuen Testament und im Glauben der Kirche ist es klar: Christus ist für unsere Sünden gestorben (1 Kor 15,3). Ich glaube, dass keine Glaubensaussage heute schwerer zu verstehen ist als diese. In früheren Zeiten bildete sie das Zentrum des christlichen Glaubens und Lebens. Die zahlreichen Darstellungen des Kreuzes zeigten es immer wieder: Christus hat am Kreuz die Schuld der Menschen getragen und sie von ihren Sünden erlöst. Aber wie ist das zu verstehen? Die früher leitende, in der Volksfrömmigkeit sicher oft vergröberte Vorstellung war: Christus hat an unserer Stelle die Strafe erlitten, die uns für unsere Sünden zusteht. Sein Kreuzesleiden war »stellvertretendes Sühneleiden«. Zu dieser Vorstellung ist uns heute der Weg wohl versperrt, denn sie setzt das Bild eines Gottes voraus, der auf

Strafe besteht und der nicht eher Ruhe gibt, bis er seinen eigenen Sohn am Kreuz leiden und sterben sieht, um dann den Tod seines Sohnes als Ersatz für die eigentlich an allen Menschen zu vollziehende Todesstrafe zu akzeptieren. Wenn man das so sagt, ist es sicher falsch und sogar gotteslästerlich. Dennoch möchte ich den Begriff des »stellvertretenden Sühneleidens« aufrechterhalten. In drei vorsichtigen Gedankengängen will ich das Thema umkreisen:

Der gekreuzigte Jesus hilft uns, unsere Schuld zu erkennen und anzunehmen. Es ist wie bei einem Werbeplakat einer Spendenaktion. Da wird uns ein halb verhungertes Kind im Elend gezeigt, das uns mit großen Augen anblickt. Wenn sich dann nicht bloß ein Mitleidsimpuls erhebt, dann vielleicht auch Erkenntnis: Diesem Kind geht es so, weil ich so lebe, wie ich lebe. Ich profitiere ja selbst von den Billigpreisen, die dieses Kind in die Armut treiben. Je unschuldiger das Kind schaut, je weniger ich die Möglichkeit habe, ihm seine missliche Lage als Folge eigenen Handels zuzuschreiben, umso leichter wird die Erkenntnis der eigenen Verantwortung fallen. Jesus aber ist der Unschuldige schlechthin. Und dennoch ist er unter die Räder einer Machtmaschinerie geraten, die es auch heute gibt und an der ich alles andere als unbeteiligt bin. So hilft er mir in der Gestalt des Gekreuzigten, meine Schuld anzuerkennen und anzunehmen. Viel unwirksamer wäre es, wenn jemand käme und mich beschuldigte: Du bist schuld daran! Noch viel unwirksamer wäre es, wenn das arme Kind mich persönlich beschuldigte und forderte, ihm zu helfen.

Das Vorbild für diese Bedeutung des Gekreuzigten ist die Figur des »leidenden Gottesknechtes«, die beim Propheten Jesaja vorkommt (Jes 53). Jesaja erzählt von einem, der »keine Gestalt besaß noch Schönheit ... verachtet war er und von den Menschen gemieden« – vielleicht ist darunter das Volk Israel zu verstehen, das von den Großmächten besiegt und ins Exil getrieben worden war. Oder einfach eine Person, die von den Leuten verachtet und verlacht wurde; möglicherweise der Prophet selbst. Aber dieser Gottesknecht bewirkt offenbar Erkenntnis bei den Tätern: »Er ward durchbohrt um unserer Sünden willen, zerschlagen für unsere Missetaten.« Das können nun sie, die Täter, sagen. Sie gelangen zur Einsicht in ihre Schuld. Dass sie das können, dazu trägt auch wesentlich bei, dass der Gottesknecht sie stumm anblickt und sie nicht direkt beschuldigt: »Er öffnet nicht den Mund. Wie ein Lamm, das man zur Schlachtbank führt; wie ein Schaf, das vor dem Scherer verstummt, öffnet er nicht seinen Mund.« Das Bild vom Lamm trifft es sicherlich am besten. Wer würde denn bei den zu schlachtenden Lämmern nicht zur Einsicht kommen, wenn er sie denn sähe (weswegen ja auch heute das Schlachten im Verborgenen geschieht). Deswegen wurde Jesus das Lamm Gottes genannt.

In den Häusern der Christen hängen Kreuze – nicht, um daran zu erinnern, was damals geschah, auch nicht einfach zum Gedenken an Jesu Leiden, sondern um die Auseinandersetzung mit der eigenen Schuld zu ermöglichen. Es ist letztlich die Schuld gegenüber Gott, die Schuld, ihm nicht gerecht zu werden, nicht nach seiner Gerechtigkeit zu leben. Jeder Blick auf das Kruzifix unterstützt uns dabei, diese Schuld zu erkennen und anzunehmen.

Jesus stellt sich den Tätern zur Seite und nimmt ihre Schuld auf sich. Ein Beispiel soll es verdeutlichen: Ein Mann, ein Vater hat aus Gedankenlosigkeit oder Draufgängertum eines seiner Kinder zu Tode gebracht. Eine schreckliche Schuld! Wie kann ihm die Mutter des Kindes je verzeihen? Auch im Bekanntenkreis, in der Öffentlichkeit sieht er sich schlimmen Beschuldigungen ausgesetzt. Da erlebt er, wie sich die Mutter zu ihm stellt. Sie macht ihm keine Vorwürfe. Sie verteidigt ihn gegen andere oder sucht doch Verständnis für ihn zu erwecken. Sie lässt sich ihm zurechnen. Sie spricht davon, dass »wir« einen Fehler gemacht haben, nicht nur »er«. Welche Wohltat ist das! Umso leichter kann der Mann jetzt ihr gegenüber zu seiner Schuld stehen.

So kann es vielleicht verstanden werden, dass Christus sich für uns hingegeben hat. »Zu den Übeltätern wurde er gezählt«, obwohl er keiner war, und das nahm er bewusst auf sich (Lk 22,37). Er lässt uns nicht allein mit unserer Schuld. »Ihn, der von keiner Sünde wusste, hat Gott für uns zur Sünde gemacht, damit wir in ihm Gottesgerechtigkeit würden« (2 Kor 5,21). Gott werden wir gerecht, wenn wir zu unserer Sünde stehen. Das ist möglich, wenn wir Christus an unserer Seite wissen, den Gott »in der Gestalt des sündigen Fleisches gesandt hat« (Röm 8,3). Jesus lässt sich den Sündern zurechnen, wenn er sich wie ein Verbrecher kreuzigen lässt. So haben wir Gemeinschaft mit ihm.

Die Rede davon, dass sich Jesus »zu den Übeltätern zählen ließ«, obwohl er keiner war, ist uns schwer verständlich. Im Hintergrund sehe ich hier eine grundlegende Erfahrung des Volkes Israel. Israel hatte sein »Kreuz« erlebt, als Jerusalem im Jahre 587 v.Chr. von den Babyloniern erobert und das Volk ins Exil geführt wurde. Dies bedeutete ja nicht nur eine militärische Niederlage, sondern die Aufhebung der gesamten Gottesbeziehung des Volkes. Es war aus Ägypten befreit worden – und war nun wiederum in Gefangenschaft. Gott hatte es ins Gelobte Land hineingeführt – aus diesem Land wurde es jetzt weggeführt. Gott hatte im Tempel zu Jerusalem Wohnung genommen – und dieser Tempel war jetzt zerstört. Wie Jesus am Kreuz, so konnte auch Israel bei der Zerstörung Jerusalems mit dem Psalm 22 ausrufen: »Mein Gott, warum hast du mich verlassen?« Normalerweise hätte ein Volk, das sich von seinem Gott so verlassen sah, diesem Gott die Gefolgschaft aufgekündigt. Es hätte sich den anscheinend überlegenen Göttern der

Sieger zugewendet, wie es in der Religionsgeschichte vielmals passiert ist. Nicht so das Volk Israel. Es verstand in der Situation des Exils, dass all dies geschehen war, weil es vor Gott schuldig geworden war! Vor allem der Prophet Jeremia lehrte das zu sehen: »Warum hast du uns geschlagen, sodass keine Hoffnung für uns da ist? ... Herr, wir erkennen unsere Gottlosigkeiten, die Schuld unserer Väter; denn wir haben gegen dich gesündigt« (Jer 14,19f.). Sie erkannten, dass sie Gott falsch verstanden hatten, als sie ihn als eine Art nationaler Schutzgottheit ansahen, die den Bestand ihres Volkes zu sichern hätte. Sie erkannten ganz neu Gottes Gerechtigkeit. So gerecht war Gott, dass er sogar sein eigenes Volk die Folgen seiner Schuld tragen ließ. Als sie erkannten, wie gerecht Gott ist, da verstanden sie auch, dass er zugleich der Gott der ganzen Welt ist. Denn seine Gerechtigkeit gilt für alle Völker.

Aber wie konnten sie zu diesem neuen Verständnis kommen? Dies war möglich, weil Gott sein Volk ins Exil begleitet hatte. Der Prophet Ezechiel berichtet davon, dass er die Herrlichkeit des Herrn »am Fluss Kebar«, mitten im babylonischen Exil, gesehen habe. Ezechiel hatte eine geheimnisvolle Vision, der zufolge Gottes Herrlichkeit seinem Volk auf Rädern nachgereist war (Ez 1). Gott war mit seinem Volk gezogen, als hätte er selbst auch die Strafe für die Schuld des Volkes verdient! Er blieb bei den Schuldigen, blieb weiter ihr Gott, er trug mit ihnen das Schicksal, das sich das Volk durch seine Schuld zugezogen hatte. Ich glaube, hier haben wir das Vorbild für den Satz des Paulus, dass Gott Jesus für uns zur Sünde gemacht hat, damit wir in ihm vor Gott gerecht würden. Denn nur durch Gottes Leidensgemeinschaft im Exil konnte das Volk Israel seine Schuld erkennen und Gott gerecht werden.

Das Beispiel des Vaters, der sein Kind zu Tode kommen lässt, ist übrigens sehr passend, denn genauso stehen die Sünder vor Gott da: Gottes geliebte Kinder – die Kinder selbst, die leiden müssen, die vielen Menschen, die Opfer ungerechter Verhältnisse werden, die Tiere und die Pflanzen, die unter unserem Verhalten leiden – lassen sie zu Tode kommen. Wie können wir da vor ihm bestehen? Sind wir nicht vor Gott verflucht? Doch da tritt Jesus hervor, der »für uns zum Fluche ward« (Gal 3,13).

Jesus nimmt den Zorn, der den Sündern gilt, auf sich. Wieder ein Beispiel: Ein Junge hat etwas ausgefressen. Die kostbare Vase ist kaputt und die elterliche Strafe, mindestens die elterliche Strafpredigt, droht. Während der Junge noch überlegt, wie er die Sache leugnen kann, geschieht es, dass seine Schwester vor die Eltern tritt und die Schuld auf sich nimmt. Sie habe die Vase zerstört. Der Zorn der Eltern wendet sich gegen sie. Was wird die Reaktion des Jungen sein? Im ersten Augenblick Erleichterung, dann Dankbarkeit, dann Reue und die Bereitschaft, sich nun selbst zu der Schuld zu bekennen. Und sicher eine lebenslange innige Beziehung zur Schwester.

So könnte es zu verstehen sein, dass wir durch Jesus »vor dem Zorn gerettet werden« (Röm 5,9). Gott ist zornig auf die Menschen, denn sie machen so viel kaputt. Da stellt sich Jesus als jemand hin, der den Zorn Gottes scheinbar verdient hat. Er lässt sich behandeln wie jemand, der die ganze Strafe der Sünde erleidet. Das tut er uns zuliebe: damit wir die Möglichkeit haben, uns zu unserer Schuld zu bekennen. Er tut es gewissermaßen »stellvertretend«, bis wir in der Lage sind, es selbst zu tun.

Man muss wohl alle drei Punkte zusammennehmen, um auch nur annähernd einen Begriff davon zu bekommen, was die Sentenz »gestorben für unsere Sünden« bedeutet. Der Gekreuzigte hilft uns, unsere Schuld zu erkennen und anzunehmen. Das tut er, indem er sich uns zur Seite stellt, uns in unserer Verlassenheit der ausweglosen Schuld nicht alleinlässt. Indem er stellvertretend die Strafe auf sich nimmt, die eigentlich uns zusteht – mit dem Ziel, dass wir uns selbst zu unserer Schuld vor Gott bekennen.

Darum geht es also letztlich: dass wir das Verhältnis zu Gott, das durch unsere Schuld zerstört ist, in Ordnung bringen. Letztlich geht es wie immer bei Jesus um die Aufrichtung von Gottes Gerechtigkeit. Im 51. Psalm, dem großen Bußpsalm, erklärt der Sünder gegenüber Gott: »So behältst du Recht mit deinem Urteil, rein stehst du da als Richter.« Darauf muss es dem Sünder letztlich ankommen: dass Gott recht behält in seinem Urteil. Darum bekennt der Sünder auch vor Gott seine Schuld: »Denn ich erkenne meine bösen Taten, meine Sünde steht mir immer vor Augen. Gegen dich allein habe ich gesündigt, ich habe getan, was dir missfällt.« Wie schwer ist es, das zu sagen! Damit wir es sagen können, ist Jesus für uns gestorben.

»Stellvertretende Sühne«

Was ist nun mit dem Begriff der »stellvertretenden Sühne«? Ich meine, man kann ihn beibehalten, wenn man nur recht versteht, was mit »Sühne« gemeint ist. Sühne ist etwas anderes als die Wiedergutmachung einer bösen Tat. Sie dient der Wiederherstellung des guten Verhältnisses zwischen Täter und Opfer, sie macht die Beleidigung, die Verletzung wieder gut, die die böse Tat immer auch bedeutet. Wenn ich meinem besten Freund etwas sehr Wertvolles wegnehme, ist es nicht damit getan, dass ich ihm die Sache zurückgebe. Ich habe sein Vertrauen missbraucht, die Freundschaft zerstört, ihm wehgetan, und dafür muss Sühne getan werden. Auch Gott ist durch die Sünden der Menschen verletzt. Wie kann es uns nur einfallen, seine Kinder umkommen zu lassen, seine Schöpfung zu ruinieren, sein gutes Gesetz zurückzuweisen? Jedes durch Menschen verursachte Leid ist eine Beleidigung Gottes, ein Angriff auf seine Ehre als guter

Gott und Vater. Wie können wir diese Beleidigung wieder gutmachen? Wie können wir Sühne tun? Wie können wir mit Gott versöhnt werden? Dabei hilft uns Jesus. Er, der von Gott kommt und an seiner Stelle steht, versöhnt sich mit uns. Er macht sich mit den Sündern solidarisch und stellt damit unser gutes Verhältnis zu Gott von Gottes Seite aus wieder her. So leistet er für uns »Sühne«. Das erst gibt uns die Möglichkeit, zu unserer Schuld vor Gott zu stehen, zu sagen wie der Psalmist: »Ich erkenne meine bösen Taten.« Damit haben auch wir unser Verhältnis zu Gott wieder in Ordnung gebracht. Jesus leistet also nur so lange »stellvertretend« Sühne, bis wir es selbst können.

»hinabgestiegen in das Reich des Todes, am dritten Tage auferstanden von den Toten, aufgefahren in den Himmel«

Diese drei Artikel des Glaubensbekenntnisses stehen in einem engen Zusammenhang, denn sie sagen etwas über das Tun des Auferstandenen in der Unterwelt, auf der Erde und im Himmel. Beginnen wir im Zentrum, mit der Auferstehung selbst.

»am dritten Tage auferstanden von den Toten«

Ostern ist das Fest des Glaubens! Die Christen liegen sich in den Armen, sie tanzen um das Osterfeuer und rufen: »Christus ist auferstanden, er ist wahrhaft auferstanden!« Dabei denken sie daran, und es wird ihnen durch die Lesungen der Osternachtsliturgie noch einmal vor Augen geführt, wie Gott an jenem ersten Tage sprach: »Es werde Licht«, und wie zum ersten Mal ein Licht in der Dunkelheit erstrahlte. Das geschieht an Ostern. Sie denken daran, wie nach der Sintflut der Regenbogen am Himmel erschien und Gott sprach: »Wenn der Bogen in den Wolken erscheint, dann will ich meines Bundes zwischen mir und euch und allen lebenden Wesen, allem Fleisch gedenken: Nie mehr soll das Wasser zur Flut werden, um alles Fleisch zu vernichten« (Gen 9,14f.). Diesen Bund schließt Gott an Ostern erneut mit allen lebenden Wesen, auf dass sie leben. Sie denken daran, wie Gott den Abraham berief, um ihn zu einem großen Volk zu machen, und dass Abraham ein Segen sein wird für alle Völker: An Ostern beruft Gott sein Volk aus allen Völkern, und es soll ein Segen für alle sein. Sie denken daran, wie Gott sein Volk Israel, das in die Sklaverei geraten war, auf wunderbare Weise aus der Herrschaft des Pharaos befreit hat und wie er ihnen das Paschalamm gegeben hat, damit sie von dem Unheil, das die Ägypter traf, verschont blieben: Dieses Wunder ereignet sich wiederum an Ostern! Es wird ihnen die wunderbare Prophetie des Ezechiel in Erinnerung gerufen, wo es heißt: »Ich werde euch ein neues Herz geben und einen neuen Geist in euer Inneres legen, euer steinernes Herz wegnehmen und euch ein Herz von Fleisch geben. Ich will meinen Geist in euer Inneres geben und bewirken, dass ihr nach meinen Satzungen wandelt und meine Vorschriften beobachtet und danach handelt« (Ez 36,26f.). Mit anderen Worten: Alles wird neu. Gott verwandelt die Menschen so, dass sie nun endlich seine Gebote tun und sein Reich aufrichten. Und das geschieht an Ostern.

In Jesus, dem Auferstandenen, ist all das wahr geworden. Die Mächte der Dunkelheit, die sich allesamt gegen ihn zusammengetan hatten, um ihn zu töten, sind besiegt. Aus dem Nichts hat Gott Neues entstehen lassen. Keine Macht der Erde kann dieses Neue aufhalten. Die Bosheit der Menschen verhindert nicht länger das Kommen des Gottesreiches, nein, die Menschen werden verwandelt, bekommen ein neues Herz. Der Geist Gottes wirkt wiederum, reinigt und erneuert die Menschen, gibt ihnen die Freude an Gottes Weisung und die Kraft, sie zu tun.

Es ist ja interessant, dass die erste Reaktion der Jüngerinnen und Jünger auf die Auferstehung Jesu nicht war, dass sie sagten: »Gott sei Dank, Jesus ist auferstanden, dann werden auch wir nach unserem Tode auferstehen und in den Himmel kommen.«

Daran dachte offenbar niemand. Sondern sie änderten ihr Leben. Sie fangen an zu laufen, wie es von den beiden Jüngern gesagt wird (Joh 20,4). Oder sie stürzen sich nackt in die Fluten wie Petrus (Joh 21,7). Maria von Magdala, die Furchtsame, fängt an zu verkündigen. Petrus, der Zauderer, stellt sich entschlossen an die Spitze der Jesusgemeinschaft. Paulus hört auf, die Christen zu verfolgen, er reist stattdessen unter Entbehrungen in der ganzen Welt herum, um christliche Gemeinden zu gründen. Die erste Gemeinde in Jerusalem führt die Gütergemeinschaft ein. Mit anderen Worten: Sie wirken im Sinne des Gottesreiches. Denn das haben sie verstanden von dem Auferstandenen: Das Kreuz hatte seine Botschaft vom baldigen Beginn des Gottesreiches nicht durchkreuzt. Das Gottesreich hatte vielmehr schon begonnen: in ihm, dem Auferstandenen.

»auferstanden gemäß den Schriften«

Wer schon einmal auf der Fantribüne seines Heimatvereins gestanden und erlebt hat, wie der entscheidende Siegestreffer gegen einen starken, als Favoriten gesetzten Gegner fällt, der weiß, wie so etwas ist: Außer sich vor Freude umarmen sich Wildfremde, die Leute springen vor Begeisterung in die Luft, Lieder erklingen aus rauen Kehlen. Alles jubelt. So ähnlich, nur noch viel intensiver, soll es an Ostern sein. Die Auferstehung ist gewissermaßen der Auswärtssieg Gottes gegen den Teufel. Aber jetzt stelle man sich einmal vor, es wäre jemand dabei, der von Fußball überhaupt keine Ahnung hat. Der noch nicht einmal die Regel des Spiels kennt. Für den gibt es keinen Grund zum Jubeln, er sieht nur 22 Spieler in bunten Trikots einem Ball hinterherlaufen. Und so ist es auch mit Ostern heute. Die Leute kennen die Regeln nicht, nach denen der Sieg errungen worden ist, und darum können sie gar keinen Sieg erkennen. So wie man sagt: X hat den Prozess gegen Y gewonnen – auch das versteht nur, wer die Regeln der Rechtsprechung kennt. X hat ja Y nicht im Faustkampf besiegt. Oder jemand sagt: Ich habe die Schachpartie gewonnen, und er zeigt zur Bestätigung stolz auf das Spielbrett. Der des Schachspiels Unkundige sieht aber nur eine Ansammlung von Figuren.

Die Auferstehung, das sagt Paulus, ist genauso wie das Kreuz ein Ereignis »gemäß den Schriften«, »Christus ist für unsere Sünden gestorben nach der Schrift«. Alte Kreuzesdarstellungen zeigen oft die Symbole der vier Evangelisten an den Enden der Kreuzesbalken, sie geben damit das Programm an, mit dem dieses Ereignis gelesen werden kann. »Christus ist am dritten Tage auferweckt worden nach der Schrift« (1 Kor 15,3f.). Was Auferstehung bedeutet, lässt sich überhaupt nur verstehen, wenn man die Schriften kennt. Wenn man die Regeln kennt, nach denen hier der Kampf zwischen den Mächten des Todes und der Lebensmacht Gottes geführt wurde. Man muss das Programm kennen, um die Ereignisse lesen zu können, und das ist eben das Programm der Schriften Israels. Die Auferweckung Jesu ist ein Ereignis in der Welt der Schriften.

Das erfuhren auch schon die Jünger Jesu. Sie, die die Schriften doch im Prinzip kannten, brauchten eine Nachhilfelektion, um aus den Schriften die Auferstehung zu verstehen. Zwei von ihnen waren am Ostertag nach Emmaus unterwegs. Sie redeten über Jesus, über seinen Tod, sie hatten auch schon davon gehört, dass er wieder unter den Lebenden sein soll. Aber sie verstanden nichts. Da tritt Jesus zu ihnen – so blind sind sie, dass sie ihn noch nicht einmal erkennen – und »legt ihnen dar, ausgehend von Mose und den Propheten, was in der gesamten Schrift über ihn geschrieben steht« (Lk 24,13–35). Und da verstehen sie endlich: aus den Schriften. Noch am selben Tag erscheint Jesus seinen Jüngern in Jerusalem. Auch sie haben noch gar nichts verstanden, sie meinen, einen Geist zu sehen. Da sagt Jesus zu ihnen: »Dies sind meine Worte, die ich zu euch gesprochen habe, da ich noch bei euch war: dass alles erfüllt werden müsse, was im Gesetz des Mose und in den Propheten und Psalmen von mir geschrieben steht.« Sie hätten es also wissen können, aber sie hatten es irgendwie vergessen. Darum heißt es weiter: »Dann eröffnete er ihnen den Sinn für das Verstehen der Schriften und sprach zu ihnen: ›So steht es geschrieben, dass Christus leiden und am dritten Tage von den Toten auferstehen werde. In seinem Namen soll, ausgehend von Jerusalem, Umkehr und Vergebung der Sünden allen Völkern verkündigt werden‹« (Lk 24,44–47). Das ganze Programm war also schon in den Schriften enthalten, und nur mit diesem Programm kann man die Ereignisse um Jesu Tod und Auferstehung begreifen.

Wenn man in der Welt der Schriften wissen will, wie sich etwas verhält, dann hält man sich an die Schriften. So wird zum Beispiel in der Apostelgeschichte von den Juden in Beröa erzählt, dass sie das Wort der Verkündigung über Jesus bereitwillig aufnahmen, und sie »forschten täglich in der Schrift, ob es sich so verhielte« (Apg 17,11). Diese Leute reisten also nicht an die Stätten des Geschehens, um Zeugen zu befragen, archäologische Funde zu prüfen oder gar, wenn es das schon gegeben hätte, ein »Jesus-Video« aufzuspüren, sondern sie forschten in der Schrift nach. Denn da steht, wie es sich wirklich verhält. Hier wird der ganze Unterschied zwischen dem biblischen und unserem heutigen Wirklichkeitsverständnis deutlich.

Die Schriften und Jesus interpretieren sich gegenseitig. Ohne die Schriften ist Jesus nicht zu verstehen. Umgekehrt ist Jesus ein lebendiger Schriftkommentar. Weil er lebendig ist, macht er auch die Schriften wieder lebendig. Seine Auferweckung erweckt das Leben neu, das in den Schriften steckt. Er ist das lebendige Wort Gottes.

Alles an der Auferstehung ist schriftgemäß. Zum Beispiel, dass Jesus am dritten Tage auferstanden ist. Warum gerade am dritten Tag? Brauchte er so lange, um den Tod abzuschütteln?

War es, damit man sicher sein konnte, dass er wirklich tot war? Das ergibt keinen rechten Sinn. Wohl aber in der Welt der Schriften: Der dritte Tag ist der Tag, an dem Gott wieder neu zum Leben aufrichtet. Isaak wird am dritten Tag gerettet (Gen 22). Josef entlässt seine Brüder am dritten Tag aus der Gefangenschaft (Gen 42). Gott schließt mit Israel am dritten Tag einen Bund (Ex 19). Am dritten Tag speit der Fisch Jona aus (Jona 2). »Nach zwei Tagen gibt er uns das Leben zurück, am dritten Tag richtet er uns wieder auf, und wir leben vor seinem Angesicht« (Hos 6,2). Gemäß den Schriften konnte man also sicher sein, dass es am dritten Tag geschehen würde. Jesus war sich sicher, deshalb konnte er auch schon vor seinem Tod voraussagen: »Sie werden ihn verspotten und anspeien und geißeln und töten, und nach drei Tagen wird er auferstehen« (Mk 10,34). Sein Lebensprogramm war einfach, das Programm der Schriften zu erfüllen.

Göttliche und menschliche Weisheit

Reizvoll wäre es nun, alle Einzelheiten der Auferstehungsberichte auf ihre Schriftgemäßheit zu untersuchen. Aber es soll genügen, den Code anzugeben, nach welchem das Programm der Schrift funktioniert. Dieser ist zweiwertig und lautet: Gottesfurcht/Mächte der Sünde. Die Sünde erzeugt Mächte, das haben wir schon gesehen. Gegen sie werden biblisch nun nicht größere Mächte der gleichen Art aufgeboten, sondern Gottesfurcht bzw., was dasselbe ist, ein Leben nach Gottes Gerechtigkeit und Gesetz. Damit hat Jesus den Tod besiegt, er, der vor der Passion gesagt hatte: »Nicht mein, sondern dein Wille geschehe.« Es war das gleiche »Mir geschehe nach deinem Worte«, mit dem Maria den Bann der Natur gebrochen hatte. »Gottesfurcht ist aller Weisheit Anfang«, so steht es programmatisch im biblischen Buch der Weisheit. In seiner Auslegung von Kreuz und

Auferstehung stellt Paulus diese Weisheit klar gegen alle Weisheit der Welt. »Gott hat die Weisheit der Welt als Torheit erwiesen.« Der Welt erscheint indessen die Weisheit Gottes als Torheit oder gar als Ärgernis. Denn die Menschen halten sie für Schwäche; bei ihnen zählt nur Stärke. Paulus dagegen: »Die göttliche Torheit ist weiser als die Menschen, und die göttliche Schwäche ist stärker als die Menschen.« Bei der Kreuzigung Jesu ging es im Grunde um die Konfrontation zwischen göttlicher und menschlicher Vernunft. Die Herrscher der Welt hielten sich an die Weisheit dieser Welt; damit versuchten sie, Jesus beizukommen. »Keiner von den Herrschern der Welt hat die göttliche Weisheit erkannt, denn hätten sie sie erkannt, so hätten sie den Herrn der Herrlichkeit nicht gekreuzigt.« Was dann in Jesu Auferstehung geschehen ist, hat die Weisheit der Welt als Torheit überführt. Es ist in den Augen der Welt etwas völlig Neues, etwas Unbegreifliches geschehen: »Was kein Auge gesehen und kein Ohr gehört hat und was in keines Menschen Herz gedrungen ist, das hat Gott denen bereitet, die ihn lieben« (1 Kor 2,9). Wie soll man das mit der natürlichen Vernunft begreifen können?

Verwandlung

Die große Frage damals wie heute ist nun: Wie kommen die beiden Welten zueinander? Sie können ja nicht ewig getrennt bleiben, denn Gott in seiner Weisheit ist der Herr der Welt; in der Auferstehung Jesu ist das noch einmal dokumentiert worden. Ein Mittelweg ist in den Augen Gottes wohl auch nicht gut möglich, also ein bisschen Weisheit der Welt und ein bisschen Weisheit Gottes; es bestünde dann ja die Gefahr, dass die Herrscher der Welt den Herrn der Herrlichkeit ein bisschen kreuzigten. Beide Weisheiten schließen sich gegenseitig aus. Sie machen sich gegenseitig zur Torheit. Aber leider ist es so und wird auch bis zum Jüngsten Tage so bleiben, dass wir einen solchen Mittelweg gehen.

Paulus selbst empfiehlt eine Radikalkur. Für ihn ist der Übergang von der einen Welt zur anderen wie Sterben und Auferstehen. Man muss in der einen Welt sterben, um in der anderen Welt aufzuerstehen. Das geschieht in der Taufe: »Wir sind also durch die Taufe auf seinen Tod mit ihm begraben, damit, wie Christus durch die Herrlichkeit des Vaters von den Toten erweckt wurde, so auch wir in einem neuen Leben wandeln« (Röm 6,4). Menschen, die Christen werden wollen, müssen Christus nachfolgen, das bedeutet, mit ihm sterben und mit ihm auferstehen. Jesus hatte bereits etwas Ähnliches gesagt: »Wer sein Leben retten will, der wird es verlieren; wer aber sein Leben verliert um meinetwillen, wird es retten« (Lk 9,24). Anders ausgedrückt: Der Mensch muss neu geboren werden. »Wer nicht von oben her geboren wird, kann das Reich Gottes nicht schauen.« Und sein Gesprächspartner, der Pharisäer Nikodemus, wundert sich: »Wie kann ein Mensch geboren werden, wenn er ein Greis ist? Kann er etwa zum zweiten Mal in den Schoß seiner Mutter eingehen und geboren werden?« (Joh 3,3f.). Diese Verwunderung teilen wir noch heute.

Schauen wir etwas genauer hin, wie der Weg von der einen zu der anderen Welt verläuft. Als Paulus über Tod und Auferstehung Jesu Christi spricht, da setzt er die Tatsachen aus der Welt der Schriften mit den Tatsachen aus der Welt der normalen Wahrnehmung in ein bestimmtes Verhältnis. Er sagt:

> *»Christus ist für unsere Sünden gestorben nach der Schrift,*
> *er ist begraben worden*
> *und am dritten Tage auferweckt worden nach der Schrift,*
> *und er ist dem Kephas erschienen, danach den Zwölfen«*
> (1 Kor 15,3–5).

Die erste und die dritte Zeile schildern Tatsachen aus der Welt der Schriften. Dass Jesus nicht nur einfach so gestorben ist, sondern für unsere Sünden, und dass er auferweckt worden ist, das ist nur nach dem Programm der Schriften zu verstehen. Aber in der zweiten und vierten Zeile stößt die Welt der Schriften an die normale Welt. Er ist begraben worden – das ist eine irdische Tatsache. Jesus ist nicht in einer fiktionalen Welt gestorben, er ist nicht Harry Potter. Und er ist einigen Leuten erschienen. Sie haben davon erzählt, also ist das wirklich passiert (wenn man sie nicht als Lügner abstempeln will). Die Erscheinungen sind der Schnittpunkt zwischen der Welt des Auferstandenen – also der Welt der Schriften – und der normalen Welt. Und deswegen bietet das Neue Testament auch keinen Live-Bericht über die Stunde der Auferstehung, sondern die Erzählungen der Auferstehungszeugen. An die muss sich halten, wer erleben will, wie die normale Welt in die Welt des Auferstandenen verwandelt wird.

Einige Stichworte hierzu müssen genügen: Nach den Berichten der Erscheinungszeugen muss man den Stein vor dem Grab nicht wegwälzen, denn der Auferstandene hält sich nicht im Verborgenen. Niemand muss sich fürchten, sagt der Engel. Dennoch kommt es zu Erschrecken, zu Furcht und Entsetzen, weil der erste Blick in das Grab ein Blick ins Leere ist. Das gilt es auszuhalten. Der Lebende soll nicht bei den Toten gesucht werden, so die Worte des Engels, denen Glauben zu schenken ist. Man soll sich an das erinnern, was Jesus vorher gesprochen hat, und anderen davon erzählen. Vor allem ist damit zu rechnen, dass man Jesus nicht sogleich erkennt; man muss sich von ihm mit Namen anreden lassen. Und dann hat es keinen Zweck, ihn festhalten zu wollen, auch wenn man es noch so gern möchte. Es ist immer damit zu rechnen, dass er durch verschlossene Türen kommt. Jesus erkennt man daran, dass er den Frieden wünscht und den Heiligen Geist aussendet. Er hat noch die Wunden an sich, er ist also kein anderer als der Gekreuzigte. Die Wunden des Gekreuzigten werden durch die Auferstehung nicht einfach getilgt. Man soll den anderen Zeugen glauben, und nicht – wie Thomas – selbst alles überprüfen wollen. Niemand soll sich durch wiederholte Misserfolge, wie zum Beispiel nächtelanges erfolgloses Fischen, entmutigen lassen. Und immer soll man etwas wagen, loslaufen, ins kalte Wasser springen. Bei allem Tun ist mit der in großem Ernst von Jesus gestellten Frage zu rechnen: »Liebst du mich?«

Dies sind einige der Stationen auf dem Weg von dieser Welt in die Welt der Auferstehung. Es ist kein einfacher Weg. Aber entscheidend ist: Es gibt ihn! Dafür stehen die Frauen und Männer, die dem Auferstandenen begegnet sind.

Und da ist noch etwas. Denken wir noch einmal an den armen Menschen, der auf der jubelnden Fantribüne steht und nichts versteht. Wird er sich durch den Jubel nicht anstecken lassen? Er lässt sich das Spiel erklären, und dann ist er dabei. Beim nächsten Mal wird er vielleicht schon mitjubeln. So kann es auch mit dem christlichen Osterjubel gehen. Er ertönt, und andere können sich davon anziehen und anstecken lassen. In der Kirche schmettern die Chöre nach bestem Vermögen, die Orgel braust, die größten Komponisten aller Zeiten haben ihr Bestes für die Kirchenmusik gegeben; es ist, wenn man es recht zu hören versteht, ein unbeschreiblicher Jubel und eine überwältigende Freude. Und davon können sich dann die, die dem Auferstandenen noch nicht begegnet sind, anlocken lassen. Wenn sie mitjubeln wollen, dann müssen sie sich erst erklären lassen, welcher Sieg hier gefeiert wird und nach welchen Regeln er errungen wurde. Es wird ihnen erklärt, und schon sind sie dabei. Nur hingehen müssen sie selbst.

»hinabgestiegen in das Reich des Todes«

»In der Unterwelt dankt man dir nicht, die Toten loben dich nicht; wer ins Grab gesunken ist, kann nichts mehr von deiner Güte erhoffen«, so klagt der auf den Tod erkrankte König Hiskija vor Gott (Jes 38,18). Das ist ein unhaltbarer, unerträglicher Zustand! Wie kann es einen Teil der Welt geben, in dem Gott nicht gelobt wird? Wie kann es einen Raum geben, wo von seiner Güte nichts mehr zu erhoffen ist? Auch die Psalmen weisen auf diese unerträgliche Tatsache immer wieder anklagend hin: »Denn bei den Toten denkt niemand mehr an dich. Wer wird dich in der Unterwelt noch preisen?« (Ps 6,6). »Erzählt man im Grab von deiner Huld, von deiner Treue im Totenreich? Werden deine Wunder in der Finsternis bekannt, deine Gerechtigkeit im Lande des Vergessens?« (Ps 88,12f.). Schon Hiskija scheint Gott provozieren zu wollen: Willst du mich wirklich in die Unterwelt entschwinden und dir mein Gotteslob entgehen lassen? Und tatsächlich, Gott hat sich herausfordern lassen, er hat den König wieder in das Land der Lebenden zurückgeführt. Er lässt sich nicht sagen, dass irgendwo von seiner Güte nichts mehr zu erhoffen ist. Sein Lob soll überall erschallen, von seinen Wundern soll überall erzählt werden. Seine Gerechtigkeit besteht in der ganzen Welt, auch in der Unterwelt. Mit der Auferstehung hat Gott endgültig auf die provozierenden Klagen der alttestamentlichen Frommen reagiert. Christus ist in die Unterwelt hinabgestiegen. Er hat das Lob Gottes auch in das Land des Vergessens getragen. »Den Toten ist die Heilsbotschaft verkündigt worden« (1 Petr 4,6).

Wo ist die Unterwelt, das Land des Vergessens? Die christliche Tradition denkt dabei an die Hölle, wo die Verdammten hausen, die Todsünder aller Zeiten, die nun selbst tot sind. Aber auch an die Gerechten des Alten Bundes, die gewartet haben auf die Ankunft Christi und denen sie nun kundgemacht wird. Es gibt Bilder, die zeigen, wie Eva und Adam durch Christus aus der Vorhölle geführt werden, wie sie wieder jung werden wie damals im Paradies – ein wunderbares Motiv. Und 1 Petr 3,18–22 denkt an die Geister derer, die in den Tagen des Noach durch die Sintflut umgekommen sind. Auch die Flutopfer bleiben nicht endgültig dem Vergessen überantwortet, das ist ein großer biblischer Trost (und so geht es auch allen, die durch das Wasser der Taufe hindurch gerettet werden, fährt der Petrusbrief fort). Aber so weit brauchen wir gar nicht zu schweifen auf der Suche nach dem Reich des Todes. Es ist dort, wo Gott nicht gelobt wird, wo seine Wunder nicht erzählt werden, wo seine Gerechtigkeit nicht besteht. Also im größten Teil unserer heutigen Welt. Die meisten Menschen leben heute in der Unterwelt. Zu ihnen ist der Auferstandene hinabgestiegen. Und er tut es noch.

Was hat Christus dort getan in der Unterwelt? Die christliche Tradition kennt dazu zwei Motive. Das eine ist die Geschichte vom »Teufelsbetrug«. Christus gibt sich in der Unterwelt wie ein ganz normaler Sünder und Toter aus, und der Teufel meint, ein Anrecht auf ihn zu haben. Dann aber offenbart sich Christus als der, der er wirklich ist. Der Teufel erkennt, dass er kein Recht auf ihn hat, und damit ist das System der Hölle gesprengt. Der Teufel ist nicht mehr Herr in der Hölle, seine Herrschaft ist ihm genommen: dort, in seinem ureigensten Bereich. Das ist ein bisschen so wie in der »Feuerzangenbowle«. Der »Schüler« (Heinz Rühmann) ist ja gar kein richtiger Schüler, er gibt sich nur als solcher aus. Da er aber in Wirklichkeit nicht den Regeln der Schule unterworfen ist, kann er das verkalkte System der Schule ganz schön durcheinanderwirbeln. Am Ende gewinnt er sogar die Liebe der Tochter des Direktors. Oder man stelle sich ein Gefängnis vor, in dem die Gefangenen durch die Wächter, gedeckt vom Direktor, schrecklich schikaniert werden. Dann aber lässt sich jemand in das Gefängnis einschmuggeln, der gar nicht verurteilt ist; ein Journalist vielleicht oder ein Rechtsanwalt. Er erlebt alle Schikanen, aber dann zeigt er seine wahre Macht. Er veröffentlicht die Zustände in dem Gefängnis in den Zeitungen oder er bringt den Gefängnisdirektor sogar vor Gericht. Er bringt eine andere Gerechtigkeit in das Gefängnissystem, in dem bisher nur der Direktor das Sagen hatte, und sprengt damit das ganze System.

Das andere Motiv ist die »Höllenpredigt Christi«. Christus predigt den Verdammten und den Gerechten des Alten Bundes von der Auferstehung und der Gerechtigkeit Gottes. Wie werden sie darauf reagiert haben? Die Gerechten werden seine Predigt wohl begierig aufgenommen haben, die Verdammten jedoch, wenn sie denn wirklich verstockt und böse sind, werden vielleicht mit allen Zeichen heftiger Ablehnung oder mindestens ostentativen Desinteresses reagiert haben. Ich denke an viele Religionslehrerinnen und Religionslehrer, an Firmkatechetinnen und Katecheten, die in diesem Sinne schon oft ihre »Höllenfahrt« erlebt haben. Der »Abstieg zur Unterwelt« ereignet sich immer dort, wo die Wunder Gottes in das Land des Vergessens und des Todes hineingetragen werden. Damals wie heute.

Darum können wir auch von den beiden Motiven der Überlieferung etwas für die Gegenwart lernen. Der »Teufelsbetrug«, das ist, wenn Christen sich in einem System systemfremd verhalten. Sie irritieren das System durch abweichendes Verhalten. Das Sakrament der Krankensalbung ist wohl ein solcher »Teufelsbetrug«. Unsere Gesellschaft will, dass die nicht Arbeitsfähigen und Schwachen, die psychisch oder geistig Gestörten als ausgeschlossen gelten. Sie werden in besondere Anstalten verbracht. Wenn man sich auch um ihre Heilung bemüht, dann nur, um sie wieder arbeitsfähig zu machen. Da aber kommt der Priester, spendet die Krankensalbung und erklärt damit: Du bist für uns nicht krank. Du bist nicht ausgeschlossen aus der Gemeinschaft der Lebenden, die die Kirche ist. Ja das gilt sogar für die Sterbenden. So verstanden und praktiziert – und nicht nur als religiöser Trost für die ohnehin schon Aufgegebenen – hat die Krankensalbung etwas Systemsprengendes. Sie stellt die Grundregeln unseres Krankenbehandlungssystems infrage. Der Geistliche, der durch das Krankenhaus geht, ist der Agent einer fremden Welt. Allein die Tatsache, dass er da ist, nimmt dem »Teufel« unseres verrückt gewordenen »Gesundheitssystems« seine Macht. Oder: Christen führen – wie es mir seit Langem vorschwebt und wozu auch schon die ersten Schritte unternommen sind – eine eigene, zinsfreie Währung ein (nach dem Vorbild der Regionalwährung; aber diese christliche Währung könnte ja die ganze Welt erreichen). Der »Teufel« unseres zu beständigem Wachstum gezwungenen Wirtschafts- und Geldsystems wäre irritiert. Er fühlte sich betrogen: Wie, nicht alle wollen ihr Geld wachsen lassen, nicht alle nutzen die Chance risikoloser Vermögenssteigerung?! Wenn es aber mit einer solchen zinsfreien Währung geht, dann ist das Wirtschaftssystem im Prinzip schon gesprengt.

Das andere ist die »Höllenpredigt«, der sich wie gesagt heute nicht wenige zu unterziehen haben. Christi Vorbild kann sie dabei bestärken. Er hat sich nicht gescheut, zu den Verlorenen und Verworfenen zu gehen. Er hat ihre Nähe gesucht. Und er hat manche Gerechte unter ihnen gefunden. Die Gelehrten haben darüber diskutiert, ob der Abstieg Jesu zur Unterwelt der tiefste Punkt seiner Erniedrigung oder der Anfang seiner Erhöhung war. Tatsächlich war es beides. Die, die heutzutage bei ihrem Gang in die Unterwelt nur die Erniedrigung fühlen, können sich daran aufrichten.

Die Unterwelt, das ist der Ort der Gottesferne. Dort, wo man Gott nicht loben und ihm nicht danken kann. Wo der österliche Lobgesang einfach nicht über die Lippen kommen will. So ist sie auch der Ort der Gottesferne der Glaubenden. Auch dorthin steigt Christus hinab, sodass auch dort niemand von ihm verlassen ist. Er überlistet den Teufel des depressiven Systems, in dem wir uns manchmal verfangen, und er führt uns wieder zur Predigt über die Wunder Gottes. Er kommt als Licht, »um allen zu leuchten, die im Dunkeln sitzen und im Schatten des Todes« (Lk 1,79). Darum wäre es nicht gut, wenn es sich Christen angelegen sein ließen, den Artikel über den Abstieg Christi zur Unterwelt als »mythologischen Rest« aus ihrem Glauben auszuscheiden. Bei ihrer nächsten Phase der Gottverlassenheit hätte es dann Christus schwerer, zu ihnen vorzudringen.

»aufgefahren in den Himmel«

Als Jesus emporgehoben und von den Jüngern fortgenommen wurde, da waren diese wohl eine Zeit lang bestürzt. Es heißt, dass sie »unverwandt zum Himmel hinaufschauten« (Apg 1,10). Jesus verließ sie, er ließ sie allein! Dann aber wird erzählt, dass sie »in großer Freude nach Jerusalem zurückkehrten«. Sie widmeten sich sofort wieder dem, was die Aufgabe der Christen ist: »Die ganze Zeit blieben sie im Tempel und priesen Gott« (Lk 24,52f.). Eine Erklärung der Himmelfahrt Jesu hat zu erläutern, warum sie Grund zu großer Freude ist, warum sie dazu führt, Gott zu preisen.

Noch einmal haben wir, wie schon beim Thema Schöpfung, zu klären, was unter »Himmel« zu verstehen ist. Das Wort für Himmel kommt in der Bibel 420-mal vor, und es wird nicht immer im gleichen Sinne gebraucht. An einigen Stellen ist

»Himmel« eine Metapher für Gott selbst. An anderen Stellen heißt es, dass Gott im Himmel thront, wie in Ps 2,4: »Der im Himmel thront, lacht.« Oder in Ps 33,13: »Der Herr blickt vom Himmel herab, er sieht alle Menschenkinder.« Dann wieder wird Wert darauf gelegt, dass Gott nicht auf den Himmel begrenzt ist. Er ist in der ganzen Welt anzutreffen. So heißt es in Ps 108,6: »Erhebe dich über die Himmel, Gott! Über der ganzen Erde sei deine Herrlichkeit.« Diese Art, Gott und den Himmel zusammenzurücken, hatte Israel mit anderen altorientalischen Religionen gemeinsam. Typisch und einmalig biblisch ist aber die Aussage, die wir in der Schöpfungserzählung finden. Gott hat die Himmel erschaffen. Sie sind ein Teil der geschaffenen Welt, sie sind nicht göttlich. Gott steht über allen Himmeln. Oder wie es 1 Kön 8,27 ausdrückt: »Die Himmel der Himmel vermögen dich nicht zu fassen.«

In welcher Bedeutung ist hier im Glaubensbekenntnis vom Himmel die Rede? In welchen Himmel ist Jesus aufgefahren: in den Himmel Gottes oder in den Himmel der Götter? Man kann es schwer entscheiden, und man muss es vielleicht auch nicht. In 1 Petr 3,22 wird gesagt: »Er ist aufgefahren zum Himmel, zur Rechten Gottes, nachdem ihm Engel, Mächte und Gewalten unterworfen wurden.« Diese Aussage verbindet beides. Jesus ist in den Himmel zu Gott aufgefahren, aber vorher wurden ihm die Engel, Mächte und Gewalten unterworfen. Er ist gleichsam durch den Himmel der Engel und Mächte hindurchgegangen, bevor er bei Gott angekommen ist. In diesem Sinne heißt es tatsächlich im Hebräerbrief: Jesus ist »durch die Himmel gegangen« (Hebr 4,14).

Engel, Mächte und Gewalten sind ihm unterworfen

Es ist nicht einfach, einer Zeit, der die Engel nur noch »metaphysische Fledermäuse« zu sein scheinen und die Mächte und Gewalten ein Restbestand aus der mythologischen Tradition, die Bedeutung dieses Satzes klarzumachen. Oder vielleicht doch? Überall, und in den zivilisierten, aufgeklärten Ländern am meisten, ist heute eine regelrechte Engelreligion im Kommen. Massenweise erscheinen Bücher, die von Schutzengeln, von heilenden Geistern, von der geheimnisvollen Macht des Himmlischen berichten. Und sie würden nicht erscheinen, wenn sie nicht auch ihre Leser fänden. Was früher einmal Esoterik war, ist längst exoterisch, öffentlich, geworden: der Glaube an Engel, den laut Umfragen mehr Menschen teilen als den Glauben an Gott. »Medien«, Menschen mit übersinnlicher Wahrnehmung, treten an, die Menschen mit den schützenden Mächten des Himmels zu verbinden. Sie finden reichlich Zulauf – bei den Kirchenfremden mehr als bei den der Kirche Verbundenen. Und nicht nur von hellen und freundlichen Engeln ist die Rede. Auch die dunklen Mächte der Hölle feiern ein kraftvolles Comeback. Den Teufel und das Satanische, die dunklen, todbringenden Mächte des Verderbens findet man unter anderem in der Musikszene, die sich »Metal« nennt. Ihre Grenzen zum Satanismus sind offen. Nicht selten ist heute eine Annäherung an, ja, ein bewusstes Bekenntnis zu vergangenen heidnischen Religionen anzutreffen. Schamanismus und germanischer Wotanskult sind wieder »in«, oft verbunden mit Elementen fernöstlicher Religion. Die Götter haben sich aus ihren Gräbern erhoben.

Diese »Wiederentdeckung des Himmels« ist sicher eine der wichtigsten und hoffnungsvollsten Entwicklungen unserer Zeit. Mitten in unserer aufgeklärten technischen Welt, in der alles möglich zu sein scheint, ist wieder ein Bewusstsein dafür entstanden, dass die Menschen ihre Welt nicht im Griff haben. Man braucht ja gar nicht weit zu schauen. Mitten in dem Jahrhundert, in dem Wissenschaft und Technik ihre höchsten Triumphe feierten, erhob sich die Unvernunft zu bisher ungekannter, grausamer Größe. Mitten in einem Zeitalter höchster ökologischer Sensibilität laufen wir planlos auf die ökologische Katastrophe zu, ja, wir stecken schon mittendrin. Aus der Mitte eines hochrationalen Geldsystems, das gestützt wird von tausend hochkarätigen Wirtschaftswissenschaftlern und Beratern, entstehen unbeherrschbare und extrem folgenreiche Krisen. Mitten in einem Zeitalter der fortschrittlichsten Verkehrs- und Sicherheitsplanung werden wir der anschwellenden Blechlawinen nicht mehr Herr. Überall sind die Systeme aus dem Lot geraten. Was Menschen aufgebaut, damit es ihnen nütze, ist unter der Hand zu einer unkalkulierbaren Macht geworden. Der Mensch, der Herr aller Dinge sein wollte, ist Sklave seiner selbst geschaffenen Welt. Was uns dienen sollte, dem dienen nun wir: den Mächten und Gewalten.

Nun sagt das Glaubensbekenntnis, dass Christus in den Himmel aufgefahren ist. Das bedeutet, wir haben es gehört, dass ihm die Engel, die Mächte und Gewalten unterworfen sind. Also ist ihm das Wirtschaftssystem unterworfen. Also ist ihm das Verkehrssystem unterworfen. Also ist ihm eine Firma unterworfen, die ihre Mitarbeiter bis zur Zerstörung ihres Privatlebens zur Arbeit zwingt. Also sind ihm die politischen Parteien unterworfen, die ihre Mitglieder und Parteipolitiker zum Zwecke ihres Machterhalts zu »Wendehälsen« werden lassen, sie zu Unaufrichtigkeit und Lüge zwingen. Also sind ihm die Familien unterworfen, die zu Zwangssystemen geworden sind und ihre Angehörigen krank machen. Also sind wir alle ihm unterworfen, insofern wir Gefangene unserer Ängste und Zwangsvorstellungen sind.

Dies sagt das Glaubensbekenntnis. Und das ist nun wirklich Grund zur Freude und dafür, Gott zu preisen. Was noch zu tun bleibt, ist zu verstehen, wie und in welcher Weise Christus der Herr über all das ist. Und woran es zu merken ist. Aber das ist gar nicht so schwierig. Er ist der Herr aller Mächte und Gewalten, weil er der Herr über die Menschen ist. Und wenn nun die Gläubigen ihm dienen, dann dienen sie nicht den Gebilden, die Macht über sie ausüben wollen. Dann preisen sie durch ihn und mit ihm und in ihm Gott und nicht die Größe ihrer Partei, ihrer Firma, ihrer Ideologie. Dann kommen sie frei, diesen Mächten gegenüberzustehen. Sie werden überhaupt erst frei: von den System- und Sachzwängen – durch Gottesfurcht.

Wie schwierig ist es aber, sich frei zu machen von diesen Zwängen, von denen wir ja schon längst frei sind. Es bedeutet, von sich selbst frei zu werden. Man müsste sprechen können wie Paulus: »Ich lebe, doch nicht mehr ich, Christus lebt in mir« (Gal 2,20). Christus befreit uns zuerst von uns selbst, dann sind wir auch von den Mächten befreit, die wir mit unseren Wünschen großziehen.

Weil das so schwer ist, gibt es die Gebote. Sie helfen uns, unsere Freiheit zu finden. Das erste der zehn Gebote lautet: »Ich bin der Herr, dein Gott, der dich aus dem Ägyptenland, dem Sklavenhaus, herausgeführt hat. Du sollst keine anderen Götter haben als mich« (Dtn 5,6f.). Damit ist schon alles gesagt. Das ist die Befreiung von anderen Göttern, diesen Gott zu haben. Eigentlich müsste gar nichts weiter mehr gesagt werden, wenn wir nur diese Unterscheidung zwischen Gott und den Göttern immer einhalten könnten. Dann jedoch kommen noch die anderen Gebote, sie sind nötig, weil wir uns über die Götter immer wieder täuschen und sie für Gott halten. Darum heißt es: Du sollst dir kein Bildnis machen und dich nicht davor niederwerfen – alles, wovon wir uns ein Bild machen können, ist nicht Gott, also nicht davor niederwerfen. Du sollst den Namen Gottes nicht missbrauchen – Gott ist nichts, was wir für die Erfüllung unserer Interessen einspannen können. Du sollst den Sabbat ehren; davon war hier schon die Rede, es ist ein Gebot des rechten Maßes. Und so geht es weiter mit allen anderen Geboten, die uns jeweils ein Maß auferlegen, bis hin zum letzten, das alles andere in sich zusammenfasst: Du sollst nicht begehren, was andere haben. Das ist es doch: Dass wir immer das haben wollen, was andere haben, und dass dieses Begehren grenzenlos ist, weil die anderen immer mehr haben als ich überhaupt nur haben kann. Diesem Begehren setzen die Gebote eine hilfreiche Grenze.

Die Sünde

So wird auch klar, was Sünde ist. Sünde ist die Weigerung, Gott Gott sein zu lassen. Sie wirkt sich aus in der Überforderung von anderen oder von anderem, dass sie uns Gott seien. Oder umgekehrt, was auf dasselbe hinausläuft, in dem Versuch, mich selbst zu Gott zu machen und alles andere zu meinem Dienst zu zwingen. Die Firma, die den Mitarbeiter über das Maß hinaus beansprucht, ist sein Gott. Sie überfordert ihn, überbeansprucht ihn, vielleicht so lange, bis er vor lauter Überforderung nicht mehr kann. Die Gesellschaft, die die Natur für ihre Zwecke ausbeutet, sie als Ressource benutzt und ihren übermäßigen Abfall an sie zurückgibt, überfordert sie. Sie spielt sich auf wie der Herr und der Schöpfer der Natur. Sünde ist immer eine Art von Götzendienst. Sie überfordert Dinge und Menschen damit, wie Gott zu sein. Die Folge davon ist immer, dass Leben und Lebendigkeit reduziert wird. Paulus bringt es auf den Punkt: »Die Folge der Sünde ist der Tod« (Röm 6,23).

»Götzenopferfleisch«

Wenn die Gebote Gottes gehalten werden, dann werden dadurch die Mächte und Gewalten besiegt. Man sieht es bei Jesus: Er hat die Mächte, die ihn zu Tode gebracht haben, in der Erfüllung des Willens Gottes überwunden, und damit auch den Tod selbst, auf den alle diese Mächte aus sind. Darum wird gesagt, dass ihm Engel, Mächte und Gewalten unterworfen sind. Aber wie haben wir uns das konkret vorzustellen, diese Überwindung der Mächte durch das Tun des Willens Gottes?

Ich nehme einmal ein ganz alltägliches Beispiel, das Essen von Fleisch. Wie halten wir es mit unserem Fleischkonsum? Diese Frage scheint auf den ersten Blick nichts mit Gott zu tun zu haben. Aber nur auf den ersten Blick. Man braucht ja nur einmal darüber nachzudenken, wie wichtig das Essen überhaupt für das Leben ist, wie viel wir darüber nachdenken und welche Anstrengungen die Menschen unternehmen müssen, um sich ihre tägliche Nahrung zu verschaffen. Essen ist der elementare Akt der Selbsterhaltung, die elementare Weise unserer Weltaneignung, oder genauer: Welt-Einverleibung. Fleisch ist nun ein ganz besonderes Lebensmittel. An ihm wird so recht deutlich, dass wir nur leben, indem wir anderes Leben töten. Die Menschen konnten seiner nur habhaft werden, indem sie Macht über die Tiere gewannen – sei es über die zu schlachtenden Tiere selbst, sei es über die Raubtiere, die urtümlichen Konkurrenten um das Fleisch. In primitiven Gesellschaften war der erfolgreiche Jäger hoch geachtet. Bei der Verteilung des Fleisches bekam er die besten Stücke oder diese wurden den Göttern geopfert. Die Aufteilung von Fleisch hat immer etwas mit der Aufteilung der Macht zu tun. In alten Erzählungen wird oft von den reich gedeckten Tischen der Könige berichtet. Alle Arten von Fleisch und Geflügel waren darauf vertreten, sicher mehr als dem Appetit oder der Gesundheit zuträglich war. Der Marquis de Sade mit seinem speziellen Gespür für den »Sadismus« schildert einmal, wie ein sizilianischer Fürst auf dem Marktplatz einen riesigen Tisch mit allen Arten von Fleischgerichten decken ließ. Während er mit seinem Hofstaat daran genüsslich speiste, musste das ganze arme Volk zugegen sein und zusehen. Eine Demonstration der Macht! Aber dieser Tisch steht auch heute noch! Immer noch sind am Fleischkonsum die Macht- und Reichtumsverhältnisse am besten abzulesen. In den USA wird am meisten Fleisch gegessen, in Afrika am wenigsten. Männer essen weltweit nach wie vor viel mehr Fleisch als Frauen, obwohl sie längst nicht mehr überall schwere körperliche Arbeit leisten. Um das Fleisch für die Reichen beschaffen zu können, werden riesige Flächen mit Viehhaltung bewirtschaftet bzw. werden Ackerflächen für die Futterproduktion genutzt. Das Verhältnis von Energieeinsatz zum Ertrag ist bei Fleisch wesentlich schlechter als bei pflanzlicher Kost.

Die Ernährungsprobleme der Menschheit könnten leicht gelöst werden, wenn wir von unserem viel zu hohen Fleischkonsum herunterkämen. Das System von Fleischproduktion und -konsum ist ein Machtsystem, bei dem sich die Mächtigen auf Kosten der Schwachen durchsetzen. Sicher kann man auch hier von einem Götzendienst sprechen. Der Götze ist dabei der Bauch, zusammen mit all dem, was mit dem Fleisch symbolisch zusammenhängt: Macht, Kraft, Überlegenheit, Genuss, Selbsterhaltung. Unsere an sich harmlose Fleischeslust bindet uns an ein weltweites System der Nahrungsverteilung, das viel Ungerechtigkeit an sich hat und die Lebensmöglichkeiten auf der Erde bedroht. Auch das ist eine von den »Mächten und Gewalten«. Dabei haben wir jetzt von den Leiden der Tiere in Massenhaltung und Massenschlachtung noch gar nicht gesprochen. Sie, die heutzutage in Ketten und Verschlägen gehalten werden wie Schwerverbrecher, auch sie würden aufleben, wenn der Götzendienst des Fleisches gebrochen würde.

Die Frage des Fleischessens hat also doch sehr viel mit Gott zu tun. In der Bibel ist überraschend viel vom Fleischkonsum die Rede. Es fängt schon damit an, dass Gott im Paradies den Menschen nur die Kräuter und Bäume zur Nahrung überlässt (Gen 1,29). Erst nach der Sintflut, nachdem ihm klar geworden ist, dass »die Bosheit der Menschen auf Erden groß ist und alle Gedankengebilde ihres Herzens allezeit nur auf das Böse gerichtet« (Gen 6,5), erlaubt er den Menschen auch die Tiere zur Nahrung, nicht ohne darauf hinzuweisen, dass sie »Furcht und Schrecken« für die Tiere sein werden (Gen 9,2f.). Möglicherweise ist die göttliche Erlaubnis zum Fleischessen nach der Sintflut nur als eine Art Notverordnung zu verstehen, eine Ausnahmeregelung, die notwendig war, weil auf der durch die Flut verwüsteten Erde so schnell keine neuen Feldfrüchte heranwachsen würden. In den biblischen Büchern gibt es eine Fülle von Bestimmungen über das Fleischessen, einschränkende (z.B. Lev 17,3) und erlaubende (z.B. Dtn 14,15), dazu lange Listen mit Tieren, die nicht gegessen werden dürfen (Lev 11; Dtn 14,3–21). Die Frage des Fleischverzehrs wird im Religionsgesetz Israels sehr wichtig genommen. Nicht zu vergessen sind ja auch die zahlreichen Bestimmungen über die Opfertiere. Im Institut des Opfers hat sich irgendwie die Einsicht erhalten, dass der Mensch für die Tötung des Lebens, die er im Interesse seiner Ernährung vornimmt, Gott etwas schuldig ist. Wie wichtig das Fleischproblem für die Bibel ist, sieht man auch daran, dass die Frage, ob Christen das Fleisch der Tiere essen dürfen, die in den heidnischen Tempeln geopfert wurden und das dann auf den Märkten, weil es fast kein anderes Fleisch gab, verkauft wurde, für lebhafte Diskussionen sorgte. Paulus hat es unter Vorbehalten erlaubt (1 Kor 8), der Seher Johannes hat es untersagt (Offb 2,20). Dieses Fleisch wurde »Götzenopferfleisch« genannt, und in diesem Wort kommt auch noch für unsere Zeit sehr gut zum Ausdruck, dass das Essen von Fleisch mit Götzendienst zu tun hat.

Wenn sich nun Christinnen und Christen unter dieser biblischen Perspektive mit der Frage des Fleischessens befassen würden? Wenn es in den Gemeinden Kreise gäbe, die darüber diskutierten? Dann wäre es mit dem besinnungslosen Griff ins Fleischregal des Supermarktes vorbei, wo die Dramatik des Fleisches so perfekt unsichtbar gemacht wird. Dann wären diese Menschen nicht mehr nur willenlose Opfer ihrer Bedürfnisse, auf die die Fleischindustrie so erfolgreich spekuliert. Sie würden sich vor dem Kaufen und Essen in die Bibel vertiefen. Sie würden sich fragen, ob sie, fleischmäßig gesehen, näher am Paradies oder an der Sintflut stehen. Sie würden die Bestimmungen des mosaischen Gesetzes über unreine Tiere und die Opfer mit neuer Aufmerksamkeit lesen, vielleicht zum ersten Mal. Sie würden sich an den Debatten zwischen Paulus und Johannes über das Götzenopferfleisch beteiligen. Auch die zahlreichen und vielfältigen Traditionen der christlichen Geschichte zum Umgang mit Fleisch würden neu ihr Interesse finden: Warum haben die Asketen ganz auf Fleisch verzichtet? Warum wurden die Fastentage eingeführt, die Freitage, die Adventszeit und die österliche Bußzeit, an denen Christen kein Fleisch essen sollen? Sie würden anfangen, anders zu denken und zu handeln. Die Leitunterscheidungen, nach denen sonst die Menschen denken und handeln – billig oder teuer; schmeckt mir oder schmeckt mir nicht; selbst noch: ist ernährungswirtschaftlich günstig oder ungünstig –, würden für sie zurücktreten. Sie würden nach der Unterscheidung leben: gottgefällig oder nicht gottgefällig; und so würden sie verstehen, was es bedeutet: Mächte und Gewalten sind ihm unterworfen.

»Er sitzt zur Rechten Gottes, des allmächtigen Vaters; von dort wird er kommen, zu richten die Lebenden und die Toten«

Was macht Gott den ganzen Tag? Er richtet, er hält Gericht. Denn es heißt: »Siehe, Gott thront auf ewig, seinen Richterstuhl hat er aufgestellt zum Gericht« (Ps 9,8). Oder mit der jüdischen Tradition gesprochen: Er studiert die Tora, sein Rechtsbuch. Er liebt ja das Recht, wie es heißt: »Stark ist der König, er liebt das Recht« (Ps 99,4). Also geht er seiner Lieblingsbeschäftigung nach, studiert das Recht und richtet.

Das Glaubensbekenntnis fügt hier noch einmal hinzu, dass es der »allmächtige Vater« ist, der da auf dem Richterstuhl sitzt. Das ist wohl nötig, um den Glauben an die Allmacht Gottes vor dem furchtbaren Missverständnis zu schützen, auf das wir oben beim Artikel über »den Allmächtigen« hingewiesen haben. Gott ist nicht darin allmächtig, dass er alles kann, sondern indem er sein Wort des Rechts spricht und damit Menschen ermächtigt, über jede Tatsache hinauszugehen. Seine Art der Macht ist von seiner Liebe zum Recht nicht zu trennen. In der Bibel gilt der Grundsatz: Recht vor Macht! Gottes Recht dient dazu, uns gerecht zu machen, also ihm gerecht werden zu können. Und darum geht es beim Thema »Gericht«, über das nun zu reden ist.

Das Thema Gericht weckt zwiespältige Gefühle. Und das ist schon in der Bibel so. Einerseits heißt es vom göttlichen Gerichtstag: »Der Himmel freue sich, die Erde frohlocke, es brause das Meer und was es erfüllt! Es jauchze die Flur und was auf ihr wächst! Jubeln sollen die Bäume des Waldes vor dem Herrn, wenn er kommt, wenn er kommt, um die Erde zu richten« (Ps 96,11–13). Wenn Gott kommt, um zu richten, dann wird endlich Gerechtigkeit sein. Dann werden die Geschöpfe alle ihm gerecht werden und zugleich auch einander. Der Psalm 96 hebt besonders hervor, dass auch das Meer und die Gewächse der Erde und die Bäume sich über Gottes Gericht freuen werden, dass sie jubeln werden: Denn wenn Gott seine Gerechtigkeit aufrichtet, dann werden wir, die Menschen, diesen Mitgeschöpfen wieder gerecht werden können, wie wir es zurzeit, im Zustand der Ungerechtigkeit, offensichtlich nicht können. Was wird das für ein Jubel sein, wenn die Menschen gerecht sein werden! Andererseits kann es für die, die da gerichtet werden, schrecklich werden. Schon der Prophet Jesaja ruft aus: »Heulet! Denn der Tag des Herrn ist nahe, wie Gewalt vom Allgewaltigen kommt er daher« (Jes 13,6). Paulus spricht vom »Tag des Zorns« (Röm 2,5), denn er weiß, es wird der Tag sein, »da Gott das Verborgene der Menschen richtet« (Röm 2,16). Vor den Menschen, ja sogar vor uns selbst können wir ja vieles verborgen halten, aber vor Gott nicht. Und was wird da nicht alles zum Vorschein kommen.

Vor einigen Jahren wurde im vom Bürgerkrieg geschüttelten Guatemala ein Dorf von einer Militärpatrouille überfallen. Die Dorfbewohner suchten die Soldaten noch zu besänftigen, aber vergeblich. Schüsse fielen, 65 Menschen starben, darunter viele Kinder und Frauen. Zahlreiche weitere wurden verletzt. Eine Geschichte der Gewalt und des Unrechts, wie sie viel zu häufig vorkommt. Diese hatte aber einen besonderen Ausgang. Einige der überlebenden Dorfbewohner verstanden sich aufs Recht. Sie verklagten die Soldaten bei Gericht. Jahrelang zog sich der Prozess hin. Die Richter wurden von der Gegenseite unter

Druck gesetzt, die Anwälte bedroht. Es wurde alles getan, um das Verfahren scheitern zu lassen. Aber dann, nach vielen Jahren, wurde doch das Urteil gesprochen. Die Soldaten wurden für schuldig erklärt und erhielten 40 Jahre Gefängnisstrafe. Wer hat bei einem solchen Ausgang nicht ein tiefes Gefühl der Befriedigung! Die Gerechtigkeit hatte sich durchgesetzt und die Täter wurden ihrer verdienten Strafe zugeführt. Das Recht hatte über die Gewalt gesiegt. Man kann hoffen, dass die Soldateska mindestens in diesem Land in Zukunft etwas vorsichtiger mit ihren Schießprügeln umgeht.

Es kommt nun alles darauf an zu begreifen, dass Gottes Gericht *nicht* ein Gericht von dieser Art ist. Gottes Gericht ist nicht die letzte Instanz der irdischen Gerichtsbarkeit. Es entspricht nicht unseren Gerechtigkeitserwartungen, mögen diese auch noch so berechtigt sein. Sondern es ist ein Gericht ganz eigener Art. Bei ihm geht es darum zu prüfen, ob jemand Gott gerecht geworden ist. Ob er Gott als Gott anerkannt hat. Zwar werden auch die Gewalttaten und Bosheiten der Angeklagten bei dieser Gelegenheit zur Sprache kommen. Aber nicht nach dem Kriterium von gut und böse, nicht nach den Maßstäben irgendeines irdischen Rechts, sondern allein unter der Frage nach der Gerechtigkeit Gottes.

Es ist ein Gericht, bei dem es um die Beziehung zwischen dem Richter und dem Angeklagten geht. Der Richter will sich mit dem Angeklagten in ein gutes Verhältnis setzen – darum geht es nun wirklich nicht bei den irdischen Gerichten. Deshalb ist es ein Gericht der Gnade und nicht eines der unpersönlichen, gesetzlichen Gerechtigkeit. Gott will, dass seine Geschöpfe in seiner Gerechtigkeit leben. Beim letzten Gericht wird es um die Frage gehen, ob er mit seinen Absichten, die er schon bei der Schöpfung hatte, Erfolg gehabt hat. Insofern steht auch Gott gewissermaßen mit vor Gericht. Er wird sich zu rechtfertigen haben, ob sein Weltprojekt gut gewesen ist oder nicht. Beim Gericht geht es auch um Gottes Sache.

Gott hat alles Mögliche getan, damit die Menschen ihm gerecht werden können. Er hat sein Gesetz gegeben, nach dem sie leben können. Das Beste war: Er hat Jesus gesandt, das Wort Gottes, die Tora in Person, den Menschen der Gerechtigkeit, damit er die Menschen gerecht mache. Wer mit Jesus zusammen ist, der ist vor Gott gerecht. Es genügt, an Jesus zu glauben, mit ihm Gemeinschaft zu haben, und dann hat man das Gericht schon hinter sich. So sagt es der Johannesevangelist: »Gott hat seinen Sohn nicht in die Welt gesandt, damit er die Welt richte, sondern damit die Welt durch ihn gerettet werde. Wer an ihn glaubt, wird nicht gerichtet; wer nicht glaubt, ist schon gerichtet« (Joh 3,17f.). Eben das will das Glaubensbekenntnis an dieser Stelle sagen: Jesus sitzt zur Rechten Gottes, rechts neben seinem Richterstuhl. An ihm entscheidet es sich, wie jemand zu Gott steht.

Jesus macht uns zurecht

Die Bibel hat ein schönes Bild dafür, das noch einmal zeigt, wie sehr wir uns beim göttlichen Gericht von den üblichen Vorstellungen einer Gerichtsverhandlung lösen müssen. Wir sollen Christus »anziehen« wie ein Gewand (Röm 13,14). Wir sollen, so präzisiert der Epheserbrief, »den neuen Menschen anziehen, der nach Gott geschaffen ist in Gerechtigkeit und Heiligkeit der Wahrheit« (Eph 4,24), also Christus. Wer Christus angezogen hat, ist »mit den Gewändern des Heils bekleidet, in den Mantel der Gerechtigkeit gehüllt, wie ein Bräutigam sich den Kopfschmuck aufsetzt, wie eine Braut sich schmückt mit ihrem Geschmeide« (Jes 61,10). Kleider machen Leute! Oder anders: Den Menschen wird, wenn sie in Gemeinschaft mit Jesus stehen, dessen Gerechtigkeit zugerechnet. So wie jemand, der z.B.

in der Uniform eines feinen Vereins steckt, dann dessen Ehre zugerechnet bekommt. Und Christus ist es, der uns einkleidet. Bei der Taufe geschieht das: »Denn ihr alle, die ihr auf Christus getauft seid, habt Christus angezogen« (Gal 3,27). Darum das weiße Kleid – vor diesem Hintergrund könnte manch ätzende Diskussion um »Albe« oder »Kommunionkleid bzw. -anzug« bei der Erstkommunion unterbleiben. Dies nur nebenbei. Jedenfalls kann man statt: »Jesus richtet« auch sagen: »Jesus macht uns zurecht« – wer von ihm zurechtgemacht worden ist, wird nicht mehr gerichtet.

Das Problem sind nur die anderen, die Christus nicht angezogen haben oder die das Kleid, das sie bei der Taufe erhalten haben, achtlos zur Seite gelegt haben. Sie sind Sünder, und Gott wird mit Christus über sie richten müssen, um zu sehen, ob ihre Sünde so groß ist, dass sie der Gerechtigkeit Gottes widerstreitet. Es ist wirklich ein Weltgericht, das dort am Jüngsten Tage stattfindet, denn es geht letztlich um den Zustand der Welt. Ist sie Gott gerecht geworden? Liegt sie im Licht seiner Gnade? Oder bleibt sie auch für ihn im Dunkeln?

Der Fall Adam und Eva

Wie wird es nun bei diesem Gericht zugehen? Die Bibel liefert zu dieser Frage eine relativ ausführliche Schilderung, sodass wir dem Letzten Gericht nicht mit Ungewissheit entgegensehen müssen. Adam und Eva waren ja die ersten Sünder. Gen 3,8ff. gibt einen guten Einblick in die Verhandlung ihres Falles vor dem göttlichen Gericht. Der Fall ist auch deswegen so aufschlussreich, weil es um ein vergleichsweise geringfügiges Vergehen geht: das Essen einer verbotenen Frucht. Nicht das Vergehen ist schwer, sondern die Übertretung von Gottes Gebot. Es geht also um die Frage, ob jemand Gottes Gebot und Gesetz getan hat und damit Gott gerecht geworden ist.

Gott ruft nach Adam: »Wo bist du?« Das ist schon einmal das Grundlegende. Gott sucht nach dem Menschen, er will nicht ohne den Menschen sein; deswegen hat er die Welt erschaffen, weil er ein Gott des Bundes und der Gemeinschaft ist. Wenn er den Menschen nicht sieht, dann ist seine Schöpfung nicht in Ordnung. Und deswegen ruft er ihn zu sich, um ihn zu fragen, *wo er ist*. Das ist eigentlich das Gericht.

Die ersten Menschen hatten sich nämlich verborgen. Aus ihrer Verborgenheit vor Gott ruft sie Gott heraus. Adam erklärt, dass er sich vor Gott versteckt hätte, weil er sich schämte. Etwas, die Scham über die Nacktheit, ist zwischen Gott und die Menschen getreten. Dieser Sache will Gott unbedingt nachgehen, denn es soll nichts zwischen Gott und den Menschen stehen. »Wer hat dir kundgetan, dass du nackt bist? Hast du von dem Baum gegessen, von dem zu essen ich dir verboten habe?« Gott ahnt schon etwas, aber er will es genau wissen. Es geht ja schließlich um einen schwerwiegenden Fall, da ist es mit Vermutungen und Indizien nicht getan. Gott wird es auch von uns am Ende genau wissen wollen.

Adam gibt die Sache zu und führt sogleich Entlastungsgründe an: »Das Weib, das du mir beigesellt hast, gab mir von dem Baume, und ich aß.« Nicht nur, dass er die Schuld gleich auf die Frau abwälzt, er deutet auch noch an, dass Gott einen Teil der Verantwortung trägt. Hatte ihm Gott nicht das Weib beigesellt? Eine Unverschämtheit ist das, denn man erinnere sich, wie liebevoll und besorgt sich Gott darum gekümmert hatte, dass Adam nicht allein sei, und wie sehr sich Adam über die Erschaffung der Frau gefreut hat. Nun aber soll in der Erschaffung der Frau schon die Wurzel des Bösen liegen.

Gott lässt sich durch diese unqualifizierte Bemerkung nicht von seiner Untersuchung des Falles abbringen. Geduldig geht er dem Hinweis nach und wendet sich an Eva: »Was hast du getan?« Sie soll selbst Stellung nehmen. Gott will auch ihre

Sicht der Dinge kennenlernen. Aber auch Eva schiebt die Schuld von sich ab: »Die Schlange hat mich verführt, und ich aß.« Sie entschuldigt sich also mit der Macht der Verführung. Und auch darauf geht Gott ein, er wendet sich der Schlange zu und verflucht sie. Gott erkennt also an, dass die Menschen schwache, verführbare Wesen sind. Er lässt ihre Verteidigung gelten. Darin liegt eine Entlastung, aber sie ist nicht so groß, dass Adam und Eva ungeschoren davonkommen. Sicher, es gibt viele Verführungen, viele Gründe, von Gottes Gebot abzuweichen, aber im Gericht werden wir doch dabei behaftet, wie wir mit unserer Freiheit, Gottes Willen zu tun, umgegangen sind. Gott würde ja den Menschen gar nicht mehr ernst nehmen, wenn er ihn nur als willenloses Opfer von verführerischen Mächten ansähe. Gott aber nimmt uns ernst, und deswegen veranstaltet er das Gericht. Er hält an unserer Würde und Freiheit fest, mehr als wir selbst, wenn wir wie hier Adam und Eva uns nur als Opfer der Umstände betrachten.

Das Gericht schließt den Fall Adam und Eva ordnungsgemäß mit einem Urteil ab. Die Strafe scheint überaus hart zu sein: Schmerzen, Mühsal und die Auslieferung an ein Verlangen, das abhängig macht und unter fremde Herrschaft bringt; insgesamt ein Hineingestoßen-Werden in das Schicksal der Natur, das Endlichkeit heißt. Die »Urstandsgerechtigkeit« mit ihren herrlichen Gnadengaben ist dahin. Aber das ist ja nur die Folge dessen, was Adam und Eva wollten. Sie wollten nicht nach dem Gesetz Gottes leben, das sie über die Natur hinaushebt, sie folgten ihrem natürlichen Verlangen nach dem Begehrenswerten und ihrem natürlichen Hang zur Maßlosigkeit. Sie wollten wie Gott sein; so entspricht es der Natur des Menschen. Gott überlässt sie ihrem Willen, nur dass er darauf hinweist, dass sich die Dinge ganz anders entwickeln werden, als Adam und Eva geglaubt haben.

Das Jüngste Gericht

So wird es also wohl auch beim sogenannten »Jüngsten Gericht« sein. Es wird ein ernstes, offenes Gespräch sein. Gott wird sich interessiert zeigen an dem, was die Menschen wirklich getan haben. Er wird allen Hinweisen sorgsam nachgehen. Auch den Entschuldigungen, die wir anführen, wird er Beachtung schenken. Wir würden uns vielleicht auch wieder auf die Schlange berufen: Ich habe doch nur getan, was alle tun. Ich habe mich einfach hinten angestellt. Außerdem gab es da gewisse Sachzwänge. Man konnte gar nicht anders. Gott wird aber, an allen menschlichen Entlastungsmanövern vorbei, den wahren Willen aufdecken, der hinter den Taten der Menschen steht. Wir werden über uns selbst aufgeklärt sein, mehr als wir es jemals gewesen sind. Und am Ende wird er uns unserem Willen und seinen Folgen überlassen.

Im Lateinischen heißt das Jüngste Gericht »*extremum iudicium*«. »Extremum« ist abgeleitet von »exter« und bedeutet »außen« oder »draußen«. Besser als das deutsche Wort »Jüngstes Gericht«, das an einen Zeitpunkt, an den letzten Tag der Geschichte, denken lässt, deutet die lateinische Fassung an, um welche Art von Gericht es sich handelt. Es ist ein Gericht, das von außen kommt. Es beobachtet die Welt und das Leben der Menschen von außen her, das heißt unter einem Gesichtspunkt, der nicht von dieser Welt ist. Es ist ein bisschen so wie bei einer Bewerbung auf eine Stelle, die einem sehr wichtig ist. Da muss man sein ganzes bisheriges Leben so darstellen, als habe man nur auf diese Stelle hingearbeitet, obwohl man die Dinge, die man getan hat, doch unter ganz anderen Gesichtspunkten getan hat. Man kann die Taten der Menschen sicher unter sehr vielen Gesichtspunkten betrachten: ob sie nützlich sind, ob sie effizient sind, wie sie psychologisch motiviert sind, ob sie der herrschenden Moral und dem bestehenden Recht entsprechen oder nicht usw. Alle diese Beobachtungsweisen werden beim Jüngsten Gericht keine Rolle spielen. Dort geht es allein um die Frage, ob jemand Gott gerecht geworden ist oder nicht. Es geht um die Gerechtigkeit Gottes. Am Ende wird alles »nach den Schriften«, vom biblischen Wirklichkeitsverständnis aus angeschaut werden; dann gilt insgesamt das Gesetz, mit dem laut 1 Kor 15 auch das Kreuz und die Auferstehung Jesu zu deuten sind, die sich von daher als der Anfang der neuen Welt zu verstehen geben. Das ist, vom irdischen, natürlichen Standpunkt aus betrachtet, »extrem«. Aber so extrem ist es auch wieder nicht, wenn man die Bibel kennt. Denn aus der Bibel geht hervor, dass Gott den Menschen nach diesem seinem Gesetz geschaffen und gestaltet hat, wie es eben heißt: »Und Gott schuf den Menschen nach seinem Bilde.« Man sollte sich die Homepage des Unternehmens schon einmal anschauen, bei dem man sich bewirbt.

Das »Ebenbild des unsichtbaren Gottes« ist Christus (Kol 1,15). Er ist der Mensch, so wie Gott ihn sich gedacht hatte. Er ist der Maßstab, nach dem Gott die Menschen richtet. Wer Christus kennt, weiß schon, wonach er gerichtet wird. Darum kann es auch im Glaubensbekenntnis heißen: »von dort wird er kommen, zu richten die Lebenden und die Toten«. Wo immer Christus auftritt, findet das Gericht Gottes schon statt. Das »Jüngste Gericht« läuft schon die ganze Weltgeschichte hindurch ab. Aber der Text will noch etwas mehr sagen: Die ganze Welt, das Leben aller Menschen, der Lebenden und der Toten, wird insgesamt nach diesem Maßstab gerichtet werden. Gott wird am Ende wissen wollen, ob die Schöpfung das geworden ist, was er mit ihr beabsichtigt hatte. Ob man das mit der Vorstellung eines Endes der Zeit verbinden muss, weiß ich nicht; es kommt auch nicht darauf an. Aber immerhin sagen uns die Physiker, dass einmal das Leben auf unserem Planeten zu Ende und alle Sonnen erloschen sein werden. Wenn das der Fall sein wird, dann werden alle innerweltlichen Maßstäbe nichts mehr gelten. Dann gilt nur noch das Urteil Gottes, das er in Jesus Christus schon gesprochen hat.

Himmel – Hölle – Fegefeuer

Nach dem Tod kommen die Menschen entweder in den Himmel, die Hölle oder das Fegefeuer. Auch diese kirchliche Lehre bereitet heute nicht geringe Schwierigkeiten. Wie soll man sich den Himmel vorstellen? Als eine süßliche Idylle wie auf den Bildern der Zeugen Jehovas? Und ist es wirklich wahr, dass die Todsünder eine Ewigkeit lang in der Hölle schmoren müssen? Was soll man von der Lehre vom Fegefeuer halten, die doch gar nicht in der Bibel enthalten ist, sondern eher wie eine Erfindung der Kirche wirkt mit dem Zweck, die Leute zu disziplinieren?

- *Der Himmel*
Beim »Himmel« ist es noch einfach. Der Himmel ist da, wo Jesus ist. Das Neue Testament betont die große Nähe Jesu zum Himmel. Schon bei seiner Geburt tritt ein großes himmlisches Heer auf (Lk 2,13). Bei seiner Taufe öffnet sich der Himmel (Mt 3,16). Jesus verheißt seinen Jüngern: »Ihr werdet den Himmel offen sehen und die Engel auf- und niedersteigen sehen über dem Menschensohn« (Joh 1,51). Dem Märtyrer Stephanus ist es tatsächlich so gegangen, er rief aus: »Seht, ich sehe den Himmel offen und den Menschensohn zur Rechten Gottes stehen« (Apg 7,56). Jesus ist in den Himmel zu Gottes Thron entrückt worden (Apg 1,10). Ihm ist alle Macht gegeben im Himmel und auf Erden (Mt 28,18). Er wird auf den Wolken des Himmels wiederkommen (Mk 14,62). Ihm huldigen alle im Himmel und auf der Erde (Phil 2,10). Die Engel des Himmels umgeben ihn. Im Himmel sein, heißt also: mit Jesus ver-

eint sein. Und da Jesus bei Gott ist, zu seiner Rechten, heißt im Himmel sein auch: bei Gott sein. Gott nahe sein. Ein Bild dafür haben wir wieder in der Paradieserzählung. Bevor sie von dem verbotenen Baum aßen, lebten Adam und Eva in paradiesischer Nähe zu Gott. Sie sehen ihn in der Kühle des Abends durch seinen Garten spazieren. Sie erleben, wie er sich um sie kümmert, wie er sich zum Beispiel Gedanken darüber macht, was gegen die Einsamkeit Adams zu unternehmen sei (und bei diesen Gedanken ist die wunderbare Idee »Frau« herausgekommen, die Gott auch gleich in die Tat umsetzte). Sie arbeiten auch mit Gott zusammen, etwa bei der Benennung der Tiere. Tieren und Pflanzen geht es in dieser paradiesischen Gemeinschaft zwischen Gott und den Menschen offenbar sehr gut. Es ist die Gemeinschaft, in der es gerecht zugeht, in der man Gott und einander gerecht wird. Paulus spielt mehrmals mit dem Motiv, dass Christus der neue Adam ist (Röm 5; 1 Kor 15). Das bedeutet eigentlich: Christus steht Gott so nahe wie Adam, bevor er sündigte. Er hat diese paradiesische Nähe zu Gott wiedergefunden, die der erste Adam verloren hat. Darum, wenn wir uns an Christus halten, dann kommen wir mit ihm zusammen in das Paradies. Wie auch Jesus zu dem »guten Schächer« sagte: »Heute noch wirst du mit mir im Paradiese sein« (Lk 23,43).

Das gibt Gelegenheit, etwas über den sogenannten »christlichen Heilsexklusivismus« zu sagen. Dieser findet ja heutzutage viel Widerstand. Liegt darin nicht eine unerträgliche Abwertung aller anderen Religionen? Aber eigentlich ist damit nur gesagt: Ohne Jesus kommt man nicht in den Himmel. Denn der Himmel ist da, wo Jesus ist. Mit Jesus vereint zu sein, das ist der Himmel. Und wenn man nun die Kirche als die Jesusgemeinschaft versteht, als die Gemeinschaft derer, die wie der Schächer am Kreuz sagen: »Jesus, gedenke meiner, wenn du in dein Reich kommst«, dann kann man auch sagen: Außerhalb der Kirche kein Heil, nämlich keine Gemeinschaft mit Jesus, die das Heil ist. Die, die keine Gemeinschaft mit Jesus wollen, sollen sie auch nicht haben; sie kommen also nicht in den Himmel. Allerdings ist darüber nachzudenken, auf welche Weise man in Gemeinschaft mit Jesus kommen kann. Jesu Gleichnis vom Weltgericht (Mt 25) zieht den Kreis sehr weit: »Was immer ihr einem dieser meiner geringsten Brüder getan habt, das habt ihr mir getan.« Das verweist wieder zurück auf unsere Taten und damit auf das Gericht, bei dem nach dem Maßstab Jesu gerichtet wird.

An dieser Stelle will ich die Frage noch offenlassen, was es mit der Ewigkeit des Himmels und der Hölle auf sich hat, also mit dem ewigen Leben nach dem Tod. Das werden wir unter dem Artikel vom »ewigen Leben« verhandeln. Aber es lohnt sich schon, darüber nachzudenken, ob denn der Himmel, in den die Seligen kommen, ein Ort dieser Welt ist, ein Teil der Schöpfung, oder ob er ein Sein unmittelbar bei Gott meint. Die Antwort hängt davon ab, wie man die Bedeutung der Schöpfung für Gott selbst einschätzt. Wir haben gehört: Schöpfung beruht darauf, dass Gott Raum für anderes schafft. Er will anderes als sich selbst sein lassen. Er will die Unterscheidung zwischen ihm selbst und dem, was er werden lässt. Nimmt Gott diese Unterscheidung in der Ewigkeit zurück? Sicher kann man es so verstehen, z.B. mit 1 Kor 15,28, wo es heißt, dass Gott bei der Auferstehung der Toten »alles in allem« sein wird. Da ist allerdings mehr von der Unterwerfung der widergöttlichen Mächte die Rede. Kann man nicht auch denken, dass der Himmel der Seligen immer noch ein Ort der Schöpfung sein wird, wie ja auch schon der Himmel, den Gott am Anfang geschaffen hat, Schöpfung ist? Dass Gott daran liegt, die Differenz zu dem, was nicht er selbst ist, aufrechtzuerhalten, um damit in Frieden und in Gerechtigkeit verbunden zu sein? Dann müssten wir uns allerdings vorstellen, dass es auch nach dem Untergang dieser Welt noch eine Welt gibt. Ein Paralleluniversum, wie es sich heute manche Physiker vorstellen? Vielleicht kommt man in dieser schwierigen Frage weiter, wenn man sich daran erinnert, dass der Begriff für Ewigkeit in der Bibel »Äon« heißt, und das meint mehr als nur eine zeitliche Ewigkeit, es meint eine raum-zeitliche Ganzheit, eine ganze Welt, ein Universum. Und von Gott wird gesagt, dass er von Ewigkeit zu Ewigkeit, genauer: von Äon zu Äon herrscht (Ps 103,17; Gal 1,5), wie es ja auch noch die frühere Übersetzung der Doxologie »Gloria Patri« wiedergibt: »... wie es war im Anfang so auch jetzt und von Ewigkeit zu Ewigkeit. Amen.« Damit ist doch gesagt, dass Gott Herr über mehrere Äonen, d.h. Universen, ist. Der Himmel der Seligen könnte ein solch anderes Universum, eine andere raum-zeitliche Ganzheit sein. Dort ist der Tod schon besiegt, dort leben die Heiligen und die Seligen zusammen mit den Engeln. Wenn man so denkt, dann steht man im Einklang mit dem Glauben an »den Schöpfer des Himmels und der Erde«. Gott ist nicht nur einmal Schöpfer gewesen, er ist es immer, darum gibt es auch immer Schöpfung, nämlich nach dem Untergang dieser Welt den »neuen Himmel und die neue Erde« (2 Petr 3,13).

- *Die Hölle*

Was ist nun mit denen, die die Gerechtigkeit Gottes zurückweisen? Die Todsünder also, die weder Gott noch ihren Mitmenschen noch den Tieren und Pflanzen gerecht werden? Die Menschen den Mut und die Hoffnung zum Leben nehmen? Ich meine die Ruhmsüchtigen, Geizigen, Wollüstigen, Rachsüchtigen, Unmäßigen, Missgünstigen und Trägen, um einmal die Reihe der sieben Todsünden oder besser Hauptlaster aufzuführen. Werden sie in die Hölle geworfen? Man könnte es aus dem Wort Jesu entnehmen: »Hinweg von mir, ihr Verfluchten, in das ewige Feuer, das dem Teufel und seinen Engeln bereitet ist« (Mt 25,41). Aber die Frage ist so mit Sicherheit falsch gestellt. Sie werden nicht in die Hölle geworfen, sie sind ja schon in der Hölle, und die Frage ist, ob Gott sie dort wieder herausbekommen wird. Sie sind in der Hölle ihrer Ruhmsucht, ihres Geizes, ihrer Wollust, ihrer Rachsucht, ihrer Unmäßigkeit, ihrer Missgunst und ihrer Herzensträgheit gefangen; das Beste für sie in dieser Lage ist, sie zu isolieren, damit sie anderen nicht schaden können. So ist das »Hinweg von mir« Jesu zu verstehen: Er stellt sie beiseite, sie haben im Reich seines Vaters nichts zu suchen. Die Lehre von der Hölle meint nun: Es gibt solche, die sich aus ihrer Hölle nicht herausrufen lassen. Sie bleiben vor Gott verborgen wie Adam und Eva nach der Sünde. Obwohl doch Gott immer noch ruft: »Wo bist du?« Sie aber kommen nicht heraus, anders als Adam und Eva, die immerhin herausgekommen sind aus ihrem Versteck und von denen deshalb auch gesagt wird, dass Jesus sie bei seinem Abstieg zur Unterwelt mit ins Paradies genommen hat. Der Kirchenvater Augustinus sagt einmal in seinen »Bekenntnissen«: »Wir sehen die Dinge, weil sie sind; aber sie sind, weil Gott sie sieht.« Und wenn er nun aber diese nicht mehr sieht, da sie sich vor ihm verborgen halten? Dann sind sie auch nicht. Und die Frage ist, ob sich das in Ewigkeit wird ändern lassen.

- *Das Fegefeuer*

Die Lehre vom Fegefeuer scheint einfach eine Kompromissformel zu sein: Die Menschen sind zu gut für die Hölle und zu schlecht für den Himmel, also muss es etwas dazwischen geben. Dem kann man schwer widersprechen. Andererseits wirkt die Vorstellung von einem »Reinigungsort« nach dem Tod, wo die Sünder eine Zeit lang Buße tun, bis sie reif für den Himmel sind, doch heute unerträglich naiv. Was machen wir mit dieser Lehre?

Als die Fegefeuerlehre im frühen Mittelalter »erfunden« wurde – das kann man ruhig so sagen, trotz Mt 5,25f. und

1 Kor 13,11–15, die als biblische Belege nur funktionieren, wenn man von dieser Lehre schon überzeugt ist –, da bewirkte sie eine kulturelle Revolution. Ihre erste Folge war die Entstehung von Solidarität zwischen Lebenden und Toten. Die Lebenden wussten sich für die »armen Seelen« im Fegefeuer verantwortlich. Wer im Leben etwas Unrechtes begangen hatte, dessen Seele litt nun im Fegefeuer – und die liebenden Verwandten bemühten sich nach Kräften, das Unrecht wiedergutzumachen oder ersatzweise etwas Gutes zu tun, damit seine Qualen verkürzt würden. Zumal sie das Gleiche auch für sich erwarteten, wenn es einmal so weit war. Der Gang über den Kirchhof auf dem Weg in die Kirche brachte diese Solidarität sinnenfällig zum Ausdruck. Gebetsbruderschaften der Gilden, Zünfte oder der Wohnviertel trafen zusammen, um für die Verstorbenen zu beten. Der Gedanke, dass man stellvertretend für die anderen etwas leisten könne, dieser Grundgedanke von Solidarität, wurde durch die Fegefeuerlehre maßgeblich befördert. Man hoffte auch auf die Fürsprache der Heiligen für die armen Seelen im Fegefeuer, und das bedeutete ja nichts weniger als dass die Opfer für die Täter Fürsprache einlegten. Zugleich damit fand in großem Stil eine Umwandlung von Geldkapital in Gnadenmittel in Gestalt der Stiftungen, Messstipendien, Schenkungen usw. statt, die die Menschen für das ewige Seelenheil leisteten. Die Kathedralen und Kirchen, die Klöster und all die Kirchenschätze, noch heute der Stolz und Glanz unserer Kultur, aber auch Spitäler und Sozialeinrichtungen aller Art wurden damit finanziert. Man war gewissermaßen gezwungen, etwas Gutes zu tun, wenn man die eigene Zukunft sichern wollte, im Unterschied zu heute, wo kapital- oder immobiliengestützte Vorsorge fast nur negative Auswirkungen für andere hat. Des Weiteren bewirkte die Fegefeuerlehre eine Stärkung des Individuums, der Selbsterkenntnis und des Gewissens. Die Folgen der Taten waren nun in gewissem Umfang berechenbar,

und jeder Einzelne war selbst dafür verantwortlich, welche nachtodliche Zukunft er haben würde. Man konnte sich kleinere Sünden leisten, wenn man bereit war, entsprechende Werke der Genugtuung dagegenzusetzen. Ein Aufschwung der Beichte ging damit einher. Die intensiven Diskussionen darüber, was echte Reue sei und was falsche, zeigen an, wie ethisch hochstehend die Gewissensbildung geworden war. So könnte man noch fortfahren, die positiven Wirkungen der Fegefeuerlehre zu loben. Dazu gehört auf religiösem Gebiet auch, was der Soziologe Michael N. Ebertz »Die Zivilisierung Gottes« (aus dessen gleichnamigem Buch ich hier schöpfe) genannt hat: Nicht der strenge und strafende Gott steht im Vordergrund, sondern die Liebe, Treue und Vergebungsbereitschaft Gottes werden betont. An die Stelle der Angst vor Verdammnis tritt die Hoffnung auf Erlösung. Die Hölle »leert« sich.

In einem Wort: Was immer mit den Seelen der Verstorbenen nach dem Tod geschieht, die Lehre vom Fegefeuer hatte bewirkt, dass die Menschen vor dem Tod besser wurden. Sie wurden »gereinigt« und langsam auf die Gerechtigkeit Gottes eingestellt, indem sie diese einübten. Und darum kann die Frage heute nicht lauten: Gibt es das Fegefeuer? Vielmehr ist zu fragen: Wie bekommen wir die Kraft zum Guten wieder hin, die einst durch die Lehre vom Fegefeuer bewirkt wurde?

»Ich glaube an den Heiligen Geist, die heilige katholische Kirche, Gemeinschaft der Heiligen, Vergebung der Sünden, Auferstehung des Fleisches und das ewige Leben«

Nun, da die Geschichte Jesu Christi zu Ende erzählt worden ist – in der für Glaubensbekenntnisse typischen Kurzform –, hebt das Apostolicum zu einem gewaltigen Finale an. Nun geht es um das, *was sein wird*. Der Zielpunkt ist das ewige Leben. Auf dem Weg dorthin geschieht es: Der Heilige Geist wird ausgesendet, daraus entsteht die Kirche. Diese wird mit der Gemeinschaft der Engel und Heiligen im Himmel zusammengeschlossen. Mit vereinten Kräften geht es dann an die Vergebung der Sünden. Dann kommt das schwierigste Stück, die Versöhnung und Verwandlung der widergöttlichen Mächte, hier kurz »Auferstehung des Fleisches« genannt. Wenn das geschafft ist, dann kommt es, das ewige wahre und schöne Leben, das »Leben in Fülle«, das Jesus zu bringen gekommen war (Joh 10,10).

Irgendwo auf dieser Strecke befinden wir uns. Oder, da man sich dies nicht als einen zeitlich-linearen Prozess vorstellen muss, irgendwo auf dieser Strecke befindet sich jeder Einzelne. Und wenn nun jemand zwar in der Kirche ist, aber von dem Zusammenschluss mit der Gemeinschaft der Heiligen noch nichts mitbekommen hat und ihm deshalb die Kirche reichlich mickrig vorkommt, oder jemand noch in seinen Sünden steckt und die Vergebung noch nicht erfahren hat, oder jemand noch im Kampf mit den Mächten des Bösen ist und an deren Verwandlung noch nicht glauben kann, dann macht ihm das Glaubensbekenntnis gewiss, dass er auf dem richtigen Weg ist und dass das Ziel erreicht werden wird. Mit Nachdruck ist vor diesen Abschnitt noch einmal das »Ich glaube« gesetzt. Die Dinge, die da kommen werden, sind allein Glaubenssache. Nicht, weil sie in der Zukunft liegen, über die man nichts Sicheres wissen kann, sondern weil das, was geschehen wird, Gottes Sache ist und seine Erkenntnis damit Sache des Glaubens, der für göttliche Angelegenheiten allein zuständig ist. Mit der natürlichen Vernunft ist hier gar nicht weiterzukommen, von ihr sieht sich der Glaubende verlassen. Dieser Umstand kann gläubige Menschen ziemlich verunsichern. Glaubenszweifel sind immer berechtigt, denn der Glaube hat die ganze Wirklichkeit und überdies noch die ganze Klugheit der Welt gegen sich, das ist nicht wenig. Andererseits: Der Glaube schenkt eine Zukunft, die die Welt nicht geben kann.

»Ich glaube an den Heiligen Geist«

Über den Heiligen Geist wurde oben beim Artikel »empfangen durch den Heiligen Geist« schon einiges ausgeführt. So ist hier der Ort, etwas zur Lehre von der Dreieinigkeit Gottes zu sagen. Mit dem dritten Artikel des Glaubensbekenntnisses, dem Artikel über den Heiligen Geist, haben wir ja alle Personen der Dreieinigkeit zusammen. Überhaupt ist das Glaubensbekenntnis trinitarisch aufgebaut: Zuerst handelt es von Gott, dem Vater, dann von Jesus Christus, seinem eingeborenen Sohn, dann vom Geist. Zu fragen ist damit an dieser Stelle auch, wie die drei Artikel zusammenhängen.

Die Trinität

Die Lehre von der Dreieinigkeit oder Dreifaltigkeit Gottes bereitet Christen oft viel Kopfzerbrechen. Noch mehr ist sie ein Ärgernis für all diejenigen, die logisch denken. Wie kann das sein: ein Gott in drei Personen? Eins gleich drei, drei gleich eins, das kann man sich einfach nicht vorstellen, auch wenn man noch so lange an ein dreiblättriges Kleeblatt denkt. In der alten Kirche haben sich wie erwähnt die Theologen die größte Mühe gegeben, dies ihren philosophisch gebildeten Zeitgenossen zu erklären. Aber philosophisch gesehen kommt die Sache trotzdem nie ganz hin. Entweder man ging von den drei göttlichen Personen aus, die in der Bibel bezeugt waren – Vater, Sohn und Geist –, dann war es praktisch sehr schwierig, einen unanfechtbaren Begriff der göttlichen Einheit zu bilden. Oder man ging von der Einheit Gottes aus, dann blieb die Unterschiedlichkeit der göttlichen Personen problematisch. Sie wurden dann als so etwas wie unterschiedliche Erscheinungsweisen des einen Gottes aufgefasst, hatten aber kein wirkliches, individuelles Profil. Es ist eben eine Kunst, Einheit und Differenz zusammenzudenken. In dieser Kunst hat es die Theologie weit gebracht, ohne doch das Geheimnis Gottes auf den Begriff bringen zu können.

Wenn man die Philosophie aus dem Spiel lässt und die Sache rein biblisch auffasst, ist es nicht mehr so schwierig. Dann sieht man: Die Trinität ist eine Aussage über ein Geschehen. Es ist etwas geschehen, nämlich durch Jesus, etwas, das neue Aufschlüsse über Gott erlaubt. Am Ende will die Lehre von der Dreieinigkeit sagen, dass Gott selbst ein Geschehen ist.

Was ist geschehen durch Jesus? Er hatte die alten Schriften Israels mit neuem Leben erfüllt. Er hatte die Erwartungen und Verheißungen, die diese Schriften enthielten, wieder lebendig werden lassen. So etwa, wie wenn heute jemand in Deutschland wieder die alte Parole benutzt: »Wir sind das Volk«, dann ist wieder die ganze Aufbruchsstimmung der »Wende« da. So hatte es Jesus zum Beispiel mit den Verheißungen des Heiligen Geistes gemacht. Wo er auftrat, war die verheißungsvolle Stimmung wieder da, die der Prophet Jesaja zu seiner Zeit verbreitet hatte. In der Zwischenzeit, in den langen Jahrhunderten zwischen Jesaja und Jesus, hatte diese Stimmung wohl etwas gelitten. Zu viel war passiert, was es den Leuten schwer machte, noch an die Macht des Geistes zu glauben. Als aber Jesus Jesaja vorliest, da geschieht es: »Heute ist dieses Wort vor euren Ohren in Erfüllung gegangen« (Lk 4,21). Die Menschen, die Jesus erlebten, konnten wieder an den Geist der Gerechtigkeit glauben, an die Frohbotschaft für die Armen, an die Befreiung der Gefangenen und das Gnadenjahr des Herrn. Das ist übrigens auch gemeint, wenn es im Neuen Testament oft heißt: Dies und das ist geschehen, »damit die Schrift erfüllt werde«. Als zum Beispiel Josef und Maria mit dem kleinen Jesus nach Ägypten fliehen, um dem Kindermörder Herodes zu entgehen, da heißt es: »So sollte das Wort in Erfüllung gehen, das der Herr durch den Propheten gesprochen hatte: ›Aus Ägypten habe ich meinen Sohn gerufen‹« (Mt 2,15). Soll heißen: Die Erwartungen, die an die Befreiung Israels aus Ägypten gebunden waren, sie lebten mit Jesus wieder auf. Man konnte wieder glauben, dass Gott sein Volk befreien würde. Einmal fragte Jesus die Jünger, für wen ihn die Leute halten. »Für Johannes den Täufer, andere für Elija, wieder andere für sonst einen der Propheten«, antworteten diese (Mk 8,27f.). Das hat nichts mit Wiedergeburt oder Seelenwanderung zu tun. Solche Vorstellungen liegen der Bibel völlig fern. Sondern die Leute erlebten mit Jesus wieder das, was sich für sie mit der Erinnerung an Johannes den Täufer, an den Propheten Elija oder sonst einen der Propheten verband. Die alte Hoffnung lebte wieder auf, so wie Johannes oder Elija den Mächtigen die Stirn bieten zu können und die Gerechtigkeit Gottes durchzusetzen.

Indem Jesus die alten Schriften mit ihren Verheißungen wieder lebendig machte, hat er Gott wieder lebendig gemacht. Es war ja Gott gewesen, der in den alten Schriften gesprochen hatte. Und wenn der Glaube an die alten Verheißungen etwas gelitten hatte, dann hatte auch der Glaube an Gott gelitten. Jesus aber erfüllt den Glauben an Gott wieder mit Leben. Zugleich war es natürlich Gott, wer sonst, der Jesus lebendig machte. Nur dadurch, dass Jesus wieder in dieser lebendigen, hoffnungsvollen Weise von Gott, seinem Reich und seiner Gerechtigkeit sprach, war er der, der er war. In ihm wurde Gott lebendig, und umgekehrt erfüllte dieser lebendige Gott ihn mit Leben. Und wodurch haben sich die beiden gegenseitig lebendig gemacht? Durch den Heiligen Geist. Es ist ja der Geist der Gerechtigkeit Gottes, der Geist, der vor Gott gerecht macht. Jesus hatte die Menschen wieder in der Hoffnung auf ein Leben in der Gerechtigkeit Gottes bestärkt, und durch ihn konnte man wieder lernen, Gott gerecht zu werden. Es war also der Heilige Geist, der Vater und Sohn verband und gegenseitig mit Leben erfüllte. In dem anderen, dem großen Glaubensbekenntnis der Kirche heißt es vom Heiligen Geist: »... der Herr ist und lebendig macht, der aus dem Vater und dem Sohn hervorgeht, der mit dem Vater und dem Sohn angebetet und verherrlicht wird, der gesprochen hat durch die Propheten.« Da haben wir alles über den Heiligen Geist beisammen. Er macht lebendig, indem er aus Vater und Sohn hervorgeht und sie gegenseitig mit Leben erfüllt; er wird mit dem Vater und dem Sohn angebetet und verherrlicht, denn er ist ja nichts anderes als das göttliche Leben selbst; er hat gesprochen durch die Propheten – er ist der Geist der Gerechtigkeit und Heiligkeit, von dem die Propheten erfüllt waren.

Indem die Kirche so streng biblisch in ihrem Glaubensbekenntnis über den Heiligen Geist gesprochen hat, hat sie allen Spekulationen über den Geist einen Riegel vorgeschoben. Der Heilige Geist darf nicht mit dem Geist der Natur, dem Geist des Universums, schon gar nicht mit dem Geist des Menschen verwechselt werden. Was der Geist ist, erfahren wir nur aus der Geschichte zwischen Gott und Jesus.

In dieser Geschichte, in diesem Geschehen erschließt sich das, was unter »Dreifaltigkeit« zu verstehen ist. Gott ist ein Geschehen, dieses Geschehen. Darum braucht man sich nicht an der logischen Widersprüchlichkeit von 1 = 3 aufzuhalten. Gottes trinitarisches Leben ist reicher, als es eine solch simple Logik erfassen kann. Versteht man die Trinität so, dann wird Gott dadurch auch nicht in eine geheimnisvolle, unbegreifliche Ferne gerückt. Die Trinität ist vielmehr eine Geschichte, in die Gott uns hineinnehmen will. Durch Jesus, durch die Gemeinschaft mit Jesus und seinem Geist, dem Heiligen Geist, werden Menschen in das Leben Gottes hineingenommen. Wer Gott gerecht wird, hat Anteil am Leben der göttlichen Dreifaltigkeit. Und viel mehr braucht man darüber sonst nicht zu wissen.

Die Gaben des Heiligen Geistes

Jetzt wird auch deutlich, warum an dieser Stelle im Glaubensbekenntnis vom Heiligen Geist gesprochen wird, warum er am Anfang des furiosen Finales steht, das bis zum »ewigen Leben« reicht. Die Geschichte des dreieinigen Gottes ist ja noch gar nicht zu Ende. Wohl hat damals Jesus Gott lebendig gemacht und Gott Jesus, und dies geschah im Heiligen Geist, durch den Jesus »empfangen« wurde. Seitdem wissen wir, dass Gott dreifaltig einer ist. Aber die Geschichte der Dreieinigkeit, insofern auch die Menschen da mithineingenommen werden sollen, ist noch längst nicht zu Ende. Darum heißt es bei Johannes: »Wenn ich weggehe, dann werde ich ihn« – den Helfer, den Heiligen Geist – »zu euch senden.« Der Geist beginnt sein eigentliches Wirken nach Jesus. Er kommt ja auch erst nach Christi Himmelfahrt an Pfingsten auf die Jünger herab. Jesus gibt genau an, was der Heilige Geist, den er senden wird, dann tut. Er wird »der Welt die Augen auftun über die Sünde und über die Gerechtigkeit und über das Gericht« (Joh 16,7f.). Er wird also die Sünde aufdecken und die Wahrheit, das heißt die Gerechtigkeit über Gott verbreiten und darin das Gericht der Welt sein. Er arbeitet daran, die Menschen vor Gott gerecht zu machen. Sie einzubeziehen in das Leben Gottes, das aus seiner Gerechtigkeit kommt. Wie er das macht, das kann man ganz gut an der Predigt erkennen, die Petrus an Pfingsten den Leuten in Jerusalem hält (Apg 2). Das Erste ist, dass Petrus überhaupt den Mut hat zu reden; diesen Mut hat er vom Heiligen Geist, denn vorher saßen er und die anderen Jünger verängstigt im verschlossenen Zimmer. Das Zweite ist, dass er die wunderbare Prophetie des Joël wieder in Erinnerung ruft, die wir schon gehört haben, dass er sie also wieder lebendig macht – eine typische Aktion des Geistes. Das Dritte ist, dass er den Leuten die Leviten liest: Sie haben Jesus, den Gerechten, wider besseres Wissen ans Kreuz geschlagen und umgebracht. Das ist die Überführung der Sünde. Und dann erklärt er aus der Schrift, dass Jesus der Herr und Messias ist. Das ist die Überführung der Gerechtigkeit. Als die Leute das hörten, »durchschnitt es ihr Herz. Sie sagten zu Petrus und den übrigen Aposteln: ›Was sollen wir tun?‹« Auch das ist typisch für das Wirken des Geistes, dass er die Leute dazu bringt, ihr bisheriges Tun infrage zu stellen und etwas Neues anzufangen. Nämlich, wie ihnen Petrus dann sagt, sich zu bekehren. 3000 ließen sich an jenem Tag taufen. 3000, die nun wieder der Geschichte Gottes zugehören. Die Geschichte der Trinität geht weiter.

Die Kirche spricht von den »Sieben Gaben des Heiligen Geistes«, als da sind Weisheit und Einsicht, Rat und Stärke, Erkenntnis, Frömmigkeit und Gottesfurcht. Die Aufzählung ist aus Jes 11,1–2 genommen, und wie immer bei Aufzählungen in der Bibel tut man gut daran, sie von ihrem Ende her zu verstehen. Es geht also los mit der »Gottesfurcht«. Darüber haben wir schon ausführlich gesprochen. Gottesfurcht setzt in das rechte Verhältnis zu Gott, die Gabe der Gottesfurcht besteht also darin, Gott gerecht zu werden. Sie ist identisch mit der Einhaltung des ersten und obersten Gebots, Gott zu lieben über alles, woraus das Halten aller übrigen Gebote folgt. Daraus entsteht, was hier »Frömmigkeit« genannt wird: das Leben als Gottesdienst zu führen, gerecht sein zu wollen, auf Gottes Wort zu hören. Daraus erwächst wiederum »Erkenntnis« oder auch, wie man sagt, »Wissenschaft«. Es ist das Wissen darum, wie die Welt sich ausnimmt, wenn man sie in der Unterscheidung »Gott gerecht werden oder Gott nicht gerecht werden« betrachtet, also eine ganz bestimmte Wissenschaft, die sich von anderen Wissenschaften, die nach ganz anderen Unterscheidungen beobachten, unterscheidet. Die Erkenntnis kommt zustande, wenn man sich in das biblische Wirklichkeitsverständnis einarbeitet. Daraus kommt dann wieder »Stärke«, und die muss auch kommen, denn wenn man diese Art von Erkenntnis hat, gerät man unvermeidlich in Konflikt mit anderen Wirklichkeitsverständnissen, mit anderen Wissenschaften. Da tut Stärke not. »Rat« bezieht sich darauf, jetzt auch das Richtige zu tun. Auf das Tun kommt es ja letztlich an. Aus dem Tun aber erwächst wiederum »Einsicht«, wie es immer in der Bibel geschildert wird: Das Gebot des Herrn versteht man erst, wenn man es tut. Es erschließt sich nicht einer kritischen Betrachtung von außen. Als das Volk Israel das Gesetz am Sinai empfängt, da erklären sie: »Alles, was der Herr geboten hat, wollen wir tun und hören« (Ex 24,7). Das Tun kommt vor dem Hören, dem Verstehen; in der jüdischen Tradition ist dies immer sehr betont worden. Und so folgt also auch die Einsicht aus dem gut beratenen Tun. Aus all dem entsteht »Weisheit«: ein geklärtes, klares Verhältnis zu den Menschen und den Dingen, gespeist aus den Erfahrungen des Tuns und der damit verbundenen Einsicht.

Dies also sind die Gaben des Heiligen Geistes. Das alles darf man sich recht konkret und praktisch vorstellen. Wer zum Beispiel nicht Gottesfurcht hat, sondern etwas anderes fürchtet und ehrt, sagen wir das Geld, der wird auch gleich zu einer anderen Art von Frömmigkeit gelangen, nämlich so geldfromm werden, wie man das in den Foyers und Tresorhallen der großen Banken antreffen kann. Natürlich hat man auch eine andere Wissenschaft, nämlich die nach der Unterscheidung »zahlen oder nicht zahlen«, und daraus erwachsen auch ganz andere, eigenartige Erkenntnisse. Ob daraus Stärke entsteht, ist ungewiss; für einige, die Geld haben, vielleicht ja, für die, die keins haben, nicht. Aber so richtig stark kann man mit dem Geld nicht werden, denn man muss immer um es fürchten und weiß nie, ob es morgen noch seinen Wert hat. Natürlich folgt man auch einem anderen Rat, vorzüglich dem der sogenannten Berater, auch wenn deren Ruf in letzter Zeit sehr gelitten hat. Und auch, dass aus dem Umgang mit Geld viel Einsicht erwächst, kann man nach der letzten Finanzkrise tunlich bezweifeln. Dass Geld und Weisheit zusammenkommen, hat man selten erlebt; höchstens, dass jemand, der viel Geld verloren hat, mal ein weise Äußerung macht. Es kommt also schon darauf an, welchem Geist man folgt und welche Gaben man entgegennimmt. Für den Heiligen Geist spricht Psalm 112: »Selig der Mann, der den Herrn fürchtet, der Freude hat an seinen Geboten. Sein Stamm wird im Lande gar mächtig, Segen ruht auf dem Geschlecht der Frommen. In seinem Hause ist Fülle und Reichtum, seine Gerechtigkeit währet für immer ...« Aus diesem Text scheint übrigens auch hervorzugehen, dass sich Gottesfurcht und Reichtum nicht ausschließen.

»die heilige katholische Kirche«

Die Kirche ist das Reich Gottes auf Erden. Ja, ich weiß, dass das heute nicht mehr gerne gesagt wird. Und dass sich bei denen, die das hören, leicht Enttäuschung einstellt: Wie, die Kirche? Das soll es schon gewesen sein? Aber diese Reaktionen kommen nur daher, dass es Theologie und Kirche mindestens in den letzten hundert Jahren nicht mehr geschafft haben, einen zulänglichen Begriff vom Reich Gottes zu bilden. Seitdem es Volksherrschaft, Demokratie gibt, weiß man nicht mehr, wie man die Gottesherrschaft dazu in ein Verhältnis setzen soll. Eine Rückkehr zum Gottesgnadentum des Absolutismus ist ja ebenso ausgeschlossen wie eine Wiederbelebung der mittelalterlichen Lehre von der geistlichen und der weltlichen Gewalt, die zusammen den Priester und König Jesus Christus repräsentieren. Also hat sich der Begriff des Reiches Gottes entweder ins Utopische hinein aufgelöst oder er ist ins Spirituelle diffundiert. Oder man hat ihn mit Metaphern wie der von der »Nähe Gottes« zu umschreiben gesucht, die aber auch wenig klären. Was bedeutet es denn, ob Gott nah oder fern ist? Kurzum, die Kirche hat es nicht mehr geschafft, dem Reich-Gottes-Begriff eine Form zu geben. Wo man versucht hat, dem Reich Gottes auf politisch-gesellschaftlicher Ebene wieder Geltung zu verschaffen, da haben solche Versuche meist etwas Totalitäres, Antidemokratisches an sich gehabt.

Der Sache nach ist es jedoch klar: Wo Gott in seiner Herrlichkeit als Herr anerkannt ist und seinen Geboten gefolgt wird, da ist das Reich Gottes. Es ist ja nicht anders als bei anderen Reichen. Wo jemand, wie z.B. in 1 Chr 29,12 oder an vielen anderen Stellen der Bibel, sagt: »Herr, dein ist das Königtum. Du erhebst dich als Haupt über alles«, da ist das Reich Gottes verwirklicht. Und so ist es auch in der Kirche. Dort werden die Gebete abgeschlossen mit den Worten: »Ehre sei dem Vater und dem Sohne und dem Heiligen Geist, wie im Anfang so auch jetzt und allezeit. Amen.« Das eucharistische Hochgebet endet mit den feierlichen Worten: »Durch ihn und mit ihm und in ihm ist dir, Gott, allmächtiger Vater, in der Einheit des Heiligen Geistes alle Herrlichkeit und Ehre jetzt und in Ewigkeit. Amen.« Das »Jetzt« in diesen Worten bezeichnet exakt den Zeitpunkt, an dem das Reich Gottes auf Erden wirklich wird. Und alles Weitere, alles das, was mit dem Reich Gottes erhofft und ersehnt wird und was daraus an Veränderungen auf der Erde entsteht, das kann dann daraus folgen.

Die Amtlichkeit des Reiches Gottes

Was ist aber, wenn diejenigen, die diese Worte sprechen, gerade nicht mit ihren Gedanken bei der Sache sind? Wenn sie gerade einmal nicht von der Überzeugung durchglüht sind, dass Gott der Herr der Welt ist und deswegen alle anderen Herren und Mächte entmachtet sind? Das mag ja vorkommen. Dann werden diese Worte trotzdem gesagt, und, insoweit sie gesagt werden, tritt auch ein, was sie aussagen. Und denen, die sie sagen oder hören, ist freigestellt, der Realität, die durch das Sagen der Worte entsteht, mehr oder weniger nahe zu kommen.

Wir sind hier an dem Punkt, der dem heutigen Verständnis die größten Schwierigkeiten bereitet. In der Kirche ist das Reich Gottes in der Form der Amtlichkeit gegeben. Das Reich Gottes ist von Amts wegen da. Es ereignet sich, wenn die entsprechenden amtlichen Vollzüge stattfinden. Es ist zunächst einmal nicht daran gebunden, dass Menschen authentisch und mit tiefer Überzeugung das vertreten, was in der Kirche amtlich geschieht. Selbstverständlich ist es die Perspektive des amtlichen Tuns, dass Menschen davon erreicht und ergriffen werden. Aber auch, wenn sie es nicht werden – das amtliche Tun allein bürgt schon für die Gültigkeit des Geschehens.

So schwer ist es eigentlich gar nicht zu verstehen. In jedem Gemeinwesen sind die konstitutiven Grundvollzüge in der Form der Amtlichkeit gegeben. Regierung, Rechtsprechung und Verwaltung sind amtlich organisiert. Wenn der Richter ein Urteil spricht, dann ist Recht gesprochen, dann ist die Rechtsordnung wieder hergestellt, auch wenn er im Augenblick gerade nicht innerlich von dem Ethos der Gerechtigkeit erfüllt ist. Der Standesbeamte kann gültig eine Ehe schließen, auch wenn er vielleicht gerade aus persönlichen Gründen nicht an die Ehe glaubt. Ja, auch das Hochzeitspaar ist gültig getraut, falls die amtlichen Formalitäten erfüllt sind, selbst dann, wenn ihnen zum Zeitpunkt der Zeremonie die Liebe abhandengekommen zu sein scheint. Und ganz so amtlich geht es auch in der Kirche zu. Deswegen gibt es ein kirchliches Amt. Jetzt können wir genauer sagen: Die Kirche ist das Reich Gottes auf Erden, wenn die Grundvollzüge dieses Reiches, das heißt das Lob Gottes und das Handeln nach seinen Geboten, getan werden. Besser ist es also zu sagen: Die Kirche *tut* das Reich Gottes. Damit sie dies aber nicht nur dann und wann tut und auch nicht nur, wenn die volle Überzeugungskraft dazu vorhanden ist, dafür steht ihre Amtlichkeit.

Mir ist dieser Zusammenhang einmal plötzlich klar geworden, als ich ein witziges Cartoon des Reiseunternehmens Thomas Cook betrachtete. Es war ein sehr altes Cartoon, vielleicht von 1912. Zu sehen sind einige Wilde, die um einen Kessel tanzen, in dem der Weiße bereits sitzt. Es sind Kannibalen. Da sagt einer von ihnen: »O, you are from Cook's. I am its local agent.« Man möge bitte einmal über die leicht rassistischen Untertöne hinweghören. Entscheidend ist: Der »local agent« repräsentiert vor Ort die Rechtsordnung, aus der die Firma Cook kommt. Er repräsentiert die Vertragsbedingungen, die der Reisende mit der Firma eingegangen ist. Und darin war sicherlich nicht enthalten, dass die Reisenden im Topf landen. So kann also Hoffnung bei dem Reisenden aufkommen! Der »local agent« steht für diese Rechtsordnung, soweit er eben – amtlich – der »local agent« ist. Auch wenn er persönlich, wie das Cartoon andeutet, eher noch dem Kannibalismus zuneigt.

Genauso ist es auch in der Kirche. Die Amtsträger sind die »local agents« des Gottesreiches. Wo sie agieren, da gelten die Gesetze der Gottesherrschaft. Der Ort, wo sie agieren, ist der Gottesdienst. An dieser Stelle kann ich nicht sehr tief auf die Ämter der Kirche eingehen, aber es muss in Erinnerung gerufen werden, dass alle kirchlichen Ämter bzw. die ganze kirchliche Amtshierarchie aus der Aufgabenteilung in der Liturgie hervorgegangen sind und dass sie da ihren eigentlichen Ort haben. Im Gottesdienst geschieht Gottesreich. Dort nämlich wird Gott die Ehre gegeben und nach seinem Willen gehandelt, und zwar schon darin, dass überhaupt Gottesdienst gefeiert wird, also Gott gedient wird. Im Gottesreich gelten die Regeln des Gottesreiches, so wie bei Thomas Cook die Regeln des westlichen Reiseunternehmens gelten und nicht die Regeln der Kannibalen. Im Gottesdienst werden Brot und Wein, Mittel der alltäglichen Selbsterhaltung, in den Leib Christi verwandelt. Also gelten dort nicht mehr die Gesetze der Selbsterhaltung, sondern die Gesetze der Gerechtigkeit des Reiches Gottes. Man sieht es z.B. daran, dass sich die Gottesdienstteilnehmer den Frieden wünschen können. Dort herrscht also Friede. Und dann feiern sie sogar das Mahl des Gottesreiches miteinander, sie werden von Fremden oder gar Konkurrenten zu einer neuen Art von Gemeinschaft. So wie das Paar auf dem Standesamt zum Ehepaar wird.

Vielleicht sind wir immer noch ein wenig überrascht, dass im Gottesdienst bereits das Gottesreich Wirklichkeit werden soll. Warum sieht man denn so wenig davon? Der bloße Handschlag beim Friedensgruß, das Gehen zur Kommunionbank – das soll es schon sein? Die Theologie hat auf diese Schwierigkeit hin eine wichtige Unterscheidung formuliert: »Insofern das Werk getan wird« (*ex opere operato*), ist dort Gottesreich. »Insofern die Handelnden das Werk persönlich vollziehen« (*ex opere operantis*), ist es aber noch längst nicht überall Gottesreich. Der Gottesdienst und das ganze Leben der Kirche zielen jedoch darauf ab, dass die Differenz zwischen diesen beiden Dimensionen minimiert wird. Man ist gewissermaßen erst katholisch und dann christlich: Die Teilnahme an den Vollzügen der Kirche führt, so ist es jedenfalls gedacht, immer tiefer in das Leben des Gottesreiches hinein. Das Leben in der Kirche verwandelt die Menschen nach und nach von der amtlich gegebenen Realität zur persönlichen Realität.

Die Sakramente: Konfigurationen des Gottesreichs

Auch über das, was Sakramente bedeuten, wird in letzter Zeit viel gerätselt. Das hängt damit zusammen, dass der Begriff des Gottesreiches undeutlich geworden war. Jetzt aber können wir sagen: Die Sakramente sind Konfigurationen des Gottesreichs. Sie gestalten die Wirklichkeit nach den Regeln des Gottesreiches. Wenn das zum Verständnis hilft, kann man auch sagen: Sie simulieren das Gottesreich inmitten dieser Welt. Oder: Die Sakramente sind so etwas wie »second life« im Internet. Sie setzen neben die normale Wirklichkeit eine virtuelle Wirklichkeit. So kann man es sich klarmachen, nur darf man den Unterschied nicht übersehen: Was bei den Sakramenten herauskommt, ist nicht eine Simulation, sondern die wahre, von Gott her gegebene Wirklichkeit, der gegenüber die normale Wirklichkeit nur wie eine schlechte Simulation erscheint. Die »virtual reality« der Sakramente ist viel realer als die normale, vor den Augen liegende Wirklichkeit, denn sie entspricht der Wirklichkeit Gottes.

Verdeutlichen wir das kurz an den sieben Sakramenten:

- *Die Taufe*

Durch die Taufe wird jemand in das Gottesreich aufgenommen. Er verlässt die Welt, in der ganz andere Regeln und Gesetze gelten, und tritt in den Bereich ein, in dem Gott als Herr anerkannt wird. So wie jemand, der aus einem Land, in dem Verfolgung und Unrecht herrschen, endlich die Einbürgerung in einen zivilisierten Rechtsstaat erreicht hat. In der alten Kirche wurde die Taufe hauptsächlich als Herrschaftswechsel verstanden. Der Getaufte wird von der Herrschaft des Satans frei und tritt in die Gottesherrschaft ein. Dieser Weg war mit einem jahrelangen »Katechumenat« verbunden, denn der Übergang wollte gut verstanden und vorbereitet sein. Mehrmals im Laufe der Vorbereitung hatten die Taufkandidaten dem Bösen in der Welt abzuschwören und sich ihrem neuen Herrn Jesus Christus zuzueignen. Das Taufritual wurde denn auch als ein Sterben (Untertauchen im Wasser) und eine neue Geburt (aus dem Wasser der Taufe) begangen, und sicher war für einen Christen der alten Kirche der Tauftag der wichtigste und bewegendste Tag seines Lebens. Die Getauften lebten dann deutlich anders als ihre gesellschaftliche Umwelt; sie nahmen nicht mehr am Kriegsdienst und den Götteropfern teil, unterstützten die Armen und ließen ihre Sklaven frei. Als die Kirche immer mehr mit der Gesellschaft eins wurde, musste das Motiv des Herrschaftswechsels neu gedeutet werden. Die Taufe wurde nun verstanden als Befreiung von der Erbsünde. Der Übergang vollzog sich von dem Bereich, wo die Macht der Erbsünde herrscht, in den Bereich der Kirche, wo es möglich ist, nicht zu sündigen. Heute haben wir unsere Schwierigkeiten mit der

Erbsünde – dazu wurde bereits beim Thema »unbefleckte Empfängnis Marias« einiges gesagt – und auch damit, das Motiv des Herrschaftswechsels mit Inhalt zu füllen, denn es ist schwierig zu erkennen, was für Christen nach der Taufe anders geworden ist. Aber es bleibt dabei, dass die Taufe die Christen frei macht von der Macht der Sünde und des Todes. Wenn wir wieder einen klareren Begriff davon haben, welche Mächte der Sünde und des Todes die Welt heute beherrschen, dann wird die Bedeutung der Taufe umso strahlender hervortreten. Das wird sich dann daran zeigen, dass Christen nach der Taufe anders leben als vorher.

Eine Erinnerung an die alte Bedeutung der Taufe ist in den Taufpaten erkennbar. »Paten« bedeutet übertragen Väter oder besser Eltern: Der Getaufte wird der Familie als seinem primären Lebenskontext entnommen und bekommt in der Kirche neue Eltern, eine neue Familie. Das ist eigentlich ein ungeheurer Einschnitt, und es ist verwunderlich, dass sich die Eltern nicht dagegen wehren. Wenn aber die Taufe nur als freundliches Familienfest begangen wird und die Paten aus den Onkeln und Tanten ausgewählt werden, ist von diesem Einschnitt wenig zu spüren. Richtiger wäre es, den Täuflingen Paten von der Gemeinde aus zuzuordnen.

Gerade bei der Kindertaufe kommt der amtliche Charakter des Gottesreiches gut zum Ausdruck. Das Kind braucht vor der Taufe nicht »gläubig« zu sein; wer eine »Gläubigentaufe« fordert, müsste auch angeben können, zu welchem Zeitpunkt des Lebens jemand genug Glauben und Glaubenswissen hat, um getauft werden zu können. Das Kind wird also in die Gemeinschaft der Kirche, das ist die Gemeinschaft des Reiches Gottes, aufgenommen in einem amtlichen Akt, und dann ist es Teil dieser Gemeinschaft so wie jemand, der als Kind zusammen mit den Eltern die Staatsbürgerschaft eines bestimmten Landes verliehen bekommt. Dann aber soll es auch immer tiefer in diese Gemeinschaft hineinwachsen. Wenn dafür gar keine Aussicht besteht, weil die Eltern dem Kind z.B. keine Gelegenheit dazu geben oder weil sie selbst nicht in der Kirche leben, da sollte man sich ernsthaft überlegen, ob die Kindertaufe heute noch sinnvoll ist.

- *Die Firmung*

Die Firmung gehört eng mit der Taufe zusammen und wurde auch in der alten Kirche zusammen mit dieser begangen. Mehrere historische Gründe führten zur Auseinanderentwicklung von Taufe und Firmung; der Hauptgrund war die Einführung der Kindertaufe. Die Firmung verleiht den Getauften einen anderen Status in der Kirche. Nehmen wir als ein Beispiel die Universität: Jemand lässt sich einschreiben und ist damit Mitglied der Universität. Wenn sie oder er aber Examen gemacht hat, dann kann sie oder er auch Lehrveranstaltungen durchführen und Prüfungen abnehmen. Man ist nicht mehr nur einfach Mitglied, das die Angebote wahrnimmt, sondern trägt selbst zum Leben der Institution bei. Und so ist es auch bei der Firmung. Gefirmte können Taufpaten werden, sie können Katecheten sein und sie sollten eigentlich noch viel mehr können dürfen. Die Firmung verleiht die Gaben des Heiligen Geistes, von denen bereits die Rede war. Sie kommen, genau wie der Heilige Geist auf die Jünger an Pfingsten, erst nach der Aufnahme in die Jüngergemeinschaft auf die Getauften herab. Vielleicht lässt es sich so ausdrücken: Die Taufe führt ein in ein Leben der Gottesfurcht, die erste Gabe des Heiligen Geistes. Die anderen Gaben, von der Frömmigkeit angefangen über die Erkenntnis, die Stärke, das recht beratene Tun, die daraus erwachsene Einsicht bis hin zur Weisheit, werden erst mit der Firmung verliehen. Solange es die Kindertaufe gibt, ist es sinnvoll, die Firmung als eigenes Sakrament zu spenden.

- *Die Eucharistie*

Die Eucharistie, das wurde schon gesagt, ist die Vollgestalt der Gottesherrschaft auf Erden. Hier wird mitten in der Welt ein Raum und eine Zeit so »konfiguriert«, als wenn das Reich Gottes schon bestünde. Und tatsächlich besteht in der Eucharistie das Gottesreich auch schon, jedenfalls »insofern es getan wird«. Die Gläubigen ziehen in die Kirche ein, sie verlassen demonstrativ die normale Welt. Sie werden begrüßt »im Namen des Vaters und des Sohnes und des Heiligen Geistes«; damit ist klar, dass sie sich in der Welt des Gottesreiches befinden, wo der Name Gottes über alles geheiligt wird. Sie sind in der Lage, ihre Schuld zu bekennen – etwas in der Welt ganz Außerordentliches. Sie loben Gott: »Du allein bist der Heilige, du allein der Herr, du allein der Höchste« – so geht es eben zu im Gottesreich. Sie hören die Worte der Lesung und des Evangeliums, vergewissern sich also der gemeinsamen Geschichte des Volkes Gottes, dem sie hier angehören. Hören sie in der Lesung von Abraham, dann können sie wieder sagen: »Unser Vater Abraham«. Im Evangelium hören sie Christus selbst reden wie damals, deshalb sagen sie: »Lob sei dir, Christus.« Damit sie das mit Überzeugung tun können, dazu ist die Predigt da. Dann kommen die Gabenbereitung und das eucharistische Hochgebet mit der Wandlung der Elemente Brot und Wein. Die Gläubigen werden herausgenommen aus der Ordnung der natürlichen Selbsterhaltung und hineingenommen in die Ordnung des Reiches Gottes. Dort stoßen sie schon gleich auf die Engel und Heiligen, die übrigen Bewohner des Gottesreiches, in deren Lobgesang sie einstimmen. Eine größere Wandlung ist auf Erden nicht denkbar. Und tatsächlich ist alles anders und neu nach der Wandlung. Die Gläubigen beten das »Vaterunser«, heiligen also den Namen Gottes und beten darum, dass sein Reich komme und sein Wille geschehe »wie (bereits) im Himmel so (jetzt auch) auf Erden«. Sie wünschen sich den Frieden.

Sie verehren das Lamm, dass es sich erbarme und seinen Frieden gebe – die irdischen Friedensschaffer, die doch so gerne den Krieg als Mittel dazu einsetzen, kommen jetzt nicht mehr in Betracht. Und sie feiern das Mahl des Lammes, den Beginn des Gottesreiches auf Erden und zugleich den Vorgeschmack des messianischen Mahles, »das Gott allen Völkern auf diesem Berg bereiten wird, ein Mahl von abgelagerten Weinen, von markigfetten Speisen und geseihtem Hefewein. Auf diesem Berg nimmt er die Hülle weg, die auf allen Völkern liegt, und die Decke, die über allen Heiden ausgebreitet ist« (Jes 25,6f.). In der Eucharistie ist die Decke bereits weggezogen, die Völker mögen hinzutreten und sich das ansehen.

- *Die Buße*

Bei der Buße muss man nicht zuerst an zwischenmenschliche Vergebung denken, sondern eher an die Polizei und den Justizapparat. In jedem Gemeinwesen müssen Regelverstöße geahndet und die Schuldigen bestraft oder ganz ausgestoßen werden, sonst wird das Gemeinwesen zerstört. So ist es auch im Gottesreich. In der alten Kirche gab es bei schweren Sünden – zum Beispiel Mord, Götzendienst, Ehebruch – den zeitweiligen oder vollständigen Ausschluss aus der Gemeinde. Die Sünder mussten erhebliche Bußwerke vollbringen, um wieder aufgenommen zu werden. Das hat sich im Laufe der Zeit geändert, doch der Grundgedanke der Buße ist gleich geblieben. Eine Sünde ist immer ein Vergehen gegen Gottes Gesetz, das das Grundgesetz des Gottesreiches ist. Sünden kann man daran erkennen, dass sie Glaube, Hoffnung und Liebe zerstören. Wer glaubenslos, zynisch und gotteslästerlich über Gott und sein Reich spricht, wer durch sein Tun oder Reden Hoffnungslosigkeit und Verzweiflung verbreitet, wer lieblos handelt und damit andere zur Lieblosigkeit animiert, kann im Gottesreich nicht leben. Er muss es verlassen, ja er hat es durch sein Tun bereits verlassen. Will er aber wieder zurück und erneut aufgenommen werden, muss er Buße tun. Die autorisierten Vertreter der Gemeinschaft erklären, wann genug Buße getan worden ist und der Betreffende wieder aufgenommen werden kann. Deshalb wird die Beichte durch den Priester abgenommen, so wie ja auch bei einem Kapitalverbrechen nur die zuständige juristische Instanz und nicht das Opfer oder dessen Verwandte über die Strafe oder den Freispruch entscheiden können, geschweige denn der Täter selbst.

An dieser Stelle enden aber auch schon die Analogien zwischen dem Rechtswesen des Gottesreiches und den staatlichen Ordnungs- und Rechtsinstanzen. Der Richter im Gottesreich ist Jesus Christus, wir haben es gehört. Er will nicht strafen, sondern will, dass die Verlorenen wieder zurückfinden. Die Buße, die er fordert, ist Selbsterkenntnis, Reue und Bekenntnis sowie die Bereitschaft zur Wiedergutmachung. Er kommt dem Sünder mit seinem Wort der Vergebung zuvor und ermöglicht ihm damit, wieder zur Kommunikation des Glaubens, der Hoffnung und der Liebe zurückzufinden. Am Ende wird nicht die Gemeinschaft von dem Sünder befreit, sondern der Sünder von seiner Schuld. Zur Buße muss dieser dann manchmal noch einige Bußpsalmen beten, z.B. Psalm 32: »Solange ich es verschwieg, waren meine Glieder matt, den ganzen Tag musste ich stöhnen. Da bekannte ich dir meine Sünde und verbarg nicht länger meine Schuld vor dir.« Dann weiter mit Psalm 51: »Sättige mich mit Entzücken und Freude, jubeln sollen die Glieder, die du zerschlagen hast.« Von Angst vor Gericht und Richter kann keine Rede sein, so Psalm 130: »Ich hoffe auf den Herrn, es hofft meine Seele, ich warte voll Vertrauen auf sein Wort. Meine Seele wartet auf den Herrn mehr als die Wächter auf den Morgen. Denn beim Herrn ist die Huld, bei ihm ist Erlösung in Fülle.« Wie zu sehen ist, eignen sich diese Psalmen auch sehr gut zur Vorbereitung auf die Beichte, die Feier der Versöhnung. Denn sie sprechen von einer großen Freude!

- *Die Krankensalbung*

Für einen jungen Mann ist Sport der Lebensinhalt. Er verbringt seine Freizeit mit Fußball, Tischtennis und anderen Sportarten, ist darin ziemlich erfolgreich und sieht auch seine berufliche Zukunft im Sport. Da sagt ihm der Arzt, dass er wegen einer Hüftfehlstellung überhaupt keinen Sport mehr treiben darf. Kein Sport mehr! Adieu Sportverein, Adieu alle Freunde, die er dort hatte, Adieu alle Freuden, die sich für ihn mit dem Sport verbinden. Er ist ausgeschlossen. – Jede Krankheit ist ein Ausschluss: aus dem Beruf, aus der Gruppe der Aktiven und Erfolgreichen, aus dem Reich der Lebenden und Lebenslustigen. Darum wurde auch zu jeder Zeit Krankheit anders definiert, gemessen an den Erfordernissen, die an einen »gesunden«, arbeitsfähigen Menschen gestellt werden. Heute, wo die Anforderungen so hoch sind, können Menschen sehr schnell als krank gelten. Unsere immer kleiner werdende Gesellschaft der Leistungsträger ist von einer immer größeren Schar der Ausgeschlossenen und Kranken umstellt.

Es gibt aber keine Krankheit, die aus dem Gottesreich ausschließt. Das Gottesreich ist eine Gesellschaft ohne Exklusion, von den Todsünden einmal abgesehen, die ihr ohnehin nicht angehören wollen. Dies mitzuteilen und die anderwärts Ausgeschlossenen ins Gottesreich zu inkludieren, das leistet das Sakrament der Krankensalbung. Nach Jak 5,14 sollen die Presbyter der Gemeinde – also die offiziellen, über die Zugehörigkeit entscheidenden Vertreter der Gemeinde – zu dem Kranken kommen, über ihn beten und ihn salben im Namen des Herrn. »Und das Gebet wird den Kranken retten, der Herr wird ihn aufrichten.« Genau so ist es. Das Gebet weist ihn an die Instanz, die ihn wegen seiner Krankheit gerade nicht ausschließt. Die Salbung macht es sinnenfällig: Du bist für uns gesund! Der Herr richtet dich auf.

- *Die Priesterweihe*

Christus hat das Reich Gottes auf Erden ein für alle Mal errichtet. Niemals mehr soll es auf Erden eine Zeit ohne Gotteslob, ohne Anerkennung der Herrschaft Gottes, ohne Leben nach seinen Geboten geben. Die Form, die solche göttlich verbürgte Dauer im irdischen Gemeinwesen der Kirche annimmt, ist wie gesagt die der Amtlichkeit. So haben es schon die Nonnen und Mönche der Kirche als ihr »Amt« (*officium*) begriffen, Gott neunmal am Tag das Lob zu singen. Das Amt ist dazu da, den Gottesdienst zu halten und somit das zu tun, was im Gottesreich getan werden muss. Die Einrichtung von Ämtern in der Kirche entspricht der Tatsache, dass das Reich Gottes seit Jesus Christus besteht. Und zwar nicht aus menschlicher Laune und Initiative heraus, sondern weil es Gott in Jesus Christus so eingerichtet hat. Darum kann man auch sagen: Christus hat das Amt in der Kirche eingesetzt.

Die Priesterweihe oder genauer: das Sakrament der Weihe, das die Weihe des Bischofs, des Priesters und des Diakons umfasst, vollzieht das Wunder, dass ein ganz normaler Mensch, wenn er nur einigermaßen dafür geeignet ist, kraft amtlich verliehener Vollmacht das tun darf, was im Gottesreich amtlich getan werden muss. Seine Amtsautorität besteht darin, in seinem Handeln das Bestehen des Gottesreiches zu garantieren. Wie sollte er das von sich aus sagen können? Es kann nur so sein, weil in Christus das Reich schon besteht und deswegen auch irgendeine Form der Repräsentanz dieses Reiches gegeben sein muss. Eigentlich vertritt er Christus – nicht den abwesenden, sondern den anwesenden; daher sagt man, der Priester handle »in der Person Christi«. Aber nicht so, dass man nur den Priester anzuschauen braucht und dann meint, Christus zu sehen, sondern weil in dem, was der Priester tut, Christus, der König, Prophet und Priester des Gottesreichs repräsentiert wird. Mithin wird der amtliche Charakter des Reiches gerade an der Person des Amtsträgers besonders deutlich. Was er tut, das tut er, insofern es getan wird (*ex opere operato*), und man kann nur hoffen, dass es mehr und mehr auch zu seinem eigenen Werk (*opus operantis*) wird.

Das kirchliche Amt befindet sich gegenwärtig bekanntlich in einer großen Krise. Sie wird überwunden werden und einer neuen Gestalt des Amtes Raum geben. Wichtig ist es, über der Krise des Amtes nicht das Amt in der Kirche zu verlieren. Das amtliche oder besondere Priestertum kann nicht gegen das allgemeine Priestertum ausgespielt werden. Vielmehr ist es so, dass durch das amtliche Priestertum das Priestertum aller Gläubigen immer wieder neu hergestellt und besiegelt wird: Weil und wo Gottesdienst gefeiert wird, wird das Gottesreich Wirklichkeit und damit die Gemeinde als Volk Gottes eingesetzt. Den Gläubigen wird gesagt: »Ihr aber seid ein auserwähltes Geschlecht, ein königliches Priestertum, eine heilige Nation, ein Volk, das Gott gehört, damit ihr die Vollkommenheiten dessen verkündet, der euch aus der Finsternis in sein wunderbares Licht berufen hat« (1 Petr 2,9 vgl. Ex 19,6). Das ist so wie bei der Verleihung der Abschlusszeugnisse in der Universität. Den fleißigen Studierenden wird gesagt: Ihr seid Absolventen und Absolventinnen, ihr seid Bürger des Reichs der Wissenschaft, damit ihr das, was ihr gelernt habt, anderen weitergebt. Aber das alles gilt nur nach den amtlichen Regeln der Institution Universität. Es muss zuvor das Prüfungsamt gewesen sein, das die Prüfungsleistungen beglaubigt und sein Siegel unter das Zeugnis setzt. Soviel die Studierenden auch gelernt haben, ohne dieses Siegel ist ihr Zeugnis nichts wert. In dieser Weise besiegelt das besondere Priesteramt das allgemeine Priestertum der Gläubigen.

Wie könnte das Amt in der Zukunft der Kirche aussehen? Ich persönlich sehe eine Perspektive in einer Art kirchlicher Gewaltenteilung. Bisher repräsentiert jeder Amtsträger Christus in seinem dreifachen Amt als König, Prophet und Priester, also in seinem Leitungs-, Lehr- und Heiligungsamt. Theologisch spricht nichts dagegen, diese drei Gewalten auf drei Personengruppen zu verteilen. Die einen könnten sich um Leitungsaufgaben kümmern, die anderen um Verkündigung und Lehre, die dritten um die Liturgie, wobei im Gottesdienst immer alle drei Ämter beteiligt sind. Auch im hohen Mittelalter gab es die einfachen Leutpriester, die praktisch nur die Messe lesen konnten, die geistlichen Lehrer, die zum überwiegenden Teil an den Universitäten beheimatet waren – überwiegend waren es die Angehörigen der Bettelorden –, und die Kanoniker, Stiftsherren und höheren Kleriker, die de facto die Leitungsgewalt ausübten. Die Einheit aller drei Gewalten oder Ämter im Bischofsamt wird sicher erhalten bleiben müssen. Auch das Diakonat wird bestehen bleiben und vielleicht weiter ausdifferenziert werden müssen. Auf der Ebene des priesterlichen Amtes aber könnte es eine große Anzahl haupt- oder nebenamtlich tätiger Christen geben, die im Sinne der drei Dimensionen des Amtes in der Kirche wirken. Ihnen müsste unbedingt auch das Sakrament der Weihe erteilt werden, andernfalls handelte es sich ja gar nicht um Ämter in der Kirche. Es muss dringend vermieden werden, dass die amtlichen Aufgaben, die die Priester nicht mehr erfüllen können, durch »Laien« ohne amtliche Vollmacht ersetzt werden. Wir haben nicht zu wenig Priester, wir haben zu wenig Weihen! Die Beschränkung ihrer Amtsgewalt auf eine der Gewalten könnte auf dem Wege jurisdiktioneller Einschränkungen, wie es sie auch heute schon gibt, ausgesprochen werden. Der Zölibat und der Ausschluss von Frauen vom Weiheamt könnten unter diesen Bedingungen sicherlich nicht aufrechterhalten werden. Vielmehr müsste überlegt werden, was Zölibat und das Priestertum nur für Männer eigentlich bedeuten und wie diese Bedeutung unter anderen Umständen und auf anderen Wegen dargestellt werden kann.

- *Die Ehe*

Durch das Sakrament der Ehe wird der Bund der Eheleute zur Würde eines Sakraments erhoben. Der Ehebund bedeutet dann nicht nur die Gemeinschaft von Mann und Frau, sondern zugleich – nach Gal 5,20ff. – den Bund zwischen Christus und seiner Kirche. Das ist so wie bei einer Hochzeit zwischen Königskindern. Als Marie Antoinette, die Tochter der österreichischen Kaiserin Maria Theresia, den französischen Thronfolger Louis XVI. heiratete, da war ihre Ehe nicht nur Ausdruck ihrer persönlichen Beziehung, sondern auch Ausdruck der Beziehungen zwischen Österreich und Frankreich. Übrigens konnte von einer persönlichen Beziehung kaum die Rede sein; die beiden kannten sich vorher gar nicht, und der junge Louis wusste noch gar nicht zu lieben, er hatte der hübschen Prinzessin überhaupt nichts zu geben. Die Ehe verlief dementsprechend über Jahre sehr unglücklich. Marie Antoinette schrieb traurige Briefe an ihre Mutter, diese aber ermutigte ihre Tochter und wies sie darauf hin, dass sie nicht nur für ihr eigenes Glück lebte, sondern auch für das der beiden Reiche. Marie Antoinette hielt durch, und wie man hört, ist ihre Ehe noch recht glücklich geworden. Dass dann später beide unter der Guillotine endeten, ist der Ungunst der Zeiten zuzurechnen.

So ist es auch mit der sakramentalen Ehe. Sie ist zugleich Abbild der Treue Christi zu seiner Kirche. Und da diese Treue unauflöslich ist, ist auch die sakramentale Ehe unauflöslich. Würden sich die Eheleute scheiden lassen, so würden sie damit dokumentieren, dass auch der Bund Christi mit seiner Kirche nicht auf immer Bestand hat. Sie würden die Treue Christi infrage stellen. Das ist natürlich nicht möglich. Darum hält die Kirche an der Unauflöslichkeit der Ehe fest.

Auch die Ehe ist heute in die Krise geraten. Unauflöslichkeit scheint wegen vieler Faktoren und beileibe nicht nur wegen mangelnder Liebe und Hingabe der Eheleute oftmals eine

Illusion, eine unerfüllbare Forderung zu sein. Tatsächlich ist die Unauflöslichkeit als Forderung auch unerfüllbar. Eine Ehe kann nur unauflöslich sein, wenn sie unauflöslich ist! Das heißt, wenn man im Glauben weiß, dass sie aufgrund der Treue Christi tatsächlich unauflöslich ist, auch wenn Krisen und Zweifel das Gegenteil zu besagen scheinen. Dieses aus dem Glauben kommende Wissen gibt die Kraft, schlimme Krisen, Verzweiflungszustände und Ausweglosigkeiten zu meistern. Die Unauflöslichkeit gibt der Ehe immer noch eine Zukunft, selbst wenn die Eheleute das selbst nicht mehr sehen können. Das ist so, weil die sakramentale Ehe der Ordnung des Gottesreiches angehört und nicht der Ordnung der Selbsterhaltung, der die natürliche Ehe angehört, mag darin auch noch so viel Liebe im Spiel sein.

Die Sakramente, so sagt die Dogmatik, sind Zeichen, die bewirken, was sie bezeichnen. Nun wird erkennbar, was das bedeutet: Die Sakramente bezeichnen die Ordnung des Gottesreiches und führen zugleich in diese ein. So wie der Pass des Landes, in das jemand eingebürgert worden ist, ein Zeichen seiner neuen Staatsbürgerschaft ist und zugleich der Anfang des Lebens als Staatsbürger. Bleiben wir bei diesem Bild, dann wird auch die Reihenfolge der Sakramente verständlicher. Taufe und Firmung regeln die Eingangsbedingungen. Die Eucharistie ist das Leben in dem Staate selbst, also die Art der Selbsterhaltung. Buße und Krankensalbung betreffen Konflikte um die Zugehörigkeit. Weihe und Ehe sind auf die öffentlichen Ordnungen bezogen, auf die Sphären, wo das private Leben in die Öffentlichkeit hineinragt. Früher gab es einmal mehr als sieben Sakramente, aber diese sieben reichen aus. In ihnen ist das ganze Leben im Reich Gottes umfasst.

Das Volk Gottes

In den Sakramenten wird die Kirche immer wieder als das Volk Gottes gebildet. In der Taufe werden Menschen aus den Herrschaftsverhältnissen dieser Welt herausgeholt und der Herrschaft Gottes unterstellt. Jeder Getaufte ist fortan mehr Mitglied des Volkes Gottes als Mitglied seines nationalen Volkes. In der Firmung werden die Getauften zur Übernahme von Aufgaben im Volk Gottes bestellt. In der Eucharistie hat das Volk Gottes sein eigentliches Leben. In der Buße und Krankensalbung werden die Getauften den im Volk Gottes herrschenden Regelungen von Ausschluss und Einschluss unterworfen. Durch das Sakrament der Weihe entsteht die amtliche Ordnung im Volk Gottes. Im Sakrament der Ehe wird die natürliche Beziehung von Mann und Frau in die Wirklichkeit des Volkes Gottes transformiert.

Im Volk Gottes gilt Gottesrecht, nicht Menschenrecht. Es gilt uneingeschränkt die Regel: »Man muss Gott mehr gehorchen als den Menschen« (Apg 5,29). Es ist klar, dass das zu Konflikten zwischen dem Volk Gottes und den anderen Völkern führen muss bzw. zu Konflikten im Herzen der Getauften, die der äußeren, weltlichen Ordnung nach ja noch ihrem Volk und ihrer Nation angehören. Nehmen wir als Beispiel den Kriegsdienst. In der weltlichen Politik ist es vielleicht unvermeidbar, dass sich Staaten eine Armee halten und dass gelegentlich Kriege geführt werden. Jedenfalls sind alle Versuche eines absoluten Pazifismus bisher an der politischen Realität gescheitert. Das ist die menschliche, weltliche Seite. Aber vonseiten des Gottesvolks aus ist es natürlich völlig unmöglich, dass sich die Angehörigen dieses Volkes im Krieg gegenseitig umbringen. Das wäre ja Bürgerkrieg im Volk Gottes! Wie konnte es nur sein, dass sich katholische Italiener und katholische Österreicher im Ersten Weltkrieg so grausame Schlachten lieferten?! Wie wäre es gewesen, wenn sich Christen aller Nationen in den neuzeitlichen nationalen Kriegen dem Dienst an der Waffe verweigert hätten mit dem Argument, dass sie nicht auf Angehörige des eigenen (Gottes-) Volkes schießen? Es hätten dann nur die Nichtchristen noch an diesen Kriegen teilgenommen, und sie wären erheblich weniger grausam ausgefallen. Es macht einen Unterschied, ob man im Namen eines humanitären Pazifismus den Wehrdienst verweigert oder im Namen der Zugehörigkeit zum Gottesvolk. Bei Wehrdienstverweigerungsverhandlungen könnte dies zukünftig eine größere Rolle spielen.

Oder nehmen wir ein anderes Beispiel: die Altersversorgung. Die Kirchen in Deutschland machen heutzutage erhebliche finanzielle Rückstellungen für die Altersversorgung ihrer Priester und Pfarrer. Viel Geld wird dafür zurückgelegt, das anderswo fehlt. Die Kirchen halten sich, wenn sie dieses tun, nicht an das Wort Jesu, das da lautet: »Sorgt euch nicht um euer Leben, was ihr essen und was ihr trinken sollt, noch für euren Leib, was ihr anziehen sollt ... Um all das sorgen sich die Heiden, denn euer himmlischer Vater weiß, dass ihr all das benötigt. Trachtet aber zuerst nach dem Reich Gottes und seiner Gerechtigkeit, und alles andere wird euch hinzugegeben werden« (Mt 6,25.32f.). Sie beachten nicht die Manna-Lektion, die für das Volk Gottes von Anfang an gilt: Ein jeder sammle so viel, wie er für den Tag braucht. Wer mehr sammelt, dem verfault es und es fängt an zu stinken (Ex 16). Das ist die Ordnung im Volk Gottes. Wo mehr gesammelt wird, da fängt es auch heute gehörig an zu stinken: Die Verflechtungen der reichen Kirchen mit dem Kapitalmarkt sind skandalös; sie haben übrigens schon zu bedeutenden finanziellen Verlusten der Kirche geführt. Die Kirche in Deutschland kann sich offenbar schlecht auf eine Praxis einstellen, die in den ärmeren Kirchen, z.B. in Kroatien oder Lateinamerika, schon längst gegeben ist: dass die kirchlichen Amtsträger im Alter der Fürsorge und Solidarität der Gemeinden anvertraut werden. Würde das Volk Gottes dem glauben, was gepredigt wird (»... alles andere wird euch hinzugegeben werden«), dann würde es in Punkto Altersversorgung den anderen Völkern ein schönes Beispiel für die segensreiche Ordnung des Volkes Gottes geben.

Die eine »katholische Kirche« und die vielen Konfessionen

Die Kirche ist, wie es das Glaubensbekenntnis ausdrückt, »heilig«, weil sie das Reich des heiligen Gottes in der Welt ist. Sie ist »eine«, weil es nur ein Reich Gottes geben kann und damit auch nur eine Kirche, denn Gott selbst ist einer. Sie ist »katholisch«, weil sie den ganzen Erdkreis umfasst, wie es dem Reich Gottes entspricht. Das Wort »katholisch« im Glaubensbekenntnis ist keine Konfessionsbezeichnung, es meint nicht die römisch-katholische Kirche. Es gibt unterschiedliche konfessionelle Kirchengemeinschaften. Worin unterscheiden sie sich? Was bedeuten ihre Unterschiede im Hinblick auf die Tatsache, dass die Kirche das Reich Gottes auf Erden ist?

Alle christlichen Kirchen gründen sich auf Jesus Christus. Sie alle verstehen sich als eine Gestalt des Gottesreiches, aber sie unterscheiden sich in der Art, wie sie die Präsenz des Gottesreiches auf Erden verstehen und praktizieren. Als die Reformatoren, allen voran Martin Luther, auftraten, da gaben sie der Auffassung Ausdruck, dass die Kirche des Mittelalters in ihrem Versuch, das Gottesreich in der Welt zu errichten und die Welt dadurch zu heiligen, gescheitert sei. Statt die Welt zu heiligen, sei die Kirche verweltlicht worden. Martin Luther machte das am Ablass fest: Aus einem Gnadenmittel sei eine reine Finanzierungsquelle geworden, eine höchst weltliche Angelegenheit. Im Blick auf zahlreiche Erscheinungen in der damaligen Kirche musste man ihm zweifellos recht geben, wenn er auch vielleicht die Frömmigkeit der spätmittelalterlichen Kirche, ihre große Vielfalt und die Kraft der innerkirchlichen Reformansätze unterschätzte. Jedenfalls hat die Kirche der lutherischen Reformation den Versuch für aussichtslos, ja für unstatthaft erklärt, die Institutionen der Welt wie Staat, Recht und Militär den Gesetzen des Reiches Gottes zu unterwerfen. Sie sprachen sich für eine rein weltliche Gerichtsbarkeit, ein weltliches Regiment, eine Kriegsführung nach politisch-militärischen Maßstäben aus; nur in Sachen Wirtschaft glaubte Luther noch eine Zeit lang die biblischen Regeln (Zinsverbot!) aufrechterhalten zu müssen, bis er merkte, dass das nicht mehr möglich war. Auch die Ehe erklärte Luther für ein »weltlich Ding«. Das bedeutete für ihn nicht, dass die Ehe oder der Staat schlecht oder für den Glauben bedeutungslos seien. Sie fallen für ihn nur nicht unter die Gnadenordnung des Evangeliums. Luther glaubte, dass Gott die Welt mit zwei Händen regiert. Zur Rechten hält er die Gemeinschaft der frommen Christen, die unter dem Evangelium steht, zur Linken hält er den Staat und alle anderen rein weltlichen Gegebenheiten, die unter der Schöpfungsordnung stehen. Er glaubte also nicht, dass die ganze Welt unter die Ordnung des Reiches Gottes gebracht werden kann. Neben der Ordnung der Gerechtigkeit Gottes besteht in der Welt die Ordnung der Selbsterhaltung, die auch von Gott gewollt ist, aber nicht unter seinem Gesetz der Gnade steht. Das ist seine berühmte Lehre von den »zwei Regimentern« oder den »zwei Reichen«, die allerdings hervorragend – man sieht es schon – zur Entwicklung der neuzeitlichen Autonomie der gesellschaftlichen Teilbereiche passt, die in der Reformationszeit ihren Anfang nahm. Erst seit der Reformation gibt es im Bereich der christlichen Welt einen säkularen Staat, ein säkulares Recht, eine säkulare Wirtschaft usw., ohne dass behauptet werden soll, dass die Reformation allein dafür verantwortlich ist.

Interessanterweise haben sich die verschiedenen Parteien der Reformationszeit sehr heftig über das Verständnis des Abendmahls gestritten. Man könnte meinen, in dieser wild bewegten Zeit hätte es wichtigere Fragen gegeben als den genauen Status von Brot und Wein im Abendmahl im Hinblick auf die Gegenwart Christi. Aber immer wieder brach genau an dieser Frage der Streit auf, sowohl zwischen Katholiken und Lutheranern wie zwischen Lutheranern, Zwinglianern und Calvinisten und den vielen anderen reformatorischen Gemeinschaften, die sich im Laufe des 16. und 17. Jahrhunderts bildeten. Wer genauer hinschaut, versteht, warum dies so war. Beim Abendmahlsverständnis geht es um das Verhältnis von Brot und Wein zum Leib Christi. Anders gesagt: um das Verhältnis der Ordnung der Selbsterhaltung zur Ordnung des Reiches Gottes. Das Abendmahlsverständnis war gleichsam das Labor, in dem das Verhältnis von Kirche und Welt durchexperimentiert wurde. Die Abendmahlslehren der verschiedenen Kirchen sind Modelle für die von ihnen vertretene Auffassung über die Art der Präsenz des Gottesreiches in der Welt und damit für das Verhältnis des Gottesreiches zu den anderen weltlichen Bereichen, vor allem zur Wirtschaft. Denn im System der Wirtschaft wird ja der größte Teil der Selbsterhaltung geleistet. Werfen wir also unter diesem Gesichtspunkt kurz einen Blick auf die Abendmahlslehren der Konfessionen. An ihnen werden die Unterschiede der Konfessionen am besten deutlich.

Die Kirche des Mittelalters, die in der römisch-katholischen Kirche weiterbestand, vertrat die Auffassung, dass in der Eucharistie Brot und Wein in Leib und Blut Christi verwandelt werden. Die äußere Gestalt der Nahrungsmittel bleibt dabei gleich. Das Stichwort ist »Wandlung« (Transsubstantiation). Bezogen auf das Verhältnis der beiden Ordnungen bedeutet das: Die Kirche verwandelt das Selbsterhaltungshandeln in Gottesreichhandeln, aber die äußere Gestalt bleibt dabei gleich. Wie das aussieht, haben wir oben im Abschnitt über das Fegefeuer schon gesehen. Die Menschen werden darauf aufmerksam gemacht, dass sie sich um das Schicksal der armen Seelen im Fegefeuer kümmern müssen. Das tun sie denn auch. Sie machen große Vorsorgeaufwendungen, ganz wie es der Ordnung der Selbsterhaltung entspricht. Obwohl es wie normales Selbsterhaltungshandeln aussieht, verwandelt die Kirche, was die Menschen tun. Statt Schätze anzuhäufen, werden Kirchen, Hospize und Klöster gebaut, werden Messen gelesen und wird gebetet. Das menschliche Vorsorgehandeln kommt dem Gottesreich zugute. Es wird peu à peu in die Ordnung des Gottesreiches überführt. Und die Erwartung besteht, dass sich die Menschen dabei auch allmählich wandeln und schließlich die geistlichen Dinge höher schätzen als die weltlichen. Diese Erwartung ist im Mittelalter und später noch in der katholischen Barockzeit vielfach erfüllt worden.

Martin Luther hat diese mittelalterliche Entwicklung sehr kritisch gesehen und gemeint, es sei dabei nicht die Welt, sondern die Kirche gewandelt worden. Sie sei eine ganz und gar weltliche Macht- und Finanzinstitution geworden. Sein Abendmahlsverständnis verleiht dem Ausdruck. Für ihn ist Christus durchaus beim Abendmahl präsent. Aber Brot und Wein werden nicht mehr verwandelt. Christus ist, so sagt er, »in, mit und unter« den Gestalten von Brot und Wein gegenwärtig. Daher der Ausdruck »Konsubstantiation«, der besagt, dass Christus *zusammen mit* Brot und Wein zugegen ist. Er ist so gegenwärtig, dass er als Wort der Verkündigung den Glauben hervorrufen und stärken will. Das ergibt dann genau einen Zustand gemäß der Lehre von den »zwei Regimentern«: Hier ist die Gemeinschaft der Gläubigen, für die Christus im Wort des Glaubens präsent ist, dort die Welt, die bleibt, was sie ist. Und so konnte es kommen, dass sich auf dem Boden der Reformation eine säkulare Wirtschaft, ein säkulares Recht usw. ausgebildet haben, alles unverwandeltes Brot und Wein gewissermaßen, die neben der Kirche bestehen. Charakteristisch ist auch Luthers Lehre, dass sich die Gegenwart Jesu Christi nur innerhalb des Gottesdienstes vollzieht. Eine Verehrung der Elemente wie in der katholischen Tabernakelfrömmigkeit oder gar wie bei der Fronleichnamsprozession, wo der Leib Christi demonstrativ hinaus in die Welt getragen wird, war für ihn undenkbar. Die Gegenwart Christi besteht im Kirchenraum der feiernden Gemeinde, die Welt ist davon nicht betroffen.

Mit dem Zürcher Reformator Ulrich Zwingli hat Luther heftig über die Abendmahlslehre gestritten. Für Zwingli ist die Gegenwart Christi gar nicht mehr an die Elemente des Abendmahls gebunden. Diese sind nur Zeichen, die an das Letzte Abendmahl erinnern. Die Gegenwart Christi kommt im Geist, im Bewusstsein des Gläubigen zustande, sie ist eine rein mentale Gegebenheit. Auch für den Genfer Reformator Johannes Calvin war es nicht vorstellbar, dass Christus leiblich auf der Erde gegenwärtig sei; denn er meinte, dass Christus mit seinem Leib im Himmel sei und nicht gleichzeitig leiblich an mehreren Orten in der Welt sein könne. Für Calvin ergibt sich daraus, dass die Gegenwart Christi im Abendmahl als ein Emporgehobenwerden der Herzen der Gläubigen in den Himmel zustande kommt. Die Worte der Liturgie »Erhebet die Herzen« verstand er so, dass in diesem Augenblick die Herzen der Gläubigen in den Himmel erhoben werden.

Die Ansätze von Zwingli und Calvin sind später durch Heinrich Bullinger zusammengeführt worden. In verschiedenen Mischungsverhältnissen haben sie bis heute in den vielen reformatorischen Kirchengemeinschaften ein Fortleben.

Bei einer Betrachtung dieser Entwicklung als Ganzer ist erkennbar, dass die Gegenwart Christi immer weiter aus der Welt hinausdefiniert wird. Katholischerseits ist sie in den materiellen Elementen selbst, als deren verwandelnde Kraft. Lutherischerseits kommt sie neben den Elementen als eine eigene, auf den Glauben und die Gemeinschaft der Gläubigen konzentrierte Wirklichkeit zu stehen. Für Zwingli ist sie im Geist des Menschen angesiedelt, sie wird spiritualisiert. Nach Calvin muss man schon in den Himmel »reisen«, um der Gegenwart Christi teilhaftig zu werden.

Die reformatorischen Kirchen haben mit ihren Abendmahlslehren auf die Tatsache reagiert, dass unter den Bedingungen der neuzeitlichen Gesellschaft mit ihren autonomen Teilbereichen und insbesondere ihrer sich rasant entwickelnden, von allen religiösen Vorgaben völlig freien Wirtschaft von einer Verwandlung des Systems der Selbsterhaltung im Sinne des Evangeliums nicht mehr die Rede sein kann. Sie haben positiv auf die Zeichen der Zeit reagiert, sie haben sie in ihr theologisches Denken integriert. Die katholische Position ist demgegenüber in gewissem Sinne immer mittelalterlich geblieben. In der Neuzeit wurde sie zunehmend illusorisch, denn die Verwandlung des Selbsterhaltungsstrebens der Menschen gelang immer weniger. Die katholische Kirche wurde deswegen auch immer als besonders rückständig angesehen, mit Recht. Aber ich meine, dass die katholische Auffassung der Heiligen Schrift am meisten entspricht, denn Christus hat vom Kommen des Gottesreiches nicht bestimmte Bereiche ausnehmen wollen, schon gar nicht die Wirtschaft. Nur, was bedeutet das, wenn ein solcher Anspruch einfach nicht mehr umzusetzen ist?

Der Umstand, dass es verschiedene konfessionelle Abendmahlslehren gibt, oder allgemeiner gesprochen, dass überhaupt unterschiedliche konfessionelle Kirchen existieren, ergibt sich daraus, dass die Christenheit in der Neuzeit noch keine eindeutige Antwort auf die Frage gefunden hat, wie das Gottesreich in der modernen Gesellschaft verwirklicht werden kann. Sie hat noch keine Form für das Gottesreich in dieser Gesellschaft gefunden. Das ist so, und darum ist es gut, dass es unterschiedliche Konfessionen und damit unterschiedliche Antworten gibt. Für die Ökumene wäre es nicht hilfreich, wenn diese Unterschiede unterschlagen würden oder man sich irgendwie auf einen Kompromiss einigen würde. Es ist auch nicht viel damit gewonnen, wenn man die unterschiedlichen Auffassungen auf die gemeinsame biblische Grundlage bezieht. Insofern es sich um christliche Kirchen handelt, ist ohnehin klar, dass sie alle in der Heiligen Schrift gründen. Aber auch die Schrift selbst hält eine breite Palette an Möglichkeiten bereit. Das Johannesevangelium betont die Gegenwart des Gottesreiches, das gibt der katholischen und auch der orthodoxen Position einen Rückhalt. Paulus schaut eher auf das zukünftig kommende Gottesreich. Mit seinem Denken lässt es sich gut vereinbaren, dass die Kirchen jetzt noch nicht die Welt im Sinne Christi verwandeln können. Das ist also eine Stütze der protestantisch-reformatorischen Position. Eine fruchtbare Ökumene stelle ich mir so vor, dass die Kirchen ihre unterschiedlichen Ansichten miteinander austauschen und dabei voneinander lernen. Wenn sie anerkennen, dass sie alle christliche Kirchen gemäß der Heiligen Schrift sind, dann können sie ihre Unterschiedlichkeit für eine tiefere Erkenntnis der Zeichen der Zeit fruchtbar machen. Es geht nicht darum zu fragen, wer recht hat, sondern welche Antwort, welche Position besser geeignet ist, Christus heute als den Herrn der Welt zu bezeugen und die Welt in Richtung auf die Gottesherrschaft umzugestalten. Ein Patentrezept dafür hat keine Kirche. Das Problem der Ökumene sehe ich heute weniger in der fortdauernden Kirchentrennung als vielmehr in der Auflösung der in der Geschichte hart erkämpften konfessionellen Differenzen.

»Gemeinschaft der Heiligen«

Beim Durchgang durch die christlichen Kirchengemeinschaften wurden die orthodoxen Kirchen noch nicht erwähnt, obwohl sie doch die Ehre und die Würde haben, die ältesten Traditionen der Kirche bis heute zu vertreten. Das kann hier an passender Stelle nachgeholt werden. Wer eine orthodoxe Kirche betritt – und erfreulicherweise sind nun auch hier im Westen viele zu finden –, steht gleich mitten in der Gemeinschaft der Heiligen. Sie sind dargestellt in den zahlreichen Ikonen, die die Kirche innen und zuweilen auch außen schmücken. Da sind die Engel, allen voran die Erzengel Michael und Gabriel, da sind die Heiligen der Bibel – niemals fehlen die Gottesmutter Maria und Johannes der Täufer –, da sind die Heiligen, auf deren Namen die Kirche geweiht ist, und so viele andere Heilige, die Patriarchen und Kirchenlehrer, die Märtyrer und Bekenner. So klein die orthodoxen Kirchen auch manchmal sind, der Raum, den sie eröffnen, ist riesig. Die Kirche ist immer viel größer als das, was davon zu sehen ist. Sie umfasst die Erde und den Himmel, wobei, das zeigen schon die Ikonostasen der Orthodoxie, der Bereich des Himmels viel größer und herrlicher ist, als die Kirche auf Erden zu irgendeinem Zeitpunkt ihrer Geschichte sein kann. Niemand muss sich also an dem zuweilen mickrigen Zustand der Kirche auf Erden aufhalten. Sie ist ja nur die »Bodenstation« der kosmischen, universalen, die Zeiten und die Räume und alle Wesen des Himmels durchmessenden Gemeinschaft der Heiligen.

»Ihr seid hinzugetreten zum Berge Zion und zur Stadt des lebendigen Gottes, zum himmlischen Jerusalem und zu Myriaden von Engeln, zu einer Festversammlung und zur Gemeinde der Erstgeborenen, die im Himmel aufgezeichnet sind, und zu dem Richter, dem Gott aller, und zu den Geistern der vollendeten Gerechten, und zu dem Mittler des neuen Bundes, zu Jesus, und zum Blute der Besprengung, das lauter redet als Abel« (Hebr 12,22–24). In dieser Stadt, deren Bewohner hier der Hebräerbrief aufzählt, leben die Christen bereits. Zu ihr sind sie hinzugetreten. Diese Wirklichkeit ruft ihnen das Glaubensbekenntnis in Erinnerung. Der Name der Stadt ist Jerusalem. Es ist also keine andere Stadt als die Stadt Davids, die sich der Gott Israels zu seinem Wohnsitz erwählt hat. Israel und seine Hauptstadt gehen in der Kirche nicht unter, sie werden erhöht zum himmlischen Jerusalem, in dem all das wahr geworden ist, was an Hoffnungen und Verheißungen mit der irdischen Stadt Jerusalem verbunden gewesen war und ist. Es ist die Stadt der vollendeten Gerechtigkeit, denn Gott thront darin, der Richter aller. Dort wird man Gott gerecht, denn es sind von den Menschen die vollendeten Gerechten da, die Jesus, der Mittler, in den Himmel geführt hat. Keiner von diesen ist bei Gott vergessen, mögen sich ihre Spuren auch auf Erden längst verloren haben. Und Myriaden von Engeln sind da, Wesen, deren Beruf das Gotteslob ist. In seiner Gerechtigkeit ist das himmlische Jerusalem ein ständiges Fanal gegen alle Ungerechtigkeit auf der Erde. In der Gemeinschaft der Heiligen sind die Opfer aller Ungerechtigkeit versammelt. Ihr Blut »ruft lauter als das Blut Abels«, des ersten Opfers menschlicher Gewalt. Da es das himmlische Jerusalem gibt und da ihm die Kirche schon zugehört, darf sie über keiner irdischen Ungerechtigkeit zur Ruhe kommen. Das himmlische Jerusalem ist nicht nur ein Bild der Herrlichkeit, es ist zugleich damit ein Bild des Protestes und des Widerstands. Der Artikel von der »Gemeinschaft der Heiligen« ist die Basis der Politischen Theologie!

So wurde es auch in der Geschichte der Kirche verstanden. Man muss nur einmal ein wenig hinter die Fassade dessen schauen, was uns von der früheren Heiligenverehrung überkommen ist und was den heutigen Menschen zweifellos sehr fremd geworden ist. Jeder kann die Heiligen in allen Nöten um ihren Beistand und ihre Fürsprache anflehen. Sie sind für die Menschen auf der Erde da und bieten ihre himmlische Macht für sie auf. Zwischen Erde und Himmel ist ein dichtes Netz der Solidarität gespannt. Dies reicht weiter über die Erde hinweg, denn jeder Christ kann seine Lieben und alle, die des Beistands bedürfen, der Fürsprache der Heiligen empfehlen. Die Heiligen als »Patrone« sind für Gruppen, Gemeinschaften und einzelne Menschen zuständig, die ihnen zugeeignet sind. Fromme Christen im Mittelalter ließen ihre Leibeigenen frei und übergaben sie dem »Patronat« eines Heiligen. In der Gemeinschaft der Heiligen sind alle mit allen verbunden und alle mit allen solidarisch. Auch der Tod setzt dieser solidarischen Gesellschaft keine Grenzen, denn die Verstorbenen werden in das Gebet eingeschlossen; sie sind ja nicht tot, sie sind nur an einem anderen Ort. Die Heiligen des Himmels treten auch für die armen Seelen im Fegefeuer ein. Wenn man bedenkt, dass die hervorragendsten Heiligen die Märtyrer sind, also die Opfer der Geschichte, und dass die »armen Seelen« die Seelen der Sünder sind, also der Täter, dann treten hier die Opfer für die Täter ein. Was haben alle sozialen Bewegungen der Geschichte anderes gewollt als solche universale Solidarität? In der Gemeinschaft der Heiligen ist sie gegeben.

Manche abergläubischen Elemente in dieser früheren Heiligenverehrung sind nicht zu leugnen, es hat sie gegeben. Sicher falsch war die Vorstellung, der strenge Gott müsse durch die Fürsprache der Heiligen gnädig gestimmt werden. Überhaupt gab es die Versuchung, an Christus, dem Mittler, vorbei über die Heiligen eine Beziehung zu Gott zu bekommen. Mit Recht haben evangelische Christen gegen diese Art der katholischen Heiligenverehrung protestiert. Die Heiligen, so erklärt der Text aus dem Hebräerbrief, sind nur im Himmel, weil sie durch

Christus, den Mittler, dorthin gelangt sind. Die Fürsprache und der Beistand, den sie leisten, ist innerhalb der Gemeinschaft der Kirche angesiedelt, er ist Ausdruck der praktischen Verbundenheit innerhalb der Gemeinschaft der Heiligen und nicht eine Form der Vermittlung zu Gott. Man betet nicht zu den Heiligen, wie man zu Gott betet. Und man betet nicht zu den Heiligen, wie man zu Christus betet. Die Heiligen können Christus nicht ersetzen. Die Liturgie bringt das darin zum Ausdruck, dass es bei den Bittgebeten zu Gott und Christus heißt: »Wir bitten dich, erhöre uns«, bei den Gebeten zu den Heiligen aber: »Bitte für uns«. Das ist zu übersetzen mit: Tritt für uns ein, lass uns an deiner Macht Anteil haben, bleibe bei uns, sei mit uns solidarisch.

Welche Macht haben die Heiligen, an der sie uns Anteil geben können? Da sie im Himmel sind, ist es himmlische Macht: Macht über die himmlischen Gewalten, die uns schaden können. Die Heiligen haben die Sünde, den Tod und den Teufel besiegt, so erzählen die Heiligenlegenden immer wieder. Und man sollte alle diese Heiligenlegenden lesen (sie sind ja zum Lesen gedacht: *legendum*), um von den vielen Erscheinungsweisen dieser schlimmen himmlischen Gewalten und ihrer irdischen Handlanger zu wissen und von den vielen Weisen, sie zu überwinden. Der Erzengel Michael schlägt den Satan und seine Engel mit einem himmlischen Heer, St. Georg ersticht den Drachen mit seiner Lanze. St. Margareta aber verwickelt die alte Schlange in ein Gespräch, wie nur Frauen es können. Und als der Teufel dann zugeben muss, dass er bloß aus Neid und Hass gegen die Menschen intrigiert, da ist aus dem Drachen ein armes Würmchen geworden. Wie ein Hündchen kann die Heilige den Teufel an die Leine nehmen, so zeigen es die alten Bilder. Von den Heiligen lässt sich also viel lernen. Der Gedanke geht aber weiter: Die Macht, die sie durch ihr heiligmäßiges Leben über die Mächte und Gewalten errungen haben, die wollen sie nicht für sich behalten. Sie wenden sie im Himmel für uns auf. Sie schützen uns vor Kräften, die wir durch eigene Sünden entfesselt haben und derer wir dann nicht mehr Herr werden. Der Schutz liegt schon darin, dass wir aus ihrem Leben erfahren können, wie sie mit diesen Kräften fertig geworden sind. Dann aber auch darin, dass sie demonstrieren, dass diese Kräfte und Mächte überwindbar sind. Indem sie den Gläubigen diese Gewissheit mitteilen, schützen sie diese und stehen ihnen bei. St. Nikolaus hat von den kaiserlichen Getreideschiffen Korn genommen, um seine hungernde Stadt Myra zu speisen, er hat die Ungerechtigkeit der kaiserlichen Gerichtsbarkeit herausgefordert, er hat das System der Armutsprostitution durchbrochen, dem viele Mädchen damals zum Opfer fielen. Wenn ich nun im Vertrauen auf ihn den Mut zu solchen mutigen Aktionen aufbringe, dann kann ich sagen: St. Nikolaus hat geholfen! Durch die Heiligen ist es dahin gekommen, dass der Himmel der Mächte und Gewalten nicht mehr furchtbar ist. Diese urreligiöse Angst vor den Mächten des Himmels und des Schicksals, sie wird durch die Heiligen fortgenommen. Sie haben den Himmel zu einem freundlichen Ort gemacht – das ist eine religiöse Revolution, deren Ergebnis zum Beispiel in den lichten Himmelsbildern der Kuppeln von Barockkirchen zu bestaunen ist.

Die Heiligen machen die Grenze zwischen Himmel und Erde durchlässig. Sie sind »Medien«, mit denen man diese Grenze leicht kreuzen kann. Auch die neue Engelsreligion, von der bereits die Rede war, sucht nach solchen Medien; nicht selten kommt sie dabei übrigens auf die Engel und Heiligen des Christentums zurück. Anschaulich wird diese mediale Funktion der Heiligen in der Verehrung von Reliquien, die früher eine große Rolle gespielt hat und die heute fast ganz vergangen ist. Wer die Reliquie eines oder einer großen Heiligen anschaute, berührte oder besaß, der hatte Anteil an der Macht, die diese oder dieser Heilige ausübte. Sehr verschroben kommt uns das heute vor. Aber andererseits: Wir nehmen Geld in die Hand und wissen uns damit im Besitz der Macht, die das Geld verleiht. Der Geldschein ist ein wirksames Zeichen einer Macht, so unscheinbar er auch sein mag. Noch unscheinbarer als die vertrockneten Knochen der Heiligen, die in den Reliquienschreinen aufbewahrt wurden. Auch sie waren eine »Währung«, ein Medium, mit dem man eine Grenze kreuzen konnte, um etwas von der anderen Seite zu erhalten. Mit dem Geld wird die Grenze zwischen Haben und Nichthaben gekreuzt – ich gebe das Geld, dann bekomme ich, was ich vorher nicht hatte –, mit der Reliquie die Grenze zwischen Erde und Himmel. Wie das Geld heute waren die Reliquien damals hoch begehrt, sie mussten wie das Geld vor Fälschung und Inflation geschützt werden. Wie beim Geld war ihr Wert nur durch Glauben gedeckt. Nun, die Reliquienwährung werden die Christen heute nicht mehr in Umlauf bringen können. Aber sie sind doch ein schönes Beispiel dafür, dass es einmal eine eigene christliche Währung gegeben hat. Sie beruhte nicht auf der Erwirtschaftung von Mehrwert, sondern auf den Verdiensten der Heiligen. Sie machte nicht die einen reich und die anderen arm, sondern bereicherte das ganze Christenvolk mit den Gnaden des Himmels.

»Vergebung der Sünden«

Viele meinen, es bedürfe keiner Vergebung durch Gott, es genüge, wenn die Menschen sich das Böse, das sie sich antun, gegenseitig vergeben. Daran ist etwas Richtiges. Vergebung zwischen Menschen ist allezeit nötig, und sicher kann man sagen, dass insgesamt viel zu wenig vergeben wird. Wie viel unvergebene Schuld besteht doch zwischen den Menschen! Wie sehr belastet sie das Leben! Wenn man einmal die finanziellen Schulden, die heute in allen Ländern der Welt zusammenkommen, als Maßstab nimmt, wenn man noch die Zinsen und Zinseszinsen dazunimmt, dann erkennt jeder, dass die Menschheit unfähig ist, ihre Schulden zu begleichen. Und dass eine Vergebung der Schulden gar nicht in Aussicht ist, denn die Gläubiger würden, wenn sie alle Schulden erlassen würden, sich selbst ruinieren; das würden sie niemals tun. Übrigens bin ich der Überzeugung, dass es durchaus angemessen ist, an den finanziellen Schulden die Höhe der angehäuften moralischen Schuld zu messen. In unserer Welt drückt sich alles irgendwann im Geldwert aus. Sind nicht die Staaten mit den höchsten Schulden heute auch die am meisten Schuldigen? Sie machen viele Schulden, um die Schäden einer verfehlten, einseitig gewinnorientierten und egoistischen Politik in der Vergangenheit zu beheben, und sie verschieben die Bezahlung auf die Zukunft, auf die nächsten Generationen. Das alles ist schwer schuldhaft. Moralische Schuld entsteht meistens nach dem gleichen Prinzip. Ein verfehltes Leben – nicht gepflegte Beziehungen zum Beispiel oder die Vernachlässigung der Ausbildung – führt zur Krise in der Gegenwart und dann zur bösen Tat, zum Verbrechen. Die Begleichung der Schuld wird auf die Zukunft verschoben, denn in der Gegenwart ist sie gar nicht möglich. Die Zukunft wird durch die zu tilgenden Schulden, durch die aufzuarbeitende Schuld verdüstert. Zu denken wäre auch an die Beziehungen zwischen Völkern, die von Krieg und Völkermord gezeichnet sind. Wie soll diese Schuld jemals beglichen werden? Wie kann das Böse vergeben werden, dessen Folgen nicht mehr aus der Welt zu schaffen sind? Kürzlich war in der Zeitung zu lesen, dass junge Leute einen Mann erschlagen haben, der sich ihrem brutalen Vorgehen gegen andere in den Weg stellte. Will man von der Witwe, von den Kindern, von den Freunden verlangen, dass sie diesen jungen Leuten vergeben? Eine große Belastung der Zukunft liegt darin, sowohl für die Täter wie für die Hinterbliebenen des Opfers.

Schon hier zeigt sich, dass die Menschheit auf die Vergebung Gottes angewiesen ist. Der sich immer weiter anhäufenden Schuld- und Schuldenlawine ist sie alleine nicht gewachsen. Und die Schuld muss von Gott vergeben werden, weil sie eigentlich Schuld gegen ihn ist, Sünde. Sünde ist Maßlosigkeit, Überforderung der anderen; in den finanziellen Schulden, deren Begleichung auf die Zukunft abgewälzt wird, wird dieser Charakter der Sünde besonders deutlich. Sünde erkennt Gott sein Gottsein ab und äußert sich als Widerstand gegen sein maßvolles, Leben förderndes Gebot. Das kann nur von Gott vergeben werden.

Nun ist heute sehr oft zu hören, Gott würde uns voraussetzungslos und bedingungslos vergeben. Das kann so nicht richtig sein. Wenn die Sünde darin besteht, Gottes Gerechtigkeit zu missachten, dann würde es nichts zum Besseren wenden, wenn Gott zu irgendeinem Zeitpunkt erklären würde, unsere Sünde sei uns vergeben. Die Menschen blieben ja die alten Sünder, die nicht davon ablassen, wie Gott sein zu wollen. Die Welt bliebe weiter ungerecht. Gott müsste die Menschen verwandeln können, um die Schuld der Welt hinwegzunehmen. Er müsste ihnen das Wie-Gott-sein-Wollen abgewöhnen, ihre Maßlosigkeit und ihre Lust, seine Gebote zu übertreten. Wenn im Glaubensbekenntnis von der »Vergebung der Sünden« die Rede ist, dann ist genau das gemeint: eine Vergebung, die den Sünder zugleich verwandelt. Die ihn wieder zu dem werden lässt, was er vor dem »Sündenfall«, im Zustand der »Urstandsgerechtigkeit«, gewesen ist.

Schauen wir noch einmal genau auf die Geschichte vom Sündenfall, um zu sehen, wie Sündigen geht (Gen 3,1–7). Die

Schlange, die schließlich erfolgreich zur Sünde verführt, beginnt mit einem kleinen Trick. Sie fragt: »Hat Gott wirklich gesagt: Ihr dürft nicht von allen Bäumen des Gartens essen?« Tatsächlich hatte Gott gesagt, dass Adam und Eva von allen Bäumen des Gartens essen dürfen, nur nicht von diesem einen. Aber sicher, logisch gesehen hat die Schlange recht. Wenn sie nicht von diesem einen essen dürfen, dann dürfen sie eben nicht von allen Bäumen essen. Aber in dieser logischen Spielerei versteckt sich eine theologische Ungeheuerlichkeit. Gott erscheint plötzlich als jemand, der alles verbietet. Er, der doch so viel erlaubt hat (»von allen Bäumen«), wird in den Worten der Schlange zum Alles-Verbietenden. Gegen einen solchen Gott erwächst natürlich leicht Widerstand. Und dann geht es weiter. Eva berichtet getreu von den Worten Gottes und davon, dass sie von dem Baum in der Mitte nicht essen sollten, damit sie nicht stürben. Gott hatte sich also sehr darum bemüht, ihnen das Sterben zu ersparen. Die Schlange aber dreht die Sache um: »Keinesfalls werdet ihr sterben! Vielmehr weiß Gott, dass an dem Tage, da ihr davon esset, euch die Augen aufgehen und ihr sein werdet wie Götter, die Gutes und Böses erkennen.« Das Verbot Gottes wirkt in den Worten der Schlange so, als wenn Gott verhindern wollte, dass die Menschen ihm gleich würden. Als wenn er sie als Konkurrenten fürchtete und sie klein halten wollte. Solche Verbote hält niemand gern. Und wenn dann noch die Lust und die Begierde dazukommen (»lieblich und begehrenswert«), dann ist kein Halten mehr und die Sünde geschieht.

Gott, der diesen Text sicher auch wieder und wieder studiert hat – davon ist jedenfalls nach der jüdischen Tradition auszugehen –, wird daraus zwei Schlussfolgerungen gezogen haben. Wenn ich die Sünde überwinden will, so wird er sich gesagt haben, dann muss ich erstens darauf achten, nicht als ein Gott zu erscheinen, der die Menschen durch seine Übermacht erdrückt und klein macht. Ich muss mich von dem, was die

Menschen normalerweise unter »Gott« verstehen und was sich die Schlange so geschickt zunutze gemacht hat, klar unterscheiden. Ich bin nicht der Absolute und Allmächtige in diesem gewöhnlichen Sinne, nicht die Macht, die über den Menschen steht und sie auf einen niederen Rang verweist. Und zweitens muss ich Freude am Tun meiner Gebote eingeben. In einem Wort, die Menschen sollen sich nicht als Untergebene fühlen, sondern als meine Freunde. Sie müssen verwandelt werden von Konkurrenten zu Freunden Gottes.

Die ganze biblische Geschichte ist nun nichts anderes als die schrittweise Ausführung dieses Programms. Und es ist vollendet in Jesus Christus. Er ist das Wort Gottes, das nicht mehr vom Himmel her donnert, sondern er ist Mensch unter Menschen geworden. Der Hebräerbrief hebt diesen Unterschied hervor: »Ihr seid ja nicht hinzugetreten zu entzündetem Feuer, zu Wolkendunkel und Gewittersturm, zu Posaunenklang und laut schallenden Worten, bei deren Vernehmen die Hörer baten, es möge nicht weiter so zu ihnen gesprochen werden« – so wie am Berg Sinai (Hebr 12,18f.). Mit Jesus kommt Gott anders. Die Schlange hätte keine Chance mehr, ihm das Wort im Munde so herumzudrehen, wie sie es damals mit den Worten Gottes im Paradies gemacht hat. Jesus selbst sagt es so: »Ihr seid meine Freunde, wenn ihr tut, was ich euch gebiete. Ich nenne euch nicht mehr Knechte; denn der Knecht weiß nicht, was sein Herr tut. Euch aber habe ich Freunde genannt, weil ich euch alles kundgetan habe, was ich von meinem Vater gehört habe« (Joh 15,14f.). Gegen dieses Wort Gottes braucht sich kein Widerstand mehr zu erheben.

Freilich spricht Jesus noch immer von dem, was er gebietet. Das Gebot besteht also weiter. Aber mit den Worten Jesu hat es nichts bloß Verbietendes mehr an sich. Keiner könnte auf den Gedanken kommen, dass Gott Gebote gibt, um uns klein zu halten. Das Himmelreich – das Tun nach den Geboten Gottes – ist vielmehr wie ein Schatz im Acker, den einer entdeckt hat und dann voll Freude alles verkauft, um jenen Acker zu kaufen. Oder wie die schönste Perle, die ein Kaufmann je gesehen hat. Er verkauft alles, was er besitzt, um sie zu erwerben (Mt 13,44–46). Das Gottesreich bedeutet Glück und nicht Verzicht. Zwar muss es weiterhin Verzicht geben, denn der Maßlosigkeit ist nur mit Verzicht beizukommen. Aber dieser Verzicht führt zu Glück und erfülltem Leben: »Denn wer sein Leben retten will, der wird es verlieren. Wer aber sein Leben verliert um meinetwillen, der wird es finden. Denn was wird es dem Menschen nützen, wenn er die ganze Welt gewinnt, aber sein Leben verliert?« Und Jesus fährt fort: »Denn der Menschensohn wird kommen in der Herrlichkeit seines Vaters mit seinen Engeln« (Mt 16,25–27). An der Herrlichkeit, die der Auferstandene dann an sich hatte, konnten seine Jünger erkennen, was mit diesen Worten gemeint war. Jesus hatte sein Leben nicht retten wollen, und so hat er es gefunden. Alle, die das Leben finden wollen, können es ihm gleichtun. Was die Schlange als Folge der Übertretung des Gebotes verheißen hatte – »Ihr werdet nicht sterben« –, das geschieht, wenn man dem Gebot Jesu folgt. Gott hat, wenn man so sagen darf, die Lektion aus Gen 3 gut gelernt. Die Schlange mit ihren Verdrehungen muss verstummen. Jesus hat ihr, wie Gott es vorausgesagt hatte, den Kopf zermalmt (Gen 3,15).

In der Gemeinschaft mit Jesus ist die Beziehung zu Gott auf eine neue Basis gestellt. Wer an Jesus glaubt, braucht nicht mehr zu sündigen. Das Gottesbild, das zum Sündigen reizt – sei es durch Nachahmung, sei es, dass man sich seiner Konkurrenz erwehren will –, ist ausgelöscht. So hat Gott in Jesus das Wesentliche zur Vergebung der Sünde getan. Er hat ihr den Boden unter den Füßen weggezogen. Dennoch halte ich die Aussage, Gott vergebe uns bedingungs- und voraussetzungslos, weiterhin für falsch. Richtig ist: Nachdem wir die Sünde als Irrtum und Wahn erkannt haben, können wir zu unseren vergangenen Sünden stehen, sie bereuen, sie bekennen und versuchen, sie wieder gutzumachen. Wie ein Ehemann, der seine Frau jahrelang für seine Feindin gehalten und sie mit allen Mitteln bekämpft hat. Da erkennt er, dass er sie überhaupt nicht verstanden hat und dass sie ihn in all den Jahren immer geliebt hat. Welche Scham überkommt ihn dann und welche Zerknirschung darüber, dass er seine früheren Bösartigkeiten und die Verletzungen nicht wieder gutmachen kann. Das Mindeste, was er tun kann, aber auch tun muss, ist, es ihr zu gestehen: Ich habe dich schlecht behandelt, ich war schlecht. Und ich werde es nicht wieder tun. Ich werde mich bessern. Bitte verzeih mir. Diese Schritte – Reue, Bekenntnis, guter Vorsatz, Bitte um Vergebung – sind in der katholischen Ordnung für die Beichte vorgesehen. Am Ende steht die Versöhnung mit Gott und der Kirche. Gott wird uns verzeihen, wenn wir ihn darum bitten. Aber er wird nicht ohne unsere Beteiligung, nicht über unsere Köpfe hinweg unsere Sünden vergeben.

Der Glaubenssatz von der »Vergebung der Sünden« will nicht weniger sagen, als dass die Menschheit eine Zukunft hat. Ihre Sünden, ihre Schuld, ihre Schulden verbauen ihr die Zukunft. Nach Jesu Kommen ist das Sündigen vermeidbar. Es ist möglich, Gott gerecht zu werden, weil er seine Gerechtigkeit in Jesus offenbart hat. Zugleich besteht die Möglichkeit, uns mit ihm zu versöhnen. Die sündige Vergangenheit bestimmt nicht länger das Leben. Ein Neuanfang kann jederzeit gemacht werden. Ich denke an den Mann, der unlängst erschlagen worden ist. Seine Witwe, seine Kinder können den Tätern nicht vergeben. Aber Gott kann es, wenn sich die Täter ihm in aufrichtiger Reue und Zerknirschung nahen, ihre Schuld bekennen und dann anfangen, anders zu leben. Er wird ihnen zugute halten, dass sie in einer falschen Vorstellung über sich selbst, über die Welt und über Gott gelebt haben. Damit ist es nun vorbei. Das Leben beginnt neu. Und wenn nun die Witwe, die Kinder daran glauben können, dass Gott den jungen Leuten vergeben hat – welche Vergeltung können sie ihnen noch wünschen? Können sie nicht auch vergeben?

»Auferstehung des Fleisches«

Wir bleiben im gleichen Gedankenkreis, wenn wir uns nun dem Glaubenssatz von der Auferstehung des Fleisches zuwenden. Auferstehung »des Fleisches« – nicht »der Toten«, wie es in der deutschen Übersetzung von »*resurrectio carnis*« fälschlich heißt. Darauf hat schon die Instruktion der Römischen Kurie »*Liturgiam authenticam*« von 2001 hingewiesen, ohne dass sich im deutschen Sprachraum etwas geändert hätte. Die da falsch übersetzten, dachten dabei an die Auferstehung des Leibes. Nach einer alten, in der Kirche weit verbreiteten Vorstellung kommt die Seele eines Menschen unmittelbar nach dem Tode an den ihr bestimmten Jenseitsort, während der Leib erst am Jüngsten Tage auferweckt wird. Nach dieser Vorstellung soll der Glaubenssatz von der »Auferstehung des Fleisches« bzw. des Leibes betonen, dass der Mensch mit Leib und Seele, also ganzheitlich und nicht nur geistig, auferweckt wird. Der Satz sei gegen die in der Entstehungszeit des Apostolicums umlaufenden gnostischen und platonischen Lehren formuliert worden, nach denen nur die Seele des Menschen unsterblich ist, während der Leib vergeht. Die Gnostiker und Platoniker hielten den Leib für den Ort des Bösen und wollten ihm deshalb kein Fortleben zugestehen.

Das alles muss nicht bestritten werden. Doch liegt in dem Begriff »Fleisch«, biblisch verstanden, noch etwas anderes als der Hinweis auf die Leiblichkeit. Das »Fleisch« scheint eine Art widergöttliche Macht zu sein. Sie setzt sich den Absichten Gottes entgegen. Der Prolog des Johannesevangeliums erzählt von einer Konfrontation zwischen Christus und dem »Willen des Fleisches«: Er kam in sein Eigentum, aber die Seinen nahmen ihn nicht auf, er schien als Licht in der Finsternis, aber die Finsternis hat ihn nicht ergriffen. So gab er denn nur denen die Macht, Kinder Gottes zu werden, die aus Gott geboren sind und »nicht aus dem Willen des Blutes und *nicht aus dem Willen des Fleisches* und nicht aus dem Willen des Mannes« (Joh 1,10). Es scheint geradezu der Wille des Fleisches zu sein, sich der Fleischwerdung (Inkarnation) des Wortes (1,14) zu widersetzen. Im Nachtgespräch mit Nikodemus nimmt Jesus diesen Gedanken auf: »Wenn jemand nicht aus Wasser und Geist geboren ist, kann er nicht in das Reich Gottes hineingehen. Was aus dem Fleisch geboren ist, ist Fleisch, und was aus dem Geist geboren ist, ist Geist«; eben deswegen heißt es: »Ihr müsst von Neuem geboren werden« (Joh 3,5–7). Paulus weiß auch von diesem Gegensatz zwischen dem Fleisch und dem Geist, der uns zu Kindern Gottes macht. Er kennt ein »Trachten des Geistes« und ein »Trachten des Fleisches«. Vom Letzteren heißt es sehr klar: »Das Trachten des Fleisches führt zum Tod«, »das Trachten des Fleisches ist Feindschaft gegen Gott, es unterwirft sich nicht dem Gesetz Gottes und kann es nicht. Wer von Fleisch bestimmt ist, kann Gott nicht gefallen«; »wenn ihr nach dem Fleisch lebt, müsst ihr sterben« (Röm 8,5–8.13). Die »Werke des Fleisches«, die er im Brief an die Galater aufzählt, sind beileibe nicht nur sexueller Art, vielmehr sind es »Ausschweifung, Götzendienst, Zauberei, Feindschaften, Zank« usw. (Gal 5,19–21). In endzeitlicher Bedeutung kann Paulus deshalb mit Bestimmtheit sagen: »Fleisch und Blut werden das Reich Gottes nicht erben« (1 Kor 15,50).

Es sei an das erinnert, was oben über das »Götzenopferfleisch« gesagt wurde. Fleisch ist Lebensmittel, ist zentrales Mittel der Selbsterhaltung und damit zugleich der gesellschaftlichen Machtverteilung. Die Macht des Fleisches, die sich dem Geist Gottes entgegensetzt, ist keine andere als die Macht der Sünde, also Selbsterhaltung plus Maßlosigkeit. Und darum ist an dieser Stelle des Glaubensbekenntnisses davon die Rede. Die »Auferstehung des Fleisches« ist die letzte Station vor dem »ewigen Leben«. Wir haben bisher gehört: Schon hat das Wirken des Heiligen Geistes begonnen, schon ist die Kirche begründet und in die himmlisch-irdische Gemeinschaft der Heiligen eingebunden, schon hat Gott alles getan, um die Sünden zu vergeben – da steht ihm noch die Macht des Fleisches entgegen. Wird er sie überwinden können? Wird es zum »ewigen Leben« kommen? Oder wird die Macht des Fleisches auf ewig wider Gott sein? Wird das Ende ohne Versöhnung sein? Keine Frage ist in der Zeit des entfesselten Kapitalismus, die wie keine andere die Zeit des »Fleisches« ist, aufregender.

Wie macht es Gott, wenn er seine Widersacher überwindet? Das Zeugnis der Bibel ist in dieser Frage nicht eindeutig. Es gibt eine Linie, die die Erlösung vom Bösen durch die Gewalt Gottes beschreibt. Als Gott die Verderbnis der Menschheit in den Tagen des Noach schaute, da sagte er: »Ich will die Menschen, die ich auf Erden geschaffen habe, vom Erdboden hinweg vertilgen, die Menschen samt dem Vieh, dem Gewürm und den Vögeln des Himmels. Denn es reut mich, dass ich sie gemacht habe« (Gen 6,7). Das ist eine Lösung durch Gewalt, und viele Menschen und unschuldige Tiere fallen ihr zum Opfer. Als Gott sein Volk aus Ägypten befreit, da müssen alle erstgeborenen Menschen und Tiere in Ägypten und später die Soldaten des Pharao, die zusammen mit ihren Pferden im Meer ertrinken, dran glauben. Nach einer jüdischen Legende hat Gott, als er seine Engel über die ertrinkenden Ägypter frohlocken hörte, sie zurechtgewiesen mit den Worten: »Meine Geschöpfe ertrinken und ihr wollt ein Loblied singen?« Und doch ist diese Gewaltgeschichte ein Teil der Gottesgeschichte geworden. Auch im Neuen Testament setzt sich diese Spur fort. Wie viel Gewalt ist in der Apokalypse des Johannes enthalten! Die Menschen werden mit furchtbaren Plagen geschlagen, Völker werden vernichtet, der Satan wird schließlich in den Feuersee geworfen (Offb 19,20). Gott hat gesiegt. Aber um welchen Preis?

Es geht hier nicht um die Frage, ob Gott grausam ist. Es geht um die Frage, ob er im Kampf mit der widergöttlichen Macht des Bösen oder eben des »Fleisches«, von der wir nur allzu gut wissen, wie stark sie ist, überhaupt eine andere Wahl hat. Dass er diese andere Wahl hat, genau das erklärt das Glaubensbekenntnis mit dem Satz von der »Auferstehung des Fleisches«. Das »Fleisch« wird nicht vernichtet werden, es wird eine Auferstehung haben, das heißt ein Leben bei Gott.

Wie haben wir uns das vorzustellen? Sicher nicht so, dass Gott sich auf ewig mit der Macht des Fleisches irgendwie versöhnt. Diese Macht ist widergöttlich, sie kann Gott nicht gerecht werden, sie kann nicht bestehen bleiben, wenn Gott »alles in allem« ist. Also muss sie verwandelt werden, um auferstehen zu können. Jene maßlosen Kräfte der Selbsterhaltung, die z.B. den maßlosen Kapitalismus unserer Zeit treiben, sie wird Gott so in den Dienst seiner Sache nehmen können, dass sie in das ewige Leben eingehen. Wie kann das geschehen? Eine Spur finde ich in der Geschichte Gottes mit seinem Volk Israel. Da hat er sich, so erzählt es die Bibel, jahrhundertelang als Nationalgottheit Israels verehren lassen. Er ist mit Israels Heeren in die Schlacht gezogen, hat Israels Königen den Sieg über fremde Völker geschenkt, hat sich im Tempel als eine Art Heilsgarantie installiert – nie ohne vernehmlichen prophetischen Protest gegen den Gottesmissbrauch durch die Mächtigen, aber immerhin: So wird es berichtet. Er hat sich in das Selbstbehauptungsprojekt

Israels einbinden lassen. Und dann ist Israel verwandelt worden. Das war, als es mit seiner Selbstbehauptung vorbei war, als Jerusalem samt dem Tempel zerstört und das Volk ins Exil geführt worden ist. Gott ist auch da bei seinem Volk geblieben, bei seiner Schwäche und bei seiner Niederlage. Und so war es möglich, dass Israel erkannte, wie wenig es seinem Gott bisher gerecht geworden war. Sie verstanden ihr Unglück als Folge ihres Unrechts. »Wir erkennen, Herr, unser Unrecht, die Schuld unserer Väter. Ja, wir haben gegen dich gesündigt« (Jer 14,20). Sie erkannten Gott neu, lernten seine Gerechtigkeit, nachdem sie erlebten, dass er auch sein eigenes Volk gerecht richtet. Das Israel, das nach der Rückkehr aus dem Exil in Erscheinung tritt, ist ein anderes. Es wird das Israel des Toragehorsams, das seinem Gott die Treue hält, den es in seiner Gerechtigkeit als den Gott der ganzen Welt erkennt. Die »Torarepublik« des Nehemia und Esra mit ihren sehr weitreichenden Sozialbestimmungen zugunsten der Armen und Schwachen ist das Modell eines gerechten Gemeinwesens nach Gottes Willen. Israel war auferstanden; so hat es nicht nur der Prophet Ezechiel verstanden. Zu diesem aus dem Tod erweckten Israel spricht Gott: »Ich lege meinen Geist in euch hinein, dass ihr lebendig werdet« (Ez 37,14). Johanneisch und paulinisch gesprochen: Der Geist hat über das Fleisch gesiegt. Er hat es verwandelt.

Eine andere Spur zur Auferstehung des Fleisches finde ich in den Gleichnissen und den Weisheitsworten Jesu. Besonders Klaus Berger hat darauf aufmerksam gemacht: Jesus wendet sich ganz unmittelbar an das Interesse der Leute nach Gewinn, Erfolg und Sicherheit. Er stellt das Gottesreich dar wie ein attraktives, unwiderstehliches Angebot – wie einen Schatz im Acker, wie eine kostbare Perle. Er rät dazu, sich durchzusetzen – wie die Witwe, die den Richter so lange bedrängt, bis er ihr Recht verschafft (Lk 18,1–7). Er lobt denjenigen, der Karriere macht und an seine Altersvorsorge denkt – wie den »ungetreuen Verwalter« (Lk 16,1–8). Er fordert dazu auf, mit seinen Talenten kräftig zu wuchern (Mt 25,14–30). Er gibt nützliche Tipps, wie man sich bei einer Einladung zu einem Gastmahl verhalten soll (Lk 14,7–11). Er betätigt sich als eine Art Anlageberater: Legt euer Vermögen krisensicher an, dort, wo Motten und Rost es nicht verzehren (Lk 12,33). Er spricht fast wie jemand von der Bausparkasse: Bau dein Haus auf Felsen, nicht auf Sand, nur dann hat es Bestand (Mt 7,24–27). Er weiß, wie lächerlich es ist, wenn jemand einen Bau beginnt und ihm dann das Geld ausgeht; er rät dazu, die Kosten vorher genau zu kalkulieren (Lk 14,28–30). Er scheut sich nicht, den Krieg als Beispiel zu nehmen: »Welcher König, der auszieht, um mit einem anderen Krieg zu führen, wird sich nicht zuvor hinsetzen und nachdenken, ob er mit zehntausend Mann dem entgegentreten kann, der mit zwanzigtausend gegen ihn anrückt? Andersfalls schickt er, solange jener noch fern ist, eine Gesandtschaft und bittet um Frieden« (Lk 14,31f.). Also ein Friedensangebot nur dann, wenn keine Aussicht auf Sieg besteht.

So weit geht Jesus also auf die Interessen des »Fleisches« ein. Aber dabei bleibt es nicht. Das zeigt der überraschende Satz, der auf die letzten beiden gegebenen Beispiele folgt: »So kann auch keiner von euch, der sich nicht von allem, was er hat, lossagt, mein Jünger sein« (Lk 14,33). Der Einsatz für das Gottesreich will klug kalkuliert sein. Das Ergebnis dieser Kalkulation ist, dass nichts von dem, was wir haben, ausreicht, um dort hineinzukommen. Es ist vernünftig, sich von allem loszusagen. Jesu Jünger zu sein, erfordert, wie es im gleichen Zusammenhang mit erschreckender Radikalität heißt, »Vater und Mutter und Frau und Kinder und Brüder und Schwestern und dazu sein eigenes Leben zu hassen«. Also völlige Absage an alle vertrauten Daseinsbindungen, Absage an das Projekt des »Fleisches«, die Erhaltung des eigenen Lebens. »Wer nicht mein

Kreuz trägt und mir nachgeht, kann nicht mein Jünger sein« (Lk 14,26f.). An Jesu Kreuz und Auferstehung haben die Jünger dann gesehen, wie man den Schatz, wie man die Perle bekommt. Tatsächlich ist es nötig, alles loszulassen, was man hat, um sie zu erlangen. Jesus setzt darauf, dass dies auch der Logik des »Fleisches« einleuchtet, sowenig das »alles verlassen« ein Schritt ist, auf den das »Fleisch« von sich aus kommt. »Auferstehen« kann das »Fleisch«, wenn es sich in dieser Weise von Jesus ansprechen, bestärken und dann verwandeln lässt. Die »Auferstehung des Fleisches« ist das große Thema von Jesu Verkündigung.

Bei Paulus finde ich eine weitere interessante Spur zur »Auferstehung des Fleisches«. Paulus hat ein Problem mit dem »Rühmen«, das heißt mit dem Selbstlob. Eigentlich weiß er, dass man sich als Christ nicht rühmen soll. Denn was ist »fleischlicher« als das Selbstlob? Aber dann lobt er sich doch, ja er hört gar nicht mehr auf damit; es ist kaum auszuhalten: was für eine edle Abstammung er hat, was er alles für die Gemeinde getan hat, was er alles für Christus erlitten hat, und dass er noch nicht einmal Geld von der Gemeinde verlangt hat, ja sogar: dass er eine außergewöhnliche, großartige Offenbarung gehabt hat (2 Kor 11–12). Er merkt selbst, wie widersprüchlich das ist. Sein Selbstruhm ist in seiner »Narrenrede« enthalten, von der ich die Einleitung hier in der drastischen Übersetzung der sogenannten Volxbibel wiedergeben will: »Glaubt bitte nicht, ich wäre jetzt total durchgeknallt, wenn ich euch das sage. Und selbst wenn, dann hört mir trotzdem zu, vielleicht so, wie ihr auf jemanden hört, der Schwachsinn labert, um ein wenig anzugeben. Gott hat keinen Bock auf Angeber, aber ich tue jetzt einfach mal so, als wäre ich total durchgeknallt, ja?! Wenn andere die Angebertour fahren, dann will ich das jetzt auch mal tun« (2 Kor 11,16f.). Hier sehen wir einen Menschen, der zwischen Fleisch und Geist hin und her gerissen ist. Er kann vom Rühmen nicht lassen, so stark ist die Macht des Fleisches in ihm. Also muss sich ihm das Rühmen verwandeln. Und das geschieht, indem er sich seiner Schwachheit rühmt und nicht seiner Stärke, wie es gewöhnlich geschieht. Und indem er sich seiner Schwachheit rühmt, rühmt er eigentlich nicht sich, sondern den Herrn. »Wer sich aber rühmt, der rühme sich des Herrn« (2 Kor 10,17). »Sehr gerne will ich mich nun meiner Schwachheit rühmen, damit die Kraft Christi in mir wohne. Deshalb habe ich Wohlgefallen an Schwachheiten ..., denn wenn ich schwach bin, dann bin ich stark« (2 Kor 12,9f.). Das ist die Verwandlung des Rühmens. Es bleibt ein Rühmen, aber am Ende ist es das Gegenteil des üblichen Rühmens. Es verwandelt sich in Gotteslob, in das Rühmen Christi. Auch dies ist eine »Auferstehung des Fleisches«.

Hat Gott die Macht, das Widergöttliche zu verwandeln in das ewige Leben hinein? Wir haben gehört, dass Gottes Allmacht nicht eine zwingende, gewalthafte ist. Sie ist die Macht, die sein Wort des Gebots verleiht. Keine noch so übermächtige Wirklichkeit kann dieser Macht standhalten, denn es gibt immer noch etwas zu tun: für Gott. Das muss sich nun für heute bewähren an der Macht des »Fleisches«. Wenn Christen an die Überwindbarkeit der kapitalistischen Todesmaschine glauben, dann sind sie gehalten, die Gebote Gottes zu tun. Das Gebot von Sabbat und Sabbatjahr, das Zinsverbot, den Schuldenerlass, das Verbot dauerhaften Grundbesitzes, die Schutzrechte für die Armen und Rechtlosen, die Bestimmungen zur Freilassung der Sklaven, die Gebote über das Fleischessen, die Tierschutzbestimmungen und vieles mehr: Werden sie – nach gründlicher Erforschung ihres Sinns für heute und der Wege ihrer Verwirklichung – getan, dann kommt es zur »Auferstehung des Fleisches«. Dies ist jedenfalls nach dem Glaubensbekenntnis zu glauben. Die Verheißung Gottes liegt darüber, die auch Jesus in seiner Verkündigung geleitet hat: »Ich bin der Herr, euer Gott. Beobachtet also meine Satzungen und meine Gebote. *Wer sie erfüllt, wird durch sie leben*« (Lev 18,5).

»und das ewige Leben«

Über das ewige Leben kann man nicht sehr viel sagen, denn es ist ein Leben ohne den Tod. Wir aber kennen nur das »Sein zum Tode« (Martin Heidegger), das Leben, das auf den Tod zuläuft und Leben nur ist, sofern es sich den Tod vom Leibe zu halten versteht. Vor dem ewigen Leben aber wird »als letzter Feind der Tod weggetan« (1 Kor 15,26). Wie sollen wir uns das vorstellen können?

Ganz falsch wäre es, sich das ewige Leben als eine ewige, unendliche Fortsetzung des irdischen Lebens vorzustellen. Diese Vorstellung wäre schrecklich – sie ist falsch, weil sie einfach die irdischen Verhältnisse in die Ewigkeit hochrechnet. Nicht im Lichte unserer irdischen Erfahrungen ist etwas über das ewige Leben zu sagen, sondern nur im Licht Gottes. »In deinem Licht schauen wir das Licht.« Wo aber in diesem Licht geschaut wird, da stellen sich gleich Bilder überreicher Fülle ein: »Herr, deine Güte reicht, so weit der Himmel ist, deine Treue, so weit die Wolken ziehen. Deine Gerechtigkeit steht wie die Berge Gottes, deine Urteile sind tief wie das Meer. Herr, du hilfst Menschen und Tieren. Gott, wie köstlich ist deine Huld! Die Menschen bergen sich im Schatten deiner Flügel, sie laben sich am Reichtum deines Hauses. Du tränkst sie mit dem Strom deiner Wonnen. Denn bei dir ist die Quelle des Lebens. In deinem Licht schauen wir das Licht« (Ps 36).

Das ist aus dem biblischen Wirklichkeitsverständnis heraus gesprochen. Und das *ist* das ewige Leben: dass sich das, was wir wirklich nennen, nur noch von Gott her versteht. Das ewige Leben gibt die Antwort auf die Frage, was eigentlich wirklich ist. Woher nehmen wir unsere Begriffe von Wirklichkeit? Die Antwort wird lauten: Nur Gott ist wirklich. Nur Gott ist. An ihm entscheidet es sich, was wirklich ist und bleibt. Darum gehört der Artikel vom »ewigen Leben« ins Glaubensbekenntnis und nicht in eine philosophische Abhandlung über die Unsterblichkeit der Seele oder in einen esoterischen Traktat über Seelenwanderung: »Glauben« bezieht sich auf das, »was ist«.

Vom Tode befreit

Die Auferstehung Jesu Christi ist, so haben wir gehört, nur »gemäß den Schriften« zu verstehen. Das gilt dann ebenfalls für die Überwindung des Todes. Wenn in der Schrift vom ewigen Leben gesprochen wird, dann in der Tat im Sinne einer Überwindung des Todes. »Der Lohn der Sünde ist der Tod«, sagt Paulus, »die Gnadengabe Gottes aber das ewige Leben« (Röm 6,23). So auch Jesus bei Johannes: »Wer mein Wort hört und glaubt, hat ewiges Leben. Er ist aus dem Tod in das Leben hinübergegangen« (Joh 5,24 – leicht gekürzt). Was heißt aber »Tod« gemäß den Schriften? Für den Ersten Johannesbrief ist derjenige tot, der die Brüder und Schwestern nicht liebt; »wir aber sind aus dem Tod in das Leben hinübergegangen, weil wir die Brüder lieben« (1 Joh 3,14). Paulus nennt im Brief an die Römer diejenigen tot, die ihre Glieder der Ungerechtigkeit zur Verfügung stellen; die »Lebenden aus den Toten« sind aber die, die ihre Glieder zu Werkzeugen der Gerechtigkeit Gottes machen (Röm 6,12f.). Für den Kolosserbrief sind die tot, die noch in ihren heidnischen Vergehen leben; die aber sind lebendig, denen die Vergehen vergeben worden sind. So auch der Epheserbrief: »Einst wart ihr tot in euren Vergehen und Sünden, in denen ihr nach der Art dieser Welt wandeltet«, jetzt aber seid ihr auferweckt (Eph 2,1). Hier werden also durchaus lebendige Leute als Tote bezeichnet! Tot sind sie, insofern sie außerhalb des Lichtkegels der Gerechtigkeit Gottes stehen. Gott sieht sie nicht, so wie er Adam und Eva nach dem Sündenfall nicht gesehen hat, als diese sich versteckt hatten; noch einmal erinnere ich an das Wort des Augustinus: »Wir sehen die Dinge, weil sie sind; aber sie sind, weil Gott sie sieht.« Im ewigen Leben zählt allein, was Gott sieht. Sünder sind die, die sich von ihm nicht sehen lassen wollen, und er willfahrt ihnen, er sieht sie nicht. In der Bibel werden sie dann als Tote bezeichnet. Es sind ja die Toten, zu denen der Auferstandene hinabgestiegen ist in das Reich des Todes und des Vergessens.

In das ewige Leben kommen nur die, die es nicht darauf anlegen. Damit meine ich: Wer das ewige Leben als ewige Fortsetzung seines irdischen Lebens erhofft, wer bei sich bleibt und sein Ich gleich bis in die Ewigkeit ausdehnen will, der wird es nicht finden. Im ewigen Leben steht allein Gott im Mittelpunkt. Es ist das Leben seiner Gerechtigkeit. Nur die können im ewigen Leben sein, die ihm gerecht werden.

»Da ist ein Platz bei mir«

Aber wer kann es aushalten neben diesem Gott? Wer kann ihm ganz gerecht werden? Müsste man nicht vor seiner Herrlichkeit vergehen, wie es nach der jüdischen Überlieferung von den Engeln heißt, dass sie in jedem Augenblick aus dem Feuerstrome hervorgehen, Gottes Lob singen und gleich wieder vergehen? Diese Frage stellte sich auch für Mose, einem, von dem erzählt wird, dass er die Herrlichkeit Gottes gesehen hat. Er begehrte, Gottes Angesicht zu sehen, denn er wollte wissen, wer das ist, in dessen Namen er das Volk Israel durch die Wüste zu führen hatte. Der Herr aber antwortete ihm: »Du kannst es nicht ertragen, mein Angesicht zu sehen, denn kein Mensch kann mich sehen und am Leben bleiben.« Als Aussage über das ewige Leben gelesen, würde das bedeuten, dass es ewiges Leben nicht geben kann. Die »Gottesschau«, die »glückselige Schau« (*visio beatifica*), die uns doch für das ewige Leben verheißen ist, ist nach diesen eigenen Worten Gottes nicht möglich, denn kein Mensch kann ihn sehen und am Leben bleiben. Aber der Text geht weiter, und daran liegt alles: »Weiter sagte der Herr: Siehe, hier ist ein Platz bei mir, da sollst du dich auf den Felsen stellen. Und es wird geschehen, wenn meine Herrlichkeit vorüberzieht, dann werde ich dich in die Felsenhöhle stellen und meine Hand schützend über dich halten, bis ich vorübergegangen bin« (Ex 33,20–22).

Gott selbst ist es, der den Menschen einen Platz neben sich einräumt. Der uns Raum gibt bei sich. Täte er das nicht, könnte es einen solchen Platz gar nicht geben. Er schützt uns, dass wir seine Herrlichkeit ertragen können. Er will seine Herrlichkeit nicht für sich behalten. Aber das kennen wir ja schon von ihm, denn aus keinem anderen Motiv hat er die Welt erschaffen. Er wollte, dass anderes außer ihm sei. Er wollte, dass etwas bei ihm sei. Und diesem Motiv bleibt er in Ewigkeit treu, bis ins ewige Leben.

Etwas ist bei Gott. »Und das Wort war bei Gott«, heißt es im Prolog des Johannesevangeliums. Dieses Wort ist Jesus. Er ist es, der uns den Platz bei Gott freihält. Wer mit ihm zusammen ist, wird mit ihm zusammen bei Gott sein. Was das Alte Testament von Mose, dem einen und einzigartigen, zu behaupten wagte, dass Gott ihm einen Platz bei sich einräumt, das kann nun das Neue Testament von Jesus sagen und damit von allen, die »in Christus« sind. Darauf gründet sich der Glaube an das ewige Leben.

Und dann wird es so sein, wie wir es schon gehört haben. Es wird wie im Paradiese sein, wo sie Gott von Angesicht zu Angesicht schauen. Sie sehen ihn in der Kühle des Abends durch seinen Garten spazieren. Sie betrachten und benennen seine Werke. Der Mann freut sich über die Frau. Sie sind nackt, Mann und Frau, aber sie schämen sich nicht. Alle Tiere und Pflanzen, auch die, die wir mittlerweile ausgerottet haben, werden wieder da sein; die Tiere haben das Paradies nach biblischer Aussage ja eigentlich nie verlassen. Alle zusammen sind da mit dem neuen Adam, der Jesus ist.

Das Finale der Psalmen

Eine »Psalmensinfonie« (Igor Strawinsky; diese Musik passt wunderbar zum Folgenden) soll diese Auslegung des Apostolischen Glaubensbekenntnisses beschließen. In der Welt der Psalmen befindet man sich im Zentrum der Welt der Schriften. Wie ein Portal eröffnet Psalm 1 den Zugang zu dieser Welt: »Glücklich der Mann (und die Frau!), der (die!) nicht folgt dem Rat der Gottlosen ..., sondern der (die!) Lust hat am Gesetz des Herrn und über sein Gesetz sinnt Tag und Nacht.« »Lust am Gesetz«, das ist das Passwort; wer es benutzt, ist drinnen, ist schon im Paradies: »Er (sie!) ist wie ein Baum, gepflanzt an Wasserbächen, der seine Frucht bringt zur rechten Zeit, und dessen Laub nicht verwelkt.« Danach geht es alle 150 Psalmen lang durch die Höhen und Tiefen der biblischen Welt. Geleitet und begleitet von den Beterinnen und Betern Israels gelangt man bis zum Jüngsten Tag. Ein gewaltiges Finale geht dem voran.

- *Psalm 145*
  EIN LOBGESANG VON DAVID: »ICH WILL DICH ERHEBEN, MEIN GOTT, DU KÖNIG ... DEIN REICH IST DAS REICH ALLER ZEITEN, DEINE HERRSCHAFT DAUERT DURCH ALLE GESCHLECHTER.«

Das ist die Botschaft Jesu! Jesus ist »aus der Nachkommenschaft Davids gekommen« (Röm 1,3), »der Herr, Gott, wird ihm den

Thron seines Vaters David geben« (Lk 1,32). Denn es ist ja gesagt in dem Psalm, dass Gottes Reich das Reich aller Zeiten ist. Aus diesem Wort heraus konnte Jesus seine Botschaft vom Gottesreich ausrichten; deswegen wurde er Sohn Davids genannt.

- Psalm 146
  »Loben will ich den Herrn mein Leben lang, will spielen meinem Gott, solange ich bin ... Er schafft Recht den Bedrückten, er gibt den Hungrigen Brot. Der Herr macht die Gefangenen frei ... Der Herr liebt die Gerechten.«

Hier spricht ein Einzelner, voll des Gotteslobs. Er ist vom Heiligen Geist ergriffen, denn für ihn sind die Verheißungen wieder lebendig geworden. So hat auch Jesus gesprochen, als er auftrat: »Der Geist des Herrn ruht auf mir, er hat mich gesalbt, Armen gute Botschaft zu bringen, Gefangenen Freiheit auszurufen« (Lk 4,18). Die Geschichte, von der die letzten Psalmen erzählen, ereignet sich wiederum mit Jesus. Deswegen ergibt es sich, dass sie parallel läuft zu unserem Glaubensbekenntnis. Wir können sie also als Wiederholung nehmen. Nach Gott und seinem ewigen Reich, nach Jesus und dem Geist müsste also jetzt – gemäß der Parallelität der letzten Psalmen mit dem Glaubensbekenntnis – »die heilige katholische Kirche« folgen. Und sie kommt!

- Psalm 147
  »Der Herr baut die Mauern Jerusalems wieder auf, die Zerstreuten Israels sammelt er ... Er verkündet Jakob sein Wort, Israel seine Worte und Rechtsbestimmungen.«

Nein, die Kirche kommt noch nicht gleich. Erst kommt Israel, Gottes ersterwähltes Volk, und so muss es sein, denn Gott bleibt seiner Erwählung treu. Israel wird wieder aufgerichtet werden am Ende, denn Gott vergisst sein Volk nicht. »Hat Gott etwa sein Volk verstoßen? Auf keinen Fall!« (Röm 11,1). Und doch ist schon von der Kirche die Rede.

»DER HERR HAT GEFALLEN AN DENEN, DIE IHN FÜRCHTEN, AN DENEN, DIE AUF SEINE GNADE HARREN.«

Da kann sich die Kirche angesprochen fühlen. Die »Gottesfürchtigen« sind nach biblischem Sprachgebrauch Menschen, die nicht durch Geburt, sondern aus freiem Entschluss zu Israel gehören. Als solche Gottesfürchtigen dürfen sich die Christen wissen. »So seid ihr nun nicht mehr Fremde und Nichtbürger, sondern ihr seid Mitbürger der Heiligen und Gottes Hausgenossen«, heißt es im Epheserbrief. Denn Christus hat die »Mauer der Feindschaft« zwischen Israel und den Völkern niedergerissen (Eph 2,14.19). Es liegt in der biblischen Ordnung, dass Israel nicht für sich Gottes Volk bleiben soll. Und dieser Ordnung folgt der Psalm. Deshalb ist hier auch schon von den Gottesfürchtigen, von den Mitbürgern der Heiligen (d.h. des Volkes Israel), von der Kirche die Rede.

Anschließend müsste die »Gemeinschaft der Heiligen« kommen. Und sie folgt tatsächlich.

- *Psalm 148*
  »LOBT DEN HERRN VOM HIMMEL HER! LOBT IHN IN DEN HÖHEN! LOBT IHN, ALLE SEINE ENGEL! LOBT IHN, ALLE SEINE HEERSCHAREN!«

Mit einem solchen Aufruf zum Lob fährt dieser Psalm immer fort. Alle Geschöpfe Gottes werden zum Lob Gottes aufgefordert: die Sonne und der Mond, die Seeungeheuer und die Urfluten, das Wild und alles Vieh, die jungen Männer und die jungen Frauen und die Alten. Die Gemeinschaft der Heiligen tritt zum Gotteslob zusammen.

Hiermit nähern wir uns dem festlichen Finale. Aber noch gibt es einen Vorbehalt. Vom Glaubensbekenntnis her wissen wir es schon: Es kommen ja noch die »Sünden« und das »Fleisch«.

- *Psalm 149*
  »Die Frommen sollen jubeln in Herrlichkeit, jauchzen sollen sie auf ihren Lagern. Lobpreis Gottes sei in ihrer Kehle und ein zweischneidiges Schwert in ihrer Hand, um Rache zu vollziehen an den Nationen, Strafgerichte an den Völkerschaften, um ihre Könige zu binden mit eisernen Ketten, ihre Edlen mit eisernen Ketten, um das Gericht an ihnen zu vollziehen.«

Jetzt, wo die Gemeinschaft der Heiligen zum Gotteslob zusammengetreten ist, erhebt sich die Frage, was mit denen geschehen soll, die sich dem Gotteslob verweigern. Es ist Zeit zum Gericht »mit zweischneidigem Schwert«. Die Könige und die Edlen – gerade sie finden sich gebunden auf der Anklagebank wieder. Wie wird das Gericht ausgehen? Der Psalm lässt es offen, und wir müssen es ebenso offenlassen. An Gott wird es nicht liegen, er ruft, wie er einst Adam gerufen hat. Aber werden sie sich herbeirufen lassen? An dieser Stelle spricht das Glaubensbekenntnis hoffnungsvoll von der »Vergebung der Sünden« und der »Auferstehung des Fleisches«. Jesus ist »hinabgestiegen in das Reich des Todes«, auf dass es keinen Ort mehr gebe, an dem Gott nicht gelobt würde. Wer das sicher weiß, kann sich eine solche Hoffnungsperspektive leisten.

Nun kann das Finale erklingen. Es folgt das »ewige Leben«, und es kommt mit großer Musik:

- *Psalm 150*
  »Halleluja! Lobt Gott in seinem Heiligtum!
  Lobt ihn an der Stätte seiner Macht!
  Lobt ihn wegen seiner Machttaten!
  Lobt ihn in seiner gewaltigen Grösse!
  Lobt ihn mit Hörnerschall!
  Lobt ihn mit Harfe und Zither!
  Lobt ihn mit Tamburin und Reigen!
  Lobt ihn mit Saitenspiel und Flöte!
  Lobt ihn mit klingenden Becken!
  Lobt ihn mit schallenden Becken!
  Alles, was Atem hat, lobe den Herrn! Halleluja!«

Wie erlangt man das ewige Leben?

Wir wollten vom »ewigen Leben« sprechen und sind, geführt durch die Psalmen, angekommen beim reinen Gotteslob aller Kreatur. Gelangt man durch das Gotteslob vom Tod hinüber in das ewige Leben? Wie hat man sich das vorzustellen? Was ist zu tun, um das ewige Leben zu erlangen?

Noch einmal lassen wir uns durch die Psalmen führen. Ich wähle Psalm 22, den auch der am Kreuz sterbende Jesus gesprochen hat: »Mein Gott, mein Gott, warum hast du mich verlassen?« In der Tat spricht in diesem bewegenden Psalm einer, der von Gott und aller Welt verlassen ist. Gott hört sein Rufen nicht. Die Zuversicht der »Väter«, die auf Gott vertrauten, ist ihm abhandengekommen. Er ist »der Leute Spott und des Volkes Verachtung«: ein Ausgeschlossener, »ein Wurm und kein Mensch«. Wie Hunde umringt ihn die Rotte der Frevler. Sie ziehen ihn noch auf mit seinem Vertrauen auf Gott: »Er vertraute auf Gott; der mag ihn retten.« Aber von Gott her kommt nichts – keine Rettung, keine Stärkung. So flehentlich er auch zu Gott schreit, dass er ihn entreiße, dass er ihn rette – nichts geschieht. Da ist er schon im Reich des Todes. Sein Körper zerfällt ihm: »Auseinandergerissen ist all mein Gebein, mein Herz – zerflossen in meinem Innern.« Seine Kehle ist vertrocknet wie eine Scherbe, seine Zunge klebt ihm am Gaumen, »all mein Gebein kann ich zählen«. Das ist eine Lektion über die Ausgeschlossenen auch in unserer Gesellschaft. Körperlicher Zerfall und Desintegration folgen dem gesellschaftlichen Ausschluss. Der menschliche Körper ist nur Teil des Gesellschaftskörpers; zerfällt dieser, dann auch der Leib – in den Quartieren der gesellschaftlich Exkludierten lässt sich das beobachten. Und so geht es auch dem Beter in Psalm 22. Er ist am Ende.

Doch dann kommt in Vers 23 unerwartet ein »Stimmungsumschwung«. Der Mann ist völlig verändert: »Deinen Namen will ich künden den Brüdern, mitten in der Gemeinde will ich dich preisen.« Was ist geschehen? Hat Gott eingegriffen, hat er gerettet? Kein Wort davon im ganzen Psalm. Es ist nur davon die Rede, dass er »will«: künden den Brüdern, preisen in der Gemeinde.

Das ist der Umschwung. Er *will* preisen, auch inmitten seiner Gottverlassenheit, und schon ist er wieder mitten im Leben. Er ist nun wieder vereint mit allen, die Gott fürchten, mit den Söhnen Jakobs, die lobpreisen, mit der »großen Gemeinde« jener, die Gott loben. Er, der bisher nur in die Vergangenheit schauen konnte (»Warum *hast* du mich verlassen?«), hat wieder Zukunft. Er sieht sich vereint mit dem »kommenden Geschlecht, dem Volk der Zukunft«, er sieht voraus, dass »alle Enden der Erde sich bekehren werden zu Gott, dass niederfallen werden vor ihm alle Stämme der Heiden«. Mit Gott ist er wieder vereint, er erkennt ihn jetzt richtig: »Er [Gott] hat nicht verschmäht noch verachtet das Elend des Armen, vor ihm nicht verborgen sein Angesicht.« Gottes wahres Angesicht zeigt sich, wenn man ihn lobt.

Das ist also der von den Psalmen gewiesene Weg ins ewige Leben. Ich muss Gott loben wollen. Muss aufblicken vom eigenen Elend hinauf zu Gott, und das kann ich tun, weil Gott immer zu loben ist. »Lobpreisen sollen Gott, die ihn suchen: Ihre Herzen werden leben in Ewigkeit.« Gott thront in Ewigkeit »über dem Lobpreis Israels«. Gott bleibt in Ewigkeit, und damit bleibt auch der Lobpreis, der ihm gebührt. Es kommt darauf an, daran mitzuwirken; dann habe ich das ewige Leben. Wo immer Gott gelobt wird, da beginnt das ewige Leben.

Amen

Was noch zu sagen bleibt: »Amen.« Ja, so ist es. Mit Ja und Amen endet auch unser Glaubensbekenntnis. Es will ja dazu anleiten zu glauben, was wirklich ist.

Dank

In dieses Buch ist der Ertrag meiner ganzen bisherigen theologischen Existenz eingegangen, und der Platz würde nicht reichen, alle die Menschen zu nennen, die von meinem geschätzten Religionslehrer Dr. Herbert Vossebrecher an daran mitgewirkt haben. Auf wenige Namen muss ich mich beschränken. Das Buch von *Peter Knauer SJ, Unseren Glauben verstehen* (zuerst 1978), hat mich angeregt und ermutigt, seinem Vorbild folgend eine solch kurze und, wie ich hoffe, allgemein verständliche Darlegung des christlichen Glaubens zu verfassen. Auch in der Haltung fühle ich mich ihm verwandt, wenn ich auch in der Frage von Glaube und Vernunft etwas andere Wege gehe. Seit Jahren verfolge ich fasziniert die Veröffentlichungen von *Klaus Berger*. Seine gradlinige und doch theologisch höchst anspruchsvolle Weise, Antworten auf die Grundfragen des Glaubens zu geben, ist für mich vorbildlich. In seinem schlicht *Jesus* genannten Buch von 2004 kann man wohl ein Kompendium seiner Theologie erblicken. An wissenschaftlich fundierter Bibelkenntnis kann ich es mit Berger nicht aufnehmen, dennoch erlaube ich mir, an manchen Stellen, zum Beispiel bei der Auferstehung, etwas von ihm abzuweichen. Am meisten geprägt hat mich der evangelische Theologe *Friedrich-Wilhelm Marquardt*. Die christologischen und eschatologischen Abschnitte dieses Buches sind von seiner zweibändigen Christologie *Das christliche Bekenntnis zu Jesus, dem Juden* (1990/91) und seiner dreibändigen Eschatologie *Was dürfen wir hoffen, wenn wir hoffen dürften?* (1993–96) abhängig. Von ihm habe ich vor allem gelernt, nicht über die

Schrift zu sprechen, sondern mit ihr und aus ihr heraus. Für die Passagen zum Gesetz/zur Tora verweise ich auf *Frank Crüsemann, Die Tora* (1992), für die Ausführungen zum Tod Jesu auf *Gerd Theißen, Studien zur Soziologie des Urchristentums* (1979). Schließlich möchte ich nicht versäumen, auf ein für mich sehr wichtiges, in der theologischen Öffentlichkeit aber weithin unbeachtetes Buch hinzuweisen: *Margret Hille, Die Tiere und Jesus. Der vergessene Tierschutz in der Bibel* (2003). Es konnte mir nicht gelingen, die vielen theologischen Anregungen aus diesem Buch einzuarbeiten, die bis in eine ganz neue Deutung des Opfertodes Jesu reichen, aber so viel steht fest: Die übliche Anthropozentrik der Theologie sollten wir überwinden. Und anfangen, mit den Tieren so umzugehen, wie Gott mit ihnen umgeht.

Was die Tradition betrifft, so bin ich immer eher Anhänger des Augustinus als des Thomas von Aquin. Augustins »scharfe Dekonstruktionen menschlicher Selbstsicherungen« (P. Sloterdijk) sind für mich unhintergehbar und für heute von hoher analytischer Kraft, während mir der Vernunftoptimismus des Thomas keinen Anhalt an der Wirklichkeit mehr zu haben scheint. Unter den Theologen der Neuzeit ist mir der Kölner Matthias Joseph Scheeben (1835-1888) Vorbild und Leitstern. Wie dieser Mann sich am Stoff der Tradition abmühte, um ihm Erkenntnisfunken über Gott und seine Gnade zu entlocken, und wie er dann alle Theologie auf die Heilige Schrift zurückführte und auf die Wirklichkeit der Kirche bezog, das ist nicht auszuschöpfen und hebt ihn über alle sog. Neuscholastiker weit hinaus. Mein Lieblingstheologe des Mittelalters ist *Rupert von Deutz* (um 1075 bis 1130). In seiner Autobiografie *Os meum aperui* (übersetzt und hg. von Walter Berschin, 1985) hat er anschaulich und dramatisch dargestellt, wie ein Mensch von innen her verwandelt wird, wenn er sich darauf einlässt, die Heilige Schrift zu verstehen. Am Ende ist immer alles der Heiligen Schrift und dem in ihr wirksamen Geist Gottes zu verdanken: Deo gratias!

Das Christentum kennenlernen – über seine Feste

Religion & Spiritualität

EINLADUNG INS CHRISTENTUM
Was das Kirchenjahr über den Glauben verrät
ULRICH LÜKE

ISBN 978-3-466-36804-4

Prof. Dr. Ulrich Lüke lädt ein zu einem konkreten und gleichsam sinnlichen Weg und schreitet die Feste des Kirchenjahres ab. In dieser nachvollziehbaren Gestalt enthüllt sich Schritt für Schritt das Lebensangebot des christlichen Glaubens, das Geheimnis Gottes und seiner Präsenz bei den Menschen – in Jesus Christus. Die Feste des Jahres begehen ja gleichsam die einzelnen Etappen der Gottesfreundschaft mit den Menschen. Jedes Fest stellt eine besondere Dimension des christlichen Menschenbildes und der Hoffnung für den Menschen heraus. So geben die verschiedenen Etappen Anlass, darüber nachzudenken, was Christsein bedeutet.

www.koesel.de Sachbücher & Ratgeber

KÖSEL